不可不知的101篇中國人物故事

中小學生必須認識的中國歷史人物

作者/曹若梅　繪圖/洪國俊

序

「黃帝唐虞夏商周，周分西東周，秦後是兩漢，魏晉南北朝，隋唐之後五代十國，北宋南宋元明清，中華民國。」這是歷史老師自編的「朝代歌」，以段落式的區隔，配上簡單的「哥哥爸爸真偉大」曲調，讓學生琅琅上口之際，也記住中國歷史的朝代更迭。說實在的，中國歷史的內容還真是浩瀚淵博，若從遠古時期的「北京人」算起，長達數十萬年；若僅以文明史計算，溯自黃帝時代之始也有五千年，如此弘遠豐富的歷史，不免讓學生望而生畏，進而產生難以理解的迷思，遑論衍生詳加探究的熱情與興趣了，這是多麼可惜的事啊！所以，如何在國中、小階段的教學活動中，將歷史素材化繁為簡，化枯燥為生動，讓學生學得輕鬆愉快，又能體會出「鑑往知來」的涵義，一直是我努力的目標。

投身教學工作數十載，不可諱言，依然跳脫不出考試領導教學的魔咒。學校、家長和學生三方面都不可能不重視成績，考試的壓力似乎無情抹殺學習的興趣。身為老師的我不能只教不考，不能不評分，但是，我可以把課程內容生活化、趣味化、故事化，既可提升學習興趣，又可以抬高分數績效，豈不是一舉數得！這正是我執筆歷史故事的動機。

我喜歡看學生們聚精會神的聽，和我心領神會的分享歷史課程中的趣味。但囿於時間有限，而歷史人物卻是浩如煙海，如何選擇具有代表性的主題，是我在執筆歷史故事之前頗費思量的難題。轉念一想，我身為國中教師，對象是接受九年國民義務教育的學生，那麼，就以中、小學生的學習為主體，挑選在他們的學習過程中必定出現的歷史人物和相關事件，作為我撰寫的脈絡，相信不僅可以輔助孩子的學習，更可以歷練自己教學相長的功力，這也是我執筆歷史故事的目的。

既是歷史故事，就必須兼顧史實的正確與故事的趣味，資料的蒐集彙編耗時費力，撰寫時或許比童話、散文來得更艱難。但我認為，「寓教於樂」的本質是「育」重於「樂」，所以我願意從史料古籍中查證，向師長、前輩們請益，以豐富本書的內容。在此一併向他們致上敬意與謝意，也願與諸位先進共勉，讓我們共同為歷史教育努力。

曹若梅

目次

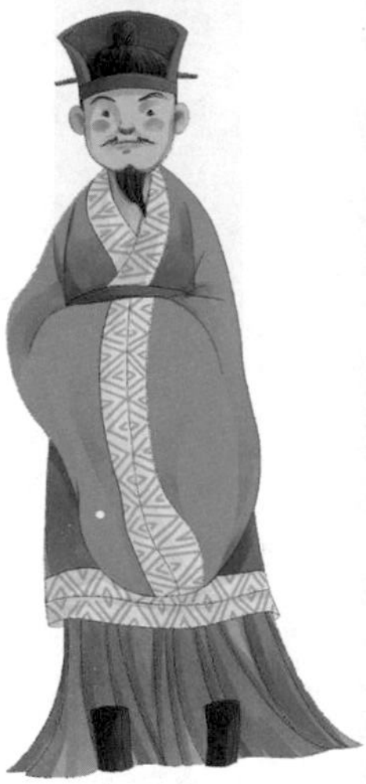

齊桓公與三匹惡狼

春秋時代，周天子勢力衰微，諸侯們紛紛爭霸爭雄，其中首建霸業的就是齊桓公。齊桓公之所以能稱霸，是因為他得到偉大的政治家——管仲的協助，使得具有魚鹽之利的齊國國勢興盛。然而，在齊桓公稱霸數年後，管仲卻生了重病。

「哎！仲父是我這一生中最重要的人，我身為一代霸主，卻不能找到名醫治他的病，真令人感傷。」對管仲病情擔憂不已的齊桓公，不由得回想起多年前他的父親剛去世，齊國陷入一片混亂，後來在管仲的治理下，才慢慢變成富強的國家；也唯有管仲，提出「尊王攘夷」的政策，率軍擊退北方蠻族，並且扶助弱小諸邦，得到其他諸侯國的敬佩和推崇，這些功績，正是助齊桓公稱霸一方的重要力量。

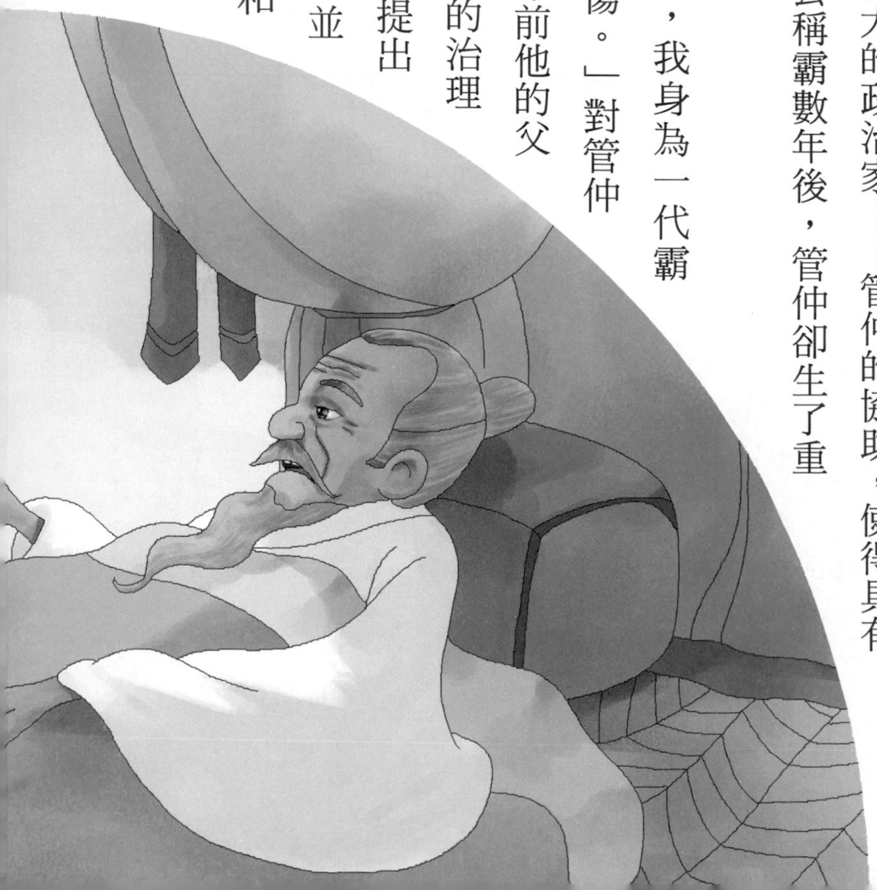

傷心欲絕的齊桓公決定再去探望管仲。管仲看到前來探病的齊桓公，馬上費力的坐起來，並招手請齊桓公靠近些，附在他耳邊說：「主公，易牙、豎貂、開方這三個人，如同三匹惡狼，你絕對不能再任用他們了……。」齊桓公不解的瞪大了眼睛，他來不及細問原由，管仲已經陷入昏迷。

管仲去世後，傷心的齊桓公遵循管仲的遺言，辭退了易牙等三個人，但內心卻存有疑惑：「奇怪？這三個人每天為我準備可口的酒筵、悅耳的歌舞和有趣的娛樂，這樣做有什麼不對嗎？仲父為什麼要我將他們趕走呢？真讓人想不通。」

時間一天天過去，每天面對繁瑣的國家大事，齊桓公覺得生活越來越乏味，每件事情都不對勁兒，他開始懷念起易牙、豎貂和開方。

他想起幾年前生了一場重病，一點食欲都沒有，正當大家不知如何是好時，易牙捧了一碗熱騰騰的美食到他面前。「這是我精心調製的，請您嘗一口吧！」齊桓公吃了一口，讚美

說：「這真是太美味了，我怎麼從來沒吃過？」

「主公，這是微臣幼兒的肉，為了您的健康，臣……」易牙的話未說完，就被齊桓公搖手阻止了。「為了我的健康，你不惜弄傷自己的兒子，真是太忠心了。」齊桓公感動得無言以對。

而豎貂則是傷殘了自己的身體當太監，以便不分日夜的伺候齊桓公。開方原本是衛國君主的兒子，竟然委屈自己的身分，也進宮服侍齊桓公。「您是諸侯中的盟主，是我們最崇拜的人，我們願意犧牲一切來侍奉您。」開方一臉諂媚的說著。

想到這些令人感動的事，齊桓公不禁懷疑起管仲臨終的交代。「仲父大概是病入膏肓了，連是非黑白也搞不清了。這三個人這麼忠心，仲父真是冤枉他們了，所以，我決定把他們找回來。」

易牙、豎貂和開方三人又回到了齊桓公的身邊，他們安排了通宵達旦的酒筵、豪華的歌舞，並告訴齊桓公說：「主公，您不必花時間去見大臣，理那些繁瑣的雜事，有什麼事交給我們辦就好了。」「您現在身為諸侯盟主，誰敢不聽您的話呢？」「您儘管享受美食美酒，凡事不必煩心，好好保養身子，來日還有更多樂子可享呢！」三個人你一言我一語的，把齊桓公哄得非常開心，完全沉溺在享樂中，對朝政根本置之不理。

齊桓公鎮日放縱於聲色享樂，沒過多久就病倒了。

「哈哈！我看這老傢伙是活不了幾天了。」易牙說。「咱們服侍他這麼久，也該輪到咱們享福了。」豎貂說。「齊國不久就是咱們的了，過去的犧牲也值得了。」開方說。

他們三人將齊桓公關在宮殿裡，沒有食物，沒有飲水，更沒有任何人陪在他身邊。絕望之中，齊桓公才明白易牙這三個人，猶如是披著羊皮的惡狼，也終於了解管仲的用心。他彷彿聽到管仲對他說：「主公，我早就說過要你遠離他們。人生在世，最愛的人是自己的子女，最珍惜的是自己的身體，最崇敬的是自己的國家；但易牙卻傷了自己的兒子，豎貂傷害自己的身體，開方拋棄自己的國家。這種無情無義的人，怎麼可能對你忠心呢？他們偽裝的一切，您就這麼容易被蒙騙嗎？」齊桓公悔恨不已，但一切已經太遲了，齊桓公在極度困窘的情況下死去。

易牙、豎貂和開方這三個惡人，也在百姓的激烈抗爭中被殺。國勢大為衰弱的齊國，從此失去霸主的地位。

退避三舍的晉文公

齊桓公是春秋時期的第一個霸主，齊國的國勢非常強，當時能與齊桓公相比的，就只有晉文公重耳了。

晉國是在晉獻公當政時期開始強盛的。但是，由於晉獻公沒有妥善處理君位繼承的問題，因而衍生不少糾紛。他最初立嫡長子申生為太子，後來因為寵愛驪姬，而廢掉了太子申生，改立驪姬的兒子奚齊為太子。驪姬害怕將來晉獻公死後，奚齊鬥不過那幾位兄長，便用計陷害太子申生，以及素有賢名的公子重耳和夷吾，沒想到糊塗的晉獻公竟然信以為真，認為這幾個親生兒子心懷不軌，意圖篡奪大位，最後逼得申生自殺，重耳和夷吾也逃亡到國外。

晉獻公死後，晉國立刻陷入一片混亂，十多年後，重耳才回到晉國當上國君，他就是晉文公。

春秋

公子重耳從逃亡離家到回國即位，前後共花了十九年的時間，期間經歷不少磨難。

當重耳一行人來到楚國時，由於楚國的國君想向中原發展，便以國君之禮接待重耳，讓重耳備受禮遇。有一次，楚國國君舉行盛大的宴會，席間他問重耳說：「有朝一日公子若是回到晉國，穩坐國君寶座，閣下要如何回報寡人呢？」

重耳恭敬的回答：「美女、玉帛等物，君王你有的是，在下不敢獻醜。珍奇的鳥羽，名貴的皮貨，就產在你的土地上，我也不好出手相贈，還真不知道該拿什麼來報答您才好。」

楚國國君一聽，不由得面露慍色，一再追問。重耳被逼得無奈，只好真誠的說道：「若我能返回晉國當上國君，我希望晉國和楚國能長期友好；萬一不得已發生戰爭，我們晉軍一定退避三舍（古時候軍隊一日行三十里，名為『一舍』，『三舍』就是九十里），以報答君王今日的盛情。」

後來，在晉國人民的支持與秦國的幫助下，重耳回國即位，是為晉文公。憶及過往，這些年來顛沛流離，幾番受到冷淡、不

禮貌的對待，甚至險遭殺身之禍，晉文公無限感慨。「或許，這正是上天對我的磨練吧！」因為這些遭遇，而使晉文公累積了豐富的政治經驗，又擁有一批忠誠的賢臣，對於他即位後的施政頗有助益。於是，晉國上下一心，加緊生產，發展農商，整頓政治，訓練軍隊，國家很快就繁榮強盛起來。

晉文公即位之初，楚國的勢力已達黃河流域，頗有代替齊國稱霸中原之勢。晉國在經過一段時間的發展後，也成為北方強國，兩國的戰爭似乎無可避免。西元前六三一年，晉、楚兩國爆發戰爭，若就兩國實力來看，楚強晉弱，但晉文公還是遵守諾言，率軍後退了三舍，在城濮與楚軍交戰。楚國大將眼見晉軍後退，便下令向前緊追，並以輕蔑的口氣向晉文公下戰書挑釁。

晉文公派人回答：「楚王的恩德我沒齒難忘，豈敢與楚軍交戰？既然我軍已退到這裡，楚軍依然不肯罷休，那就請你們整頓軍容，我們戰場相見！」交戰開始後，晉軍誘敵深入，採取迂迴戰術，最後大敗楚軍，從此楚國北進受挫。

城濮戰後，晉文公的地位得到周天子的認同，成為春秋時代重要的霸主，而他重信守諾的表現，也贏得眾人推崇。「退避三舍」這句話更成為大家耳熟能詳的成語。

子產變法兩首歌

春秋時代的某天清晨，鄭國城外的鄉校裡，聚集了一大群農民，大家七嘴八舌、慷慨激昂的訴說對相國子產的不滿：「真是太可惡了！我辛苦種的農作物，他憑什麼要抽稅？」「是啊！他比那些貴族更狠，還說是為了人民著想，真是鬼話連篇！」「走！我們現在去殺了他！」「好！大家一起去。」

在一片咒罵聲中，大家不約而同的唱起〈輿人誦〉：

取我衣冠而褚之！
取我田疇而伍之！
孰殺子產，
吾其與之！
孰殺子產，
吾其與之！

子產的部下然明聽到這首歌，急忙奔到相國府中。「大人，您應該立刻下令毀了鄉校。」只見子產氣定神閒的詢問：「發生什麼事？慢慢說。」然明回答：「百姓聚集在鄉校，公然詆毀國政、反對改革，還大聲嚷嚷，說要……」「是不是要殺了我？」子產平靜的唱起〈輿人誦〉，然明吃了一驚：「啊！原來大人早就知道了。」「然明，你千萬要記住，百姓如果有不滿，一定要讓他們說出來，因為人民的嘴是堵不住的，古人說『防民之口，甚於防川』。人民的不滿如同河水，一旦潰決，反而釀成大患，只有聽其自然，早加疏導，才是上策。」子產誠懇平靜的說道。

〈輿人誦〉使子產回憶起十年前，父親和哥哥被殺的情景。一時間，子產悲從中來，頹然跌坐椅中。

子產出生在鄭國最顯赫的家族，他的父親和哥哥相繼為相，執掌朝政。當時貴族專橫，恣意侵占田地，破壞周公制定的井田制度，弄得人民四處逃竄，可說是民不聊生。

子產的父兄一心為國，決定整頓田界，開始推行「為田洫」，卻無法避免和貴族的利益相衝突，於是，貴族們殺了子產的父兄。當子產趕到宮廷時，只見父親已倒在血泊中，子產放聲大哭，悲痛的說道：「為了鄭國的富強，您放心，我一定貫徹政策，改革到底。」

叛亂平定後，與子產同宗的子孔、子展相繼為相，但

在貴族的牽制下，十年中毫無建樹。西元前五四三年，子產取代子展，成為鄭國的相國。這時候，鄭國的經濟更糟了，貴族驅使農奴開墾私田，井田制度徹底瓦解，社會經濟更加蕭條。

子產衡量大局，決定實施「封田洫」政策，廢除井田制度，承認農民土地私有，再動員全國上下整編田畝，然後按畝抽稅。於是，政府的收入明顯的增加了。可是，子產成了貴族的眼中釘，平民百姓也因為未能立即蒙利而妄加批評，使子產深感痛心。

這一天，子產才出宮門，貴族豐卷正氣沖沖的等著他，一見面便罵道：「閣下身為相國，做事最好謹慎點，想想令尊的下場吧！」「多謝您的提醒，家父能夠為國犧牲，可說是死而無憾！只要對國家有益，個人生死算得了什麼呢？」子產平靜的回答。

豐卷冷哼一聲後轉身就走，不久，他果然發動叛亂，幸好

子產早有準備，迅速消弭這場動亂，使改革新政得以順利的推行。

三年過去了，國內情況逐漸改善，土地獲得保障，提高了百姓耕種的興趣，也使農家的收入增加了；相對的，政府的稅收也多了起來。這時候，大家才體會出改革帶來的好處，人民感激子產，連那些當初痛罵子產的貴族，也不得不佩服子產的遠見。「高明！您真是太睿智了。」一連串的稱讚，取代當年的辱罵。

不過，子產並沒有陶醉在人們的讚美中。此時，他正花費心思，準備提出另一項重大的改革：「作丘賦」。「丘」是指田地，「賦」是指軍費，子產準備依照田畝，來分攤軍費支出。這一次，然明顯得更緊張了。

「大人，改革剛獲得人們的肯定，您又提出另一項改革，會不會再引發什麼事端呢？」然明憂心的問。子產回答：「唉！我也知道成果得來不易，犯不著這麼辛苦。可是，鄭國還不夠富強，我們必須加強武力，『作丘賦』就是為了減輕將士們的負擔，鼓舞他們的士氣，使他們勇於為國出征。」

子產認真的實行這項改革，他又規定，凡是有功的戰士，可以充當政府的基層官吏，如此一來，士卒既減輕了負擔，又有升遷的機會，將士們真的身先士卒，奮勇作戰了。

鄭國的兵力加強了，子產開始整頓那些荒唐不法、奢侈浪費的貴族，但也獎勵儉樸的貴族，使大家都能兢兢業業，全心為國。

西元前五三六年，子產制定了一套國家法律——《刑書》，並刻鑄在鼎上，放在宮廷門口，這就是有名的「刑鼎」，讓全國百姓都能清楚的知道法令規章，貴族們也必須守法，再也不敢任意欺壓百姓了。

四年後子產去世，人民如同痛失親人般悲慟，這時候，大家又唱起另一首歌謠：

我有子弟，
子產誨之！
我有田疇，
子產殖之！
子產而死，
誰其嗣之？

前後兩首不同的歌謠，顯現子產在人民心目中的改變有天壤之別。

子產的執政，使人民富足，國家強盛，成功的變法而永獲讚譽，是歷史上極少見的例子。

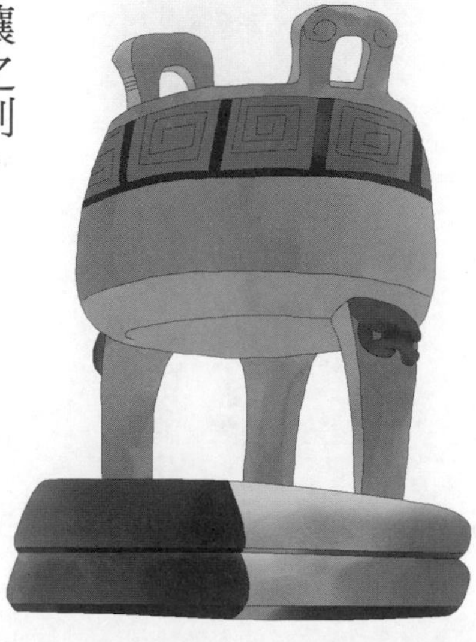

至聖先師孔子

春秋時期，在今天山東省的魯國，出現一位偉大的教育家，他就是孔子。

孔子名丘，字仲尼。他的祖先原來是宋國的貴族，後來因為躲避宋國的宮廷政變而逃到魯國，從此家道衰落。

孔子從小勤奮好學，幼年玩遊戲時，就喜歡擺弄祭祀用的禮器，學著做祭祀的禮儀動作。青年時期，他已經掌握了西周時代流傳下來的禮（禮節）、樂（音樂）、射（射箭）、御（駕車）、書（書寫）、數（計算）等六藝的知識，但他還是不斷的向別人請教、學習，因此成為一個學識淵博的人。

孔子身為貴族階級中的一員，又具有廣泛的學識和才能，自然想要在政治上施展自己的抱負。但是終其一生，他的仕途一直不太順利，在政壇的發展極不得志，卻在教育和思想方面非常有貢獻，成為後人景仰的「萬世師表」。

中國早在春秋戰國之前，學校都由國家設立，教師則由官吏兼任，教學的內容也由官府規定，而學生則限於貴族子弟，他們畢業後經過選拔，可以在朝為官。到了春秋時期，由於周天子的權位下降，官學制度受到破壞，於是興起私人講學的風氣，也就是私學的出現。

孔子是私學教育的開創者，他提出「有教無類」的觀念，打破貴族和平民的界線，當時只要以十條肉乾作為學費，就可以當他的學生，因此開啟了平民教育的可能。至於教學內容和實施方式，則是注重對學生的誘導和啟發。孔子經常在閒談中教育學生，然後針對不同的學生，給予適當的回答，讓學生能夠豁然開朗，受益無窮。

有一天，弟子子路、冉有先後向孔子提出一個同樣的問題：「聽到一件應該去做的事，是不是就該馬上去做？」孔子知道子路的性格很急躁，就對他說：「家中還有父親和哥哥，怎麼能聽到消息就貿然去做呢？」冉有的個性優柔寡斷，所以孔子就激勵他說：「可以聽到了就去執行。」由此可見，孔子能針對每個人的人格特質，分別用不同的方法進行教育，這就是「因材施教」。因此，孔子的學生也在不同的領域展現出他們的天賦，如德行方面有顏淵、閔子騫、冉伯牛；言語方面有子貢、宰我；政事方面則有冉有、子路；文學方面則有子游和子夏。

孔子的教學生涯從三十歲開始，一直到七十三歲逝世為止，不論是當官為政，還是周遊

列國，他的講學活動從未中斷。四十多年的時間裡，招收了三千多名弟子，這在中國歷史上是首屈一指的。《論語》一書中，有很多孔子在問答中教導學生的記載，所謂「三人行，必有我師焉」，就是孔子總結生活中學習所得的至理名言。孔子之後，許多人投入教育的行列，私人講學因而蔚然成風。

孔子的思想以「仁」為中心，但在戰爭頻仍的春秋戰國時期，各國盛行軍國主義，「仁政」根本是窒礙難行。所以，當他以「仁」的思想去遊說各國時，沒有一個國君願意採納。儘管如此，由於孔子的思想包含了許多中國古代文化的菁華，因此得到後世的推崇，成為中國數千年來的正統思想。後世帝王也給孔子加封了許多尊號，其中「至聖先師」就是對孔子在思想和教育方面貢獻的高度評價，而他的生日則被訂為「教師節」，每年九月二十八日都在各地孔廟舉行祭孔大典，讓孔子誨人不倦的典範萬古流芳。

臥薪嘗膽的句踐

春秋中期以後，長江下游的吳、越兩國開始強盛，對當時的政局產生重要影響。吳國在晉國「聯吳制楚」策略的影響下，得到晉國的幫助，搖身一變成為楚國的強大威脅。面對如此變局，楚國乃採「聯越制吳」的策略。越王得到楚國幫忙，大舉進兵攻吳，吳王闔閭只得起兵應戰。

吳、越兩國歷經數番激戰，吳王闔閭負傷而死，闔閭的兒子夫差即位後，在伍子胥、孫武等人的輔佐下，日夜訓練軍隊，立志要為父報仇，他經常自我激勵：「殺父之仇，不共戴天！」

越王句踐想趁吳國尚未作好準備時痛加打擊。雖然越國的大夫范蠡力勸句踐不要輕啟戰端，但句踐執意不聽，自以為是的進攻吳國。沒想到潰不成軍，句踐狼狽的逃回會稽山，還被吳軍追上團團包圍。

面臨挫敗的句踐束手無策，只好再請范蠡出計解圍。范蠡悲悽的說道：「現在只有帶著厚禮，低聲下氣的去求和了；如果吳王不答應，就把自己抵押給吳國，親自去侍奉吳王，換取苟且偷生。」

反觀獲得空前勝利的吳國，卻謹慎的進行戰後檢討。「留下越國，必成後患！大王您要三思啊！」伍子胥提出忠告，但吳王夫差不顧伍子胥的勸阻，仍然同意越王的請求，因為，句踐卑躬屈膝的表現，讓夫差不疑有他。從此，越國成了吳國的屬國，句踐和范蠡都被帶到吳國，換上破舊的衣服，在吳王夫差的宮裡擔任雜役。

句踐和范蠡小心翼翼的服侍吳王，絲毫不敢出錯，更不敢流露出不滿的情緒，他們過著形同僕役的生活，受盡嘲笑和譏諷，卻連大氣都不敢哼一聲。

夫差見這兩人一副馴服恭順的樣子，不禁得意的說：「哼！堂堂越王不過如此，卑賤的供寡人使喚，想必日後也沒啥出息。」

其實，句踐之所以忍辱負重，就是決心等候機會復國。他終於得到夫差的赦免返回越國。為了提醒自己不忘會稽之敗和服役之辱，並堅定復仇興邦的信念，他不吃肉食，身穿粗布衣，住在破舊的房子裡，睡在柴薪席上，還在屋裡懸掛苦膽，不時望著苦膽沉思，時時提醒自己：「別忘了恥辱！別忘了身上的責任！」

為了治理國家，句踐任用文種輔佐國政，范蠡訓練軍隊，使越國政治安定、兵力增強。經過十年生聚教訓，越國又轉弱為強；不過，為了避免引人疑竇，句踐表面上討好吳國，將美女西施送給吳王，又進貢許多財貨珍寶，向吳國表示忠誠，這樣才能爭取更多的時間發展國力。夫差果然信以為真，還天真的表示：「寡人早就看出句踐的忠心耿耿。」

自從得到西施以後，夫差耽溺於遊玩與絲竹之中，疏於國事而使政績日益敗壞。伍子胥一直認為留下越國是個禍根，多次勸諫夫差早日除去這個心腹之患，但是夫差根本不把越國放在眼裡，整天想著北上攻打齊國，爭當霸主。面對伍子胥喋喋不休的逆耳忠言，夫差逐漸感到不耐，加上一些奸臣趁機挑撥，夫差竟然賜死伍子胥。伍子胥死後，吳國已無忠臣，於是句踐更積極準備，志在謀取吳國。

西元前四八二年，吳王夫差北上會合諸侯，帶走吳國的精銳部隊，國內只剩下老弱殘兵留守。句踐趁此良機

發兵征討，雖然夫差又急忙率軍回師應戰，但最後還是被敵軍包圍，不得不派人向句踐求和：「希望大王能夠饒恕夫差，一如當年寡人在會稽饒恕閣下那般。」「想不到你也有今日！」憶及過往，句踐無限感慨，所有屈辱化為一股力量，讓句踐再次奮起。吳王夫差無計可施，只好自殺以謝天下，稱霸一時的吳國終於被滅亡了。

越王句踐完成復國的使命，於是大會諸侯，終成一方之霸；而范蠡則辭卸官職，化名「陶朱公」，成為一個成功的商人。

商鞅變法創新招

「你趕快逃亡吧！主公即將派人殺了你。」魏國宰相公叔痤緊張的勸告商鞅。「哦，他為什麼要殺我？」商鞅不解的問道。

「唉！我知道你是個人才，所以勸主公重用你；如果不能，就殺了你，千萬不能讓別國得到你，日後威脅到魏國的發展。」病入膏肓的公叔痤吃力的說著。「多謝大人關切。不過，我認為自身並無危險，因為，主公既然沒聽您的勸告重用我，也就不會依您的建議殺了我！」商鞅神閒氣定的回答。商鞅分析得沒錯，個性優柔寡斷的魏惠王不知商鞅的才幹，根本就沒重視過他。

商鞅約出生在西元前三三〇年，他是衛國人，原姓公孫，因為封地在商而稱商鞅，他喜好刑名之學，研究先前吳起在楚國的變法，自認為學有所成後，便投奔到魏國宰相公叔痤的門下，期許能有一番作為。

公叔痤死後，商鞅果然未受惠王重用，為了尋求發展，商鞅投效到秦國。不過，想要覲見秦孝公請求任用，還不是一件簡單的事。

「我總不能就這麼坐困愁城！」商鞅霍然而起，朗聲說道。花了好一番工夫，終於見到秦孝公。

商鞅自認辯才無礙，憑著豐富的學養，商鞅第一次入宮時暢談「帝道」，第二次覲見時則解說「王道」，沒想到秦孝公只是面無表情的聽，有時甚至還打起瞌睡。

到了第三次，商鞅談論「霸道」，秦孝公忽然精神大振，直呼商鞅是不可多得的人才，和商鞅一連討論了數天，決定倚重商鞅，下詔變法以圖富強。

雖然取信於君，還得取信於民。商鞅為了貫徹新法內容，先要民眾養成敬法、守法的習慣。他在都城南門豎起一根大木頭，諭示將木頭搬至北門者便有重賞。

「哈！這是什麼怪命令，根本是耍人嘛！」人民看了告示，不免議論紛紛。不久，一個好事者閒來無事，便大剌剌的對大家說：「反正搬根大木頭也不是什麼難事，就讓我來試試吧！」結果，商鞅真的給了這個人獎賞。這件事傳遍了秦國，大家都說商鞅是言出必行，他訂下的規章，是絕對不能輕忽懈怠的。

接著，商鞅強化中央集權，厲行法治、鼓勵耕織、提倡軍功，使秦國成為軍事大國，足

以稱霸西戎。

商鞅強調執法的公正，即使是太子犯法，也與庶民同罪。所以，當秦孝公的兒子觸犯法律時，商鞅決定依法嚴辦絕不寬容。「太子將來是大位的繼承人，誰敢定罪？」當其他朝臣都在一旁冷言冷語時，商鞅為了維護法律尊嚴，還是依法論定懲處；不過，由於眾人覺得應該給太子維持個面子，最後商鞅只好嚴懲了太子的兩個師傅，一個被削掉鼻子、一個臉上被刺了字，成了難以磨滅的終身恥辱。

商鞅變法成就了強秦，商鞅可謂權傾天下，不可一世。不過，隨著秦孝公崩殂，太子即位，商鞅的命運逐步走向險途。首先是太子的師傅誣告他謀反，先前被商鞅處罰過的貴族也開始反撲，商鞅只好四處逃亡。

「天下之大，竟無一處容身之地。沒想到我會落到這步田地！」商鞅慼嘆不已。因為，在他所制定的法規中，任意收留身分不明的人是要判刑的。商鞅無處可去，一度逃往魏國，魏國挾怨報復，痛恨商鞅曾助秦伐魏，商鞅只好返回封地商邑，準備發兵攻秦，但因勢力不足而慘死沙場，時約西元前三三八年。

新即位的秦惠文王將商鞅五馬分屍以洩憤，但他不得不承認，商鞅變法使得國富兵強，奠定日後秦國完成大一統局面的基石。

屈原投身汨羅江

屈原是個才氣縱橫的青年，長得相貌堂堂，憑著豐富的學識和流利的口才，才二十六歲就做了官，深獲楚懷王的器重。

「大王，齊國打敗趙國和魏國，而秦國又打敗了韓國。」屈原向楚懷王報告最新軍情，並準備分析局勢。沒想到，楚懷王兩眼緊盯著堂下表演的歌舞，漫不經心的回答：「這些事和咱們楚國有什麼關係呢？」

屈原正色說道：「齊、秦兩國的強大，正嚴重威脅到楚國的安全，如果兩國聯合進攻，我們豈是他們的對手？」楚懷王陷入沉思，不發一語。「依臣之見，不如派出使者與齊國聯盟，不僅可以使得兩國友好，避免戰爭，連秦國也會對我們有所顧忌而不敢貿然出兵了。」「好主意！就這麼辦。」「大王，即使如此，我們還是要加強軍隊的訓練，唯有自立自強，才不怕別人的侵略啊！」對於屈原的解釋，楚懷王已經沒耐心再聽了，他覺得危機得以暫時解決，根本不必為往後做太多聯想。

屈原被派往齊國出使，順利的簽下盟約，圓滿達成任務。楚懷王高興極了，認為有了屈原的運籌帷幄，一切問題便能迎刃而解。屈原成為楚懷王最信任的大臣，不僅處理國家朝

政，還負責撰寫所有的詔書，如此恩寵，當然引起一些大臣的嫉妒，特別是大夫靳尚，過去他曾經是楚王跟前的紅人，現在卻備受冷落，怎不叫他憤恨難消！

有一天，靳尚偷偷溜進屈原辦公的地方，悄悄翻閱屈原剛完成的詔書，正巧屈原走了進來，兩人立刻起了口角。「你怎麼隨意亂翻文件？」「我只是看看大王交辦的命令，以便照著旨意去做。」「這是詔書，閒雜人等豈可隨便亂動。」「放肆！你把我當成是什麼？總有一天，我要你知道我靳尚是什麼人物！」靳尚惡狠狠的說完，頭也不回的離開，留下一臉錯愕的屈原。

此後，靳尚開始處心積慮的陷害屈原。有一次，正當楚懷王飲酒略顯醉意時，靳尚便開始挑撥：「大王，您一向信賴屈原，可是，根據微臣的了解，屈原已經流露出驕狂之態，開始批評起您的不是。」「哦，他說了什麼？」「他說若不是他在打點一切，照您成天吃喝玩樂，國家早就……」「大膽！我要重重的責罰他。」楚懷王被激怒了。

靳尚一看楚懷王的醉意加上怒氣，正是不可錯失的良機，便加油添醋的說：「大王不必動怒，為這種小人傷了身子可不划算啊！微臣斗膽建言，您日後對他多做防備便是。」於是，楚懷王逐漸疏遠屈原，不跟他商議國事，也不再命他撰寫詔書，屈原覺得很沮喪，卻不明白哪裡犯了錯。

這時候，野心勃勃的秦國為了破壞齊、楚之盟，派了使者來到楚國，態度謙卑的說：「大王，秦、楚兩國一向友好，相距又近，您何必和遙遠的齊國結盟呢？秦王聽聞後難過極了，不知敝國何處得罪大王。所以，微臣特別帶了黃金珠寶、馬匹美女，專程來向您請罪。如果您肯原諒敝國的失禮，就請您收下禮物，斷絕與齊國的盟約，秦王還準備再割讓土地六百里給您，表示敝國的誠意。」

面對金光閃閃的禮物，楚懷王瞪大了眼睛，嘴角不禁泛起笑意，立刻答應秦國使者的請求。可是，屈原卻抱持不同的看法，他認為秦國此行必有陰謀。「秦國拿出如此厚重的禮物，事出必然有因，還望大王三思。」「你不必多言，國家大事我自有主張。」楚懷王的語氣露出不耐，屈原卻還繼續說道：「大王如果不採納微臣愚見，將來後悔……」「住口！你竟敢威脅我，給我滾！」楚懷王勃然大怒。

屈原悲傷的離開朝廷。不久，楚懷王果真遭到秦國的戲弄，原指望秦國真的會割地相贈，沒想到秦國根本不承認當初做過這番承諾。楚懷王氣極了，立刻派出軍隊進攻秦國，不料卻吃了敗仗。楚國許多土地被秦軍佔領，楚懷王被迫親往秦國議和，秦國才願意歸還土地，楚懷王氣急敗壞的準備出發，不料屈原又來了，他再度進言：「大王，秦國言出無信已經不止一次了，您千萬不可再相信他，如今您冒險前往，萬一被他們扣留，不就完了？不如勵精圖治，使內政修明，將來必能一雪前恥。」

「你不必多言，為了國家我願親自赴會，還沒出發就聽你這些不吉利的話，快滾！」楚懷王揮手趕走屈原，自己踏上不歸路，後來果然被秦國扣留，悔恨交加的客死異鄉。

忠心的屈原悲傷無奈，投身於汨羅江，以一部不朽的楚辭《離騷》傳世。今人為了紀念屈原，設立了端午節，又稱為詩人節，還以包粽子、划龍舟來遙祭詩人，成為民俗節日裡極有意義的活動。

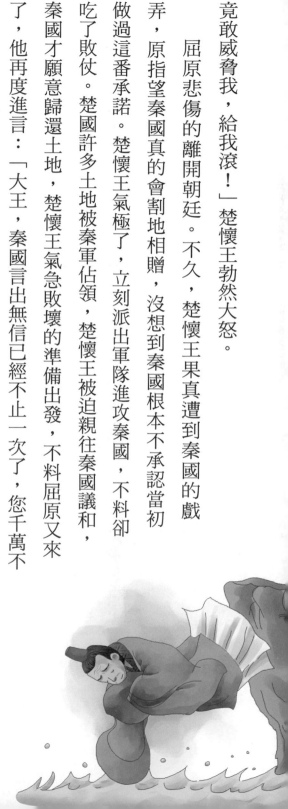

韓非有口難言

西元前二四一年，楚、魏、韓、趙、燕五國聯軍大舉進攻秦國，兵臨函谷關，秦軍開關反擊，聯軍潰敗而逃，只剩下韓國，在秦軍虎視眈眈的威脅下苟延殘喘，不幸的是，桓惠王突然去世，世子安繼位，成為韓國的末代君主。

韓國都城內一片桃紅柳綠，城郊伊水兩岸遊人如織，好一幅初春的太平景象。岸邊的茶樓裡，兩個客人臨窗而立，中年男子嘆口氣說：「魚游於沸鼎之中，燕巢於危幕之上，真是可悲！」另一名少年接口說：「良辰美景當前，你何必憂心忡忡？」「國家危在旦夕，朝中君昏臣愚，這該如何是好？」

少年不解的對他說：「你是國家貴戚，為何不向大王進諫？」

中年男子嘆了一口氣，眼光飄向遠方，陷入無盡的沉思。

這個中年男子就是韓非，他是韓國貴族，自幼聰明好學，和李斯一起追隨著名的學者荀況學習。

韓非才華橫溢，主張厲行法治以強國。但他天生口吃，雖然學識超越李斯，口才卻不如李斯伶俐。

韓非認為韓國要設法自保，他曾經三次面諫韓王，都沒有得到回應，尤其是昨天的事，給了他很大的刺激。

當時韓王召集群臣共議大事。看到韓非來了，便面露不悅的說：「公子又要向寡人說『法』了吧？」韓非恭敬的說：「是，國家危在旦夕，大王如不痛下決心，恐怕為時已晚。」韓王語氣略嫌不耐：「韓非，你口口聲聲說『法』，難道寡人說的話就不是法嗎？」「大王，有道之君不貴釋然之善，而行必然之法。『釋然之善』是指君主一時善念，會隨心意而改變的，君主行法，天下自會齊心合力，國家才會強盛啊！」韓非恭敬的陳述。

看到韓王不為所動，韓非接著又說：「讓臣舉個實例：衛君寵愛一個姓彌的大臣，有一天，彌氏的母親得了急病，他駕了衛君的車去看母親。依照衛國的法律，擅用君主車駕的人要被處刑，但是衛君卻說：『他真孝順，為了母親竟不怕受刑。』有一次，彌氏咬了一口桃子，覺得香甜可口，就把咬過的桃子給衛君吃，衛君誇彌氏嘗了美味就想到他。可是，後來彌氏失寵了，衛君回想起這兩件事，就以『大不敬』的罪名處罰彌氏。所以，同樣一件事，衛君的獎懲不同，就是未依法行事……」

韓非說得結結巴巴，韓王聽到這裡，突然大怒：「夠了！你居然將寡人與那昏君相提並論，未免太大膽了！」一些大臣看到韓非越說越亂，立刻群起而攻，韓非只好黯然退出廷外。

韓非冷靜回想早朝的情景，那些因循苟安的君臣讓他心灰意冷，可是他更恨自己的口吃與緊張，不能讓君主明白心意。心想：一個人空有才識，不擅說辭又有什麼用呢？要勸說一般人很難，要遊說君主更難，還可能危及性命。於是，他提起筆在竹簡上寫下了「說難」兩個字。

其中的「說」字指的是遊說，遊說的人必須從各方面了解君主的個性及背景，再開口說理，否則不僅所說不成，搞不好還性命不保，所以遊說君主是很危險的事。韓非在書中強調五種使自己陷於危險的情況，警惕天下的說客。

有人把韓非的著作傳到秦國，秦王嬴政看了，立刻拍案叫絕：「這真是一位高人啊！寡人真

想立刻認識他。相國，他是誰？」相國李斯心裡五味雜陳，也只能據實以告。

於是，秦王下令進攻韓國，韓國無力抵抗，派韓非出使咸陽。

餞行時，韓王舉杯對韓非說：「公子在韓國被埋沒多年，這是寡人的過失。如今受到秦王的賞識，一定大有發展。秦王志在滅亡六國，韓國首當其衝，望你念著祖先宗廟，日後照顧韓國。」韓王這番懦弱無能的話，使韓非感慨不已：「韓非絕不敢忘記家國，只望大王勤修國政，發憤自強。」韓非登車後，回首遠望家鄉，未料此行竟是一去無回！

這天夜裡，秦國相國李斯顯得很不安。他心想：秦王已召見韓非三次，每次都談很久，這是從來沒發生過的事，可見秦王對韓非的賞識。李斯深知韓非的才識遠在自己之上，若他受到重用，會不會危及自己的地位？這著實讓李斯苦惱不

已。

忽然，他想起了姚賈。韓非曾在秦王面前批評他，所以便聯合姚賈向秦王詆毀韓非。

韓非莫名其妙的被打入大牢，他不明白自己為什麼突然從上賓變成囚犯，也不知道未來會如何？心裡實在是困惑又恐懼。

這時候，獄卒遞給他一個木盤，盤上有封信，和一小瓶酒。

韓非打開一看，原來是李斯所寫的信，勸他趕快自行了斷。韓非雖然不明白自己犯了什麼罪，但深知秦法嚴苛，與其日後吃苦受辱，不如現在就喝下毒酒。

第二天，秦王下詔赦免韓非，可惜韓非已死，只留下他所寫的五十五篇《韓非子》。韓非是法家的代表人物，提出法、術、勢相結合，法律之前人人平等的理論，建立完整的法家思想體系。秦王嬴政採納韓非的「法治」思想，於西元前二二一年統一六國，建立中國第一個中央集權的王朝，並自稱為「始皇帝」。而陷害韓非的相國李斯，在秦始皇崩殂後，於權力鬥爭中失敗，最後被處以極刑，下場更是淒涼。

呂不韋富可敵國

大雪停了，秦國質子子楚走在趙國都城——邯鄲冷清的街上，神情黯然。子楚木訥老實，不得祖父秦昭王和父親安國君的寵愛，所以，當秦國和趙國互以王子為人質時，子楚就被派到趙國當「質子」。

但秦國經常派兵攻打趙，趙國人民心生不滿，讓子楚處境艱難，還要擔心性命不保，子楚不由得潸然淚下！

忽然一陣馬蹄聲由遠而近，騎馬的人一時收韁不及，子楚已被撞倒在地，卻不知這一撞，不僅扭轉了他的一生，也改變了歷史。

馬上的人是趙國富商呂不韋，他一見撞傷了人，連忙上前詢問，當他知道眼前的人是秦國質子時，心頭不禁狂喜，立刻妥善安置了子楚。

呂不韋雖家財萬貫，卻想要更上層樓。他仔細思量，不論種田或經商，所得利潤都有限，但如果能幫人取得天下，獲利可就難以計算了，而如今機會就在眼前。

他心想：「如果我幫子楚回國繼承王位，他對我自然心懷感激，無限的榮華富貴可就擋不住啦！」於是，呂不韋帶著千兩黃金去找子楚。

「公子，您是秦國的王孫，如今困處邯鄲，不知將來有何打算？」呂不韋好意問道。子楚無奈的回答：「我要是有打算，還會受困在此嗎？」「呂某倒有個辦法，可以轉危為安，光大公子的門庭！」呂不韋繼續說道：「公子，秦昭王一旦去世，自然由您父親安國君繼位，那時您大哥就是太子了，您還有何指望呢？」子楚的神色更加黯然，不發一語。

「公子不必絕望，我聽說安國君最寵愛華陽夫人，但是華陽夫人並無子女。」子楚點點頭，卻不明白這跟自己有何關係。呂不韋又說：「您想想看，您父親至今還沒有決定立誰為世子，只要遊說華陽夫人力勸安國君，冊立您為世子，您就有機會即位為王了。」子楚一聽，感激的說：「果如先生所言，將來願與先生共享天下！」

呂不韋先給了子楚一筆鉅款，讓他在邯鄲交遊賓客增加聲望。自己則動身前往秦國的都城咸陽，找機會求見華陽夫人。

呂不韋很快就買通了華陽夫人的姊姊，託她把子楚從邯鄲帶來的禮品呈獻給華陽夫人，並表達子楚對她的敬愛。

「妹妹，你現在雖然得寵，自己卻無子女，以後年老了怎麼辦？倒不如及早認個兒子，將來好有個依靠。子楚在邯鄲交遊廣闊，賢名傳遍天下，對你又有這般的孝思，你何不認他做義子，並立為世子？將來他一定會感恩圖報，對你恭敬侍奉。」華陽夫人點點頭，同意姊姊的建議。

在華陽夫人的請求下，安國君終於答應以子楚為世子，還賜給子楚一面玉牌為憑證。此外，又賞賜許多食物和衣服，並請呂不韋做子楚的師傅。呂不韋成功的幫子楚取得王太孫的地位，得意的回家大開酒宴；酒酣耳熱之際，呂不韋把最寵愛的妾趙姬送給了子楚。

不久，趙姬生下一個兒子，取名為嬴政，他就是未來的秦始皇。短短幾個月，子楚的人生變得光明璀璨。看著身邊的嬌妻、懷裡的稚子和華美的廳堂，子楚滿意極了！當然，這一切都要歸功於呂不韋。

秦昭王五十年，秦軍又包圍邯鄲，這下激怒了趙王，決心要處死子楚。呂不韋得到消息，連夜趕來帶子楚逃命，他重金賄賂守吏，讓子楚安全回到咸陽。

六年後，秦昭王去世，安國君繼位，

子楚成了太子。一年後安國君去世，子楚繼位為秦莊襄王。子楚實踐諾言，封呂不韋為丞相及文信侯，食邑十萬戶。三年後，子楚也死了，十三歲的嬴政即位，以呂不韋為相國，尊稱「仲父」。

呂不韋集尊榮富貴於一身，門下賓客三千人。呂不韋讓這些賓客寫下他們的見聞，彙集成二十餘萬字的《呂氏春秋》。書中包含天地古今萬物之事，這也使呂不韋的聲名傳遍諸侯列國。

九年過去了，秦王嬴政已是英明果斷的少年君主。但呂不韋一直認為，嬴政會對他有所感念，所以凡事依然故我，甚至天真的以為：「既然尊我為仲父，就應該多尊重我一些；更何況嬴政也許還是我的骨肉呢！」當年趙姬被子楚帶走時，傳說已有身孕，這件事關係到嬴政的出身，是至今成謎的宮闈秘密。

秦王政九年初，發生長信侯嫪毒叛亂。事平後，秦王追究責任，當初嫪毒是由呂不韋推薦入

宮，所以呂不韋被免去相國一職，斥回河南封地。但呂不韋實在太有名了，各國諸侯一聽到這個消息，紛紛派使者來聘請他。消息傳到咸陽，秦王更加生氣。親自寫詔書質問呂不韋：「君何功於秦？秦封君於河南，食十萬戶！君何親於秦？號稱仲父，其與家屬徙處蜀！」

呂不韋看完，不禁一陣慘笑：「哈，居然問我對秦國有什麼功勞？有何資格做仲父？嬴政，如果沒有我，秦國哪有今天？你又哪有今日？」呂不韋知道秦王想置他於死地，便服毒自盡，結束傳奇性的一生。

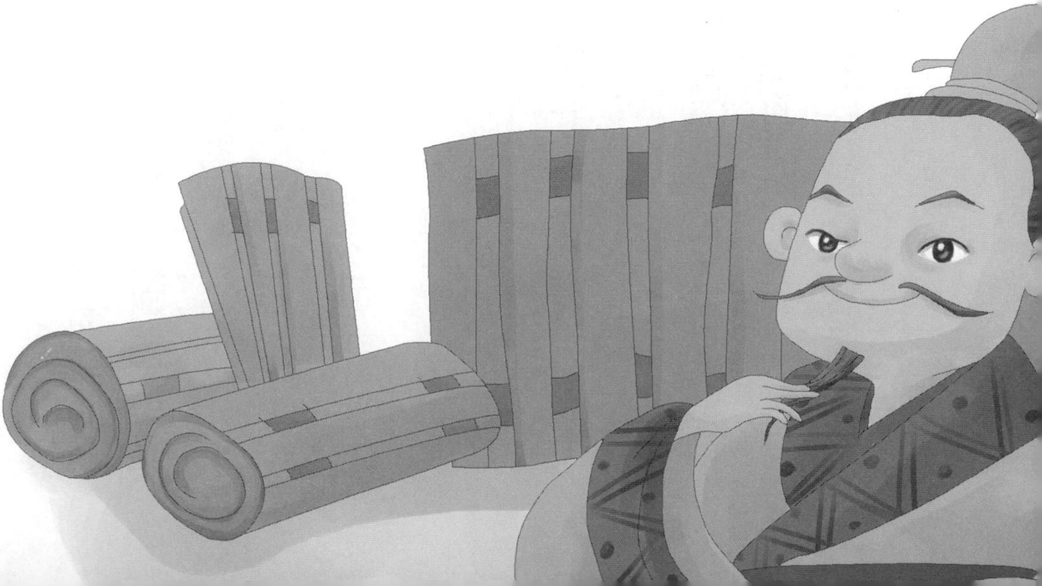

楚漢相爭論英雄

西元前二一〇年，秦始皇崩殂於東巡途中，國內立刻陷入動盪，殘暴昏庸的二世即位，寵信宦官趙高，公然「指鹿為馬」殘害忠良，並與丞相李斯弄權禍國。這時，六國遺民紛起抗秦，先有陳勝、吳廣的揭竿起義，而另兩股更強的勢力，則是項羽和劉邦。

項羽出身楚國貴族，父母早逝，由叔父項梁撫養成長。他氣宇非凡，文武雙全，並有傲人的志氣，當他望見秦始皇出巡時的威儀陣仗，不禁脫口而出：「我將取而代之！」

平民出身的劉邦，則是沛縣的一介農家子弟，和項羽顯赫的背景相比，劉邦顯得卑微渺小；而且，他不愛讀書又不務正業，整天遊手好閒，偶爾還因多喝了兩杯而打架滋事，實在看不出將來有何發展。不過，看似泛泛之輩的劉邦，倒也有一番雄心壯志，當他看到秦始皇的出巡車隊時，竟也豪氣萬千的表示：「大丈夫當如是也。」

秦始皇死後不到三年，項羽所率領的義軍已經頗有聲勢，人數高達數十萬，並尊奉楚懷王為首，在鉅鹿之戰中與秦軍九戰九勝，直逼秦國都城咸陽，勝利指日可待。

劉邦三十三歲才混上「亭長」一職，職權僅似今日的里長。但由於劉邦待人熱忱寬厚，性情豁達爽朗，倒是結交了不少俠義之士，大家尊稱他一聲「沛公」；但若論及聲勢，劉邦

僅率眾八、九千人，跟項羽是無法相比的。

「諸位英雄！如今天下大亂，誰能先入關中，得占咸陽，他就是關中之王。」楚懷王命令一出，諸將無不奮勇迎戰。劉邦由於人手不足，兵力不強，自己又不具軍事長才，便採取迂迴進取的作戰方式，避免和秦軍正面衝突。在這關鍵時刻，劉邦的謀臣張良提出高見：「若以軍事強攻，形勢未必對我們有利；但如以政治誘降的手段，使敵人不戰而降，望風而歸，倒不失為一個良策。」

果然，張良的誘降之計奏效，不僅減少了劉邦的兵力折損，而且還收復許多城邑；反觀項羽，在戰場上義無反顧的和秦軍廝殺纏鬥，反而延誤了入關的時機。最後先入關稱王的，竟是劉邦！

西元前二〇六年，趙高殺了秦二世，改立子嬰為王，子嬰眼見大勢已去，就自動向劉邦請降。這時，劉邦屯兵灞上，向群眾公布「約法三章」：殺人者死、傷人及盜抵罪。秦朝苛法盡除，一時間萬民歡呼之聲不絕，劉邦的稱號為「漢王」，儼然已是天下共主。

「可惡！」項羽聞訊勃然大怒，自知失了時機，便將一股怒氣發在咸陽城，不僅火燒阿房宮，還放縱將士們大肆劫掠，搞得哀鴻遍野，大火三月不熄。雖然項羽自稱是「西楚霸王」，但事實上早已大失民心。

劉邦和項羽兩人的性格迥異，作風更是不同。項羽具備軍事長才，但他行事武斷，難納人言，謀臣范增抱憾而去，項羽形同單打獨鬥；而劉邦個人雖無專才，但他善用人才，韓信、樊噲、張良、陳平、彭越、英布等人戮力奉獻，終於成就了劉邦的功勳。

項羽行事莽撞，在關鍵時刻卻又優柔寡斷，著名的劉、項交鋒「鴻門宴」即是一例。席間范增力勸項羽撲殺劉邦，但項羽總是猶豫不決，最後讓劉邦趁機脫身，從此注定兩人輸贏的命運。

劉邦遇事沉著冷靜，不因衝動失了理智，例如當項羽擄獲劉邦的父親、妻子，而以死相脅時，劉邦竟然不為所動；表面上看似冷酷無情，其實，這正是劉邦善於應變的優點，他不受威脅利誘，逼得項羽束手無策，最後只好釋放人質，劉邦完全沒有損失。

楚漢相爭的局面，直到西元前二〇三年終於大勢底定，項羽被重兵圍困，僅餘數百名子弟兵奔逃至垓下。此時，耳聽「四面楚歌」，項羽不禁英雄氣短，感慨萬

千，不由得唱起：「力拔山兮氣蓋世，時不利兮騅不逝，騅不逝兮可奈何，虞兮虞兮奈若何！」騅是駿馬，虞是虞姬。爾後，項羽的愛妾虞姬自刎而死，留下淒美動人的殉情故事。

項羽憑著一股不服輸的意志，一馬當先的衝出重圍，一陣廝殺之後，只剩下二十六名騎兵，他退至烏江邊，自忖無顏見江東父老，揮劍自刎結束一生，年僅三十一歲。

劉邦在西元前二〇二年登上帝位，建國號「漢」，是為漢高祖，他是中國歷史上第一位出身平民的皇帝。

劉邦在位七年而逝，得年六十二歲，他的妻子呂雉接掌了大權。這位歷史記載心狠手辣的呂后，造成外戚干政的動亂。雖然高祖臨終之際，不忘慎重交代：「非劉氏而王者，天下共擊之。」看來，他的一番苦心，終將隨著呂后的大權獨攬而幻滅，高祖若有知，必然會扼腕嘆息吧！

漢武帝一世英明

「這真是百聞不如一見的名駒啊！」看到數十匹「汗血寶馬」雄赳赳、氣昂昂的排列廷前，漢武帝得意極了，負責這次軍事行動的「貳師將軍」李廣利，自然也得到重賞；只不過，為了替皇帝奪得名駒而遠征大宛，多少戰士命喪沙場，多少家庭破碎難以重聚，這恐怕就不是漢武帝所能體會的了。

李廣利是漢武帝倚重的將領，除了個人才能，他的姊姊李夫人深受漢武帝恩寵，也是造就他成為名將的原因。這位李夫人曾經以「李妍」之名墮入風塵，不僅姿色出眾，更懂得音律才藝，在煙花巷中獨領風騷。而她的兄長李延年則是漢武帝的宮廷樂師。

「你為朕所編的樂曲中，提到遠方有佳人，其容傾國傾城，可真確有其人嗎？」漢武帝十分好奇。「陛下，曲中所形容的，就是舍妹。」李延年回答。於是，李妍被哥哥引薦入宮，立即得到漢武帝的寵愛，而被封為「李夫人」。

李夫人色藝雙全，是個有智慧的女子，當她年紀漸長身染重疾時，她堅持不肯面見皇帝，即使漢武帝親來探視，她竟以被遮臉，

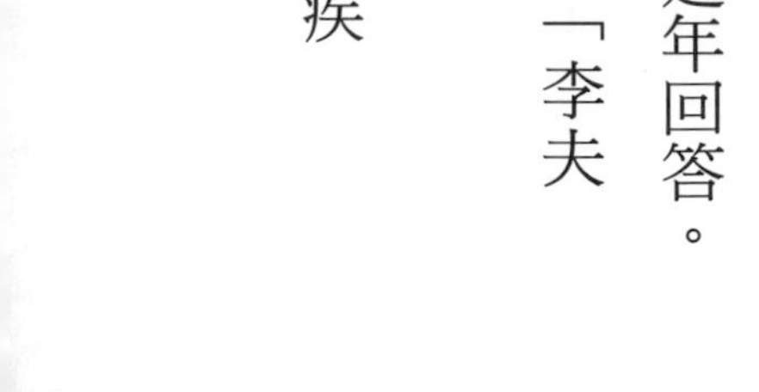

就是不讓皇帝看見她的病容。「臣妾福薄，不能侍奉皇上了！」「夫人真的忍心不見朕一面嗎？」「皇上恕罪，如今臣妾的時日不多了，還望陛下記得臣妾的好，善待李氏家族。」李夫人摀著臉嚶嚶哭泣，漢武帝長嘆一聲，轉身離去。

「奴婢實在不明白，夫人為何如此堅持？聖上親自前來，對夫人的一片用心令人感佩，您又何必……」侍奉李夫人的宮女不解的問道。「唉！你們不明白，皇帝也是凡人，怎麼可能永遠鍾情於我，他自有七情六欲，如果瞧見我這憔悴的容貌，豈不毀了過去美好的一切？我何不多保留幾分好印象，讓皇上對我的癡情永不滅呢？」李夫人語重心長的說。

被史家形容為「雄才大略」的漢武帝劉徹，在西元前一四一年登基，當時他不過是個年僅十五、六歲的少

年，卻要擔負起治國興邦的責任。而且，他的生母王氏出身寒微，如今貴為太后，不禁惹來議論紛紛。

不過，宮闈的蜚短流長，並不影響漢武帝的地位，在長達五十四年的執政期間，促使漢朝的國勢達到鼎盛，更因為聲威遠播，以及「絲路」的開通，促進了東西文化交流；胡漢兩族的融合，使中國的疆域有了空前的範圍，後人便以「秦皇漢武」並稱之。

在學術思想方面，漢武帝採納董仲舒的建議，不再沿用漢初以來的黃老治術，而改尊孔孟學說，使得儒家思想成為中國學術文化的主流，對後世的影響長達數千年。為了拔擢人才，漢武帝在中央設立「太學」，在地方上薦舉孝廉，增加任官出仕的來源。經濟方面，他發行「五銖錢」，將鹽、鐵收歸國營，又設「均輸」、「平準」，以調節物價，並增加中央的財政收入。此外，漢武帝創設年號，這是中國皇帝使用年號的開始。

正如李夫人所說，漢武帝既是凡人，不免也有缺點。他相信江湖術士的言論，一心追求長生不老的方法，甚至想要修練成仙。例如：江湖術士推論神仙應該會喜歡高樓，漢武帝不惜耗費鉅資，在皇宮旁邊建一座約一百五十公尺高的「柏梁臺」，以便親近神明。

步入中年的漢武帝覺得自己的健康情況大不如前，又接受江湖術士的建議，花了許多錢祭拜天地，其中最隆重的一場祭典，要算是元封元年的「泰山封禪」了。這個祭典的用意，是皇帝向上天報告治理國家的成果，祈求上天能夠保佑皇帝永遠不死，再配合群臣齊喊：「萬歲！萬歲！」漢武帝似乎真的感受到自己長生不老。

但事實上，漢武帝的身體卻是一日不如一日，不僅體力衰退，連腦力也跟著退化，但他不肯承認這是年邁體衰的自然現象，反而相信自己是被一些神秘的巫術陷害。「朕近日屢感不適，難道上天故意加害於朕嗎？」「聖上是百年難得一見的英主，上天眷顧聖上福如東海，壽比南山，豈能相殘？若說天意使然，微臣以為絕無可能，反倒是人為……」「什麼！是誰大膽置朕於此？」漢武帝一聽有人加害，馬上怒不可遏，也不仔細思量，是否有人故意挑撥。於是，「巫蠱」之說應運而生。傳說「巫蠱」是製作某人的塑像，然後再摧殘塑像，造成這個人身心雙重受損，痛苦不堪。

「朕頭痛欲裂，渾身無力……」由於漢武帝經常被病痛折磨，所以命令江充去調查原因。結果，江充竟然回報說：「太子寢宮內藏有皇上的塑像，他盼得皇上早日賓天，以便自己能夠登基掌權。」

在政情紛亂的皇宮中，不支持太子的人，都有可能用「巫蠱」之說來陷害他，偏偏漢武帝不先求證，便輕易相信了一切，讓太子劉據百口莫辯。「父皇對我失去信任，這叫我何以自處？」太子急得慌了手腳，決定起兵造反，最後卻落得兵敗自殺。太子死後，母親衛皇后也自殺身亡，造成一樁難以彌補的人倫悲劇，時為西元前九一年。

沒多久，漢武帝後悔了，便以「思子臺」等建築表達對太子的思念，卻已於事無補。

回憶這一生，漢武帝自認有太多豐功偉業。「朕命衛青、霍去病遠征匈奴，漠南再無敵人蹤跡；朕又東定朝鮮，南平南越、西南夷。如今，朕年邁體衰，再也激不起雄心壯志了！」年逾花甲的漢武帝不勝唏噓。尤其是想到「車騎將軍」衛青，便不免想起他的姊姊，也就是曾受漢武帝恩寵的衛皇后。「唉！看來長生不死是不可能了！太子和衛皇后都過去了，朕還是及早確立太子人選吧！」於是，漢武帝決定以八歲的弗陵為太子。

為了避免外戚干政的歷史重演，漢武帝下令賜死弗陵的生母鉤弋夫人。「太子年幼，一旦登基，難免受制於母，為了國家社稷著想，莫怪朕心狠。」看似多情的漢武帝，這時為了顧全大局，只得拋棄兒女情長。

西元前八七年，漢武帝去世，得年六十九歲，和他一心期盼的長生不死相去遠矣！太子弗陵即位，他就是漢昭帝。

張騫「鑿空」絲路

當絲綢剛傳入羅馬時，因為它的質感和色澤迷人，羅馬人不惜耗費萬金購買。據說，絲綢的最高價格一磅竟達十二兩黃金，貴族富商爭相採購，嚴重的影響了羅馬帝國的經濟狀況。讓羅馬人為之風靡的絲綢，遠從中國經由「絲路」而來，首開絲路的英雄，就是漢朝的張騫。

漢朝自高祖劉邦立國以來，一直面臨著北方強敵——匈奴的威脅，劉邦曾經率軍北伐，卻被匈奴圍困，後來僥倖脫身，再也不敢輕言討伐，只好以和親政策，換取一時的和平。

到了漢武帝的時代，他認為和親政策過於消極，決定先派人到匈奴的仇家——大月氏，加以聯絡說服，與漢朝合作夾擊匈奴，而年僅二十一歲的張

騫，便擔當了出使重任。

西元前一三八年，張騫率領百餘人自長安出發。歷經千辛萬苦，行經隴西（今甘肅）附近，情勢更為險峻。

「大人，前面就是匈奴的國境，這是唯一通往大月氏的路，我們要萬分小心，避開匈奴的偵察。」隨行的胡人堂邑父謹慎的說。

不幸的是，張騫一行人被匈奴發覺，全數遭到扣押。「大膽！竟敢私入國境，拖出去斬了！」匈奴首領單于下令殺了一名士兵，企圖用威脅的方式，迫使張騫歸降，但忠心耿耿的張騫就是威武不屈。

「來人！把這名女子許配給張騫。」單于看張騫不為所動，便改換招數，無限期的扣留張騫，讓他娶妻生子，以消磨他的鬥志。這一留就是十年，張騫始終沒忘記漢武帝交給他的任務，他默默等待機會，終於趁匈奴內亂時，逃到大月氏。可是，大月氏久經安逸，根本不想和漢朝結盟，對匈奴發動攻擊。張騫在大月氏境內停留了一年多離開，當他在返回漢朝的途中，不幸又被匈奴擒獲，再次遭到扣留，一年後他幸運的脫困，終於平安回到中國。

當初隨他出使的百餘人，如今只剩下堂邑父一人，隨著張騫重返朝廷。「愛卿辛苦了，朕封你為博望侯。」武帝以「廣博瞻望」的榮譽，賜爵位給張騫。屈指算來，張騫這趟出使，前後共花了十三年的時間。而歷經了千辛萬苦的張騫，回到漢朝後並沒有耽於安逸，他追隨著大將軍衛青，再度遠征匈奴。

當軍隊行走在無垠的戈壁沙漠，張騫以過來人的經驗，配上豐富的地理知識，為大軍指引水草綠洲的所在，珍貴的荒漠甘泉，為將士們帶來信心和勇氣。

西元前一一九年，張騫又奉命出使西域烏孫，這次漢朝的戰略是聯合烏孫，以斷匈奴右臂，但貪財的烏孫國王只想收取漢武帝的賞賜，卻不願與漢朝結盟。「且慢！既然收下我大漢朝的賞賜，就該向聖上謝恩。」張騫正氣凜然的斥責烏孫王昆莫。昆莫見此，只好乖乖俯首稱臣，向漢皇表示順服。此後，烏孫和漢朝一直保持良好的關係，還迎娶了細君、解憂兩位公主。到了漢宣帝時，終於和漢朝合作，完成夾擊匈奴的計畫。

西元前一一五年，張騫回到長安，漢武帝特別封他為「大行官」，想要借重他對西域的了解，讓他一展外交長才，增進漢朝對西域的掌控，可惜到了第二年，張騫去世，壯志終成遺憾。

張騫一生奔波勞苦，他的足跡遍布西域，破除了東西方的隔閡，增進相互了解的機會，也促進了交化的交流，當張騫西行回國後，帶了許多物產，例如大蒜、無花果、胡桃、苜蓿、石榴、芝麻、獅子、孔雀、犀牛，而大宛所產的汗血寶馬，更是漢武帝最喜歡的良駒。

歷史上給予張騫極高的評價，班固《漢書・張騫傳》裡，將他的西使稱為「鑿空」，就是開山通路的意思。梁啟超認為他是「殺匈奴猾夏之勢、開歐亞交通之機、完中國一統之業。」

張騫把他的西行做成紀錄，將西域人文、地理、物產、習俗各方面的考察，詳細書寫在《出關記》中，並呈送漢武帝。司馬遷則根據這本《出關記》，撰寫了《史記・大宛列傳》，這是現存最早關於西域的資料記載，使中國對西方大開眼界，西方的物品經由「絲路」傳來中原，中國的絲綢也傳入西方而備受矚目。

西方的特殊物產、雜技、音樂、美術都隨之而來，豐富了中原的文化，所以才有詩云：「不是張騫通西域，安能佳種自西來？」據說李延年曾將胡樂重新編曲成漢代的軍歌；中國的繪畫和雕刻，也受到新的刺激，由原本的古樸莊重，轉變為多采多姿、富於想像。當然，最重要的影響，則是佛教的傳入，漢末以後，成為民間普遍的信仰，至今佛教仍是國人的重要信仰之一。

經由張騫的「鑿空」，中國的灌溉技術西傳，使中亞一代的國家受惠無窮。因為，中亞的氣候乾燥，種植原本不易，有了中原傳來的灌溉技術，增加了農業生產，自然是一大功德。

張騫開拓了當時世界上最長的貿易路線「絲路」，行走在上面最大宗的貿易物品，便是中國的絲綢。陣陣駝鈴聲、滾滾沙塵土，萬里無垠的「絲路」成就了東西文化交流，宏揚了大漢帝國聲威，張騫的貢獻功不可沒，永遠傳頌於後世。

李陵與司馬遷

西元前九九年，正是漢武帝在位的時代，大將軍李廣利奉詔出擊匈奴，騎都校尉李陵被派負責後勤工作。李陵是漢初名將李廣的孫子，他待人謙和仁慈，又長於騎射，漢武帝常說他有大將之風，絲毫不輸祖父。

李陵曾率領八百騎兵，深入匈奴之地探勘地形，又在酒泉練兵五千，隨時保持備戰狀態。年輕自負的李陵不願屈居在李廣利之下，於是向漢武帝自請獨當一面，以經過精訓的步兵五千，減輕李廣利軍隊的壓力。

漢武帝答應了，李陵深入東浚稽山南龍勒河觀察敵情，然後返回今綏遠西北方的受降城。

五千多人依計畫北進，一路上小心謹慎，走了三十多天才到達目的地。李陵描繪了山川地形，派部下陳步樂向漢武帝報告。武帝很高興，陳步樂還因此封了官。

可是，就在李陵準備班師回朝時，突然有三萬多名匈奴騎兵占領了四周的山頭，他們居高臨下占盡優勢，李陵一見情況不妙，下令前線的士兵拿出戟盾，後面的人搭上箭，大家「聞鼓聲而縱，聞金聲而止」。

李陵的軍隊突圍而出，剎那間萬箭齊發，匈奴兵應弦而倒，其餘的紛紛逃回山上，但李陵寡不敵眾，且戰且退，匈奴兵在後緊追不捨，李陵見士兵們死傷慘重，不得不下令：「大家注意！現在是生死存亡的關鍵，凡是身上有三處傷的，可以躺在車上；身上有兩處傷的，可以扶著車走，只有一處傷的，必須再戰！」就這樣，李陵的軍隊又多殺了好幾千名敵人，然後伺機退入樹林中，激烈的戰事暫告停止。

這次戰役是由匈奴的首領單于率軍應戰，不但慘遭敗北，連單于都受了傷。可是，一個投降匈奴的李陵部下，卻向單于透露李陵軍隊並無後援，只剩下數百人可戰，連箭也快用光了的實情。

單于一聽，心中大樂，立即下令猛攻，李陵的殘兵敗將簡直走投無路。李陵為了部將的生路著想，不得不暫時向匈奴投降，沒想到自己這一生英名，竟淪落在這邊塞荒漠中。

李陵兵敗投降的消息傳回朝廷，漢武帝大怒：「什麼！竟然投降了？大漢英威竟折損在李陵這個叛將手中，朕要殺無赦！」原被封官的陳步樂因為恐懼受到牽連而自殺，朝中大臣個個噤若寒蟬，沒有一個人敢為李陵辯解。

太史令司馬遷和李陵並無深交，但是他覺得李陵是個事親孝、與士信、臨財廉、為國家奮不顧身的勇者。群臣在李陵獲勝時，個個對他讚不絕口；現在，李陵戰敗，大家卻噤聲不

語。這種行為讓司馬遷為李陵深感不平，於是，他對漢武帝說：「李陵的戰功不減於自古的名將，他雖戰敗投降，一定是為了等待將來立功的機會，更何況他在孤立無援的情況下，殺了那麼多的匈奴兵，已經是難能可貴了。」

「大膽！你敢教訓朕？」漢武帝怒不可遏，司馬遷的一番話，不僅讓武帝震怒，更刺傷了大將軍李廣利，而李廣利是漢武帝寵妃李夫人的哥哥，這下子，司馬遷的處境更為不利，於是他被關進大牢。

更不幸的是，第二年從邊境傳來消息，李陵正在敵營中協助匈奴練兵。漢武帝未經調查了解真相，就下令殺了李陵全家，而司馬遷更是罪加一等，遭受了宮刑。

司馬遷的身心都受到前所未有的創傷，他在心中怒吼著：「想我一個堂堂男子漢，竟變得和太監一般，這

不僅是我個人的悲哀，更是我家族的恥辱！」

司馬遷是太史令司馬談的兒子，司馬談希望兒子能將記錄史事的工作發揚光大，將來寫一部像《春秋》一樣的史冊。司馬遷恪遵父親的遺囑，開始拓展視野，遍遊全國。他三十八歲成為太史令，立志創作一部究天人之際，通古今之變，成一家之言的史書。

可是，在宮刑的屈辱下，司馬遷幾乎失去求生意志。仰望夜空，物換星移，司馬遷想起孔子的話：「逝者如斯夫，不舍晝夜。」喚醒他身為史官的使命感，於是司馬遷開始振作，埋首案前，終日振筆疾書，五年後，他完成了《太史公書》，也就是《史記》。

司馬遷的《史記》格局和範圍都是空前的，價值遠遠超過《春秋》，不僅組織完密，內容龐大，而且條理分明，讀來井井有條又趣味橫生，為後世的史書寫作確立了規範體制。

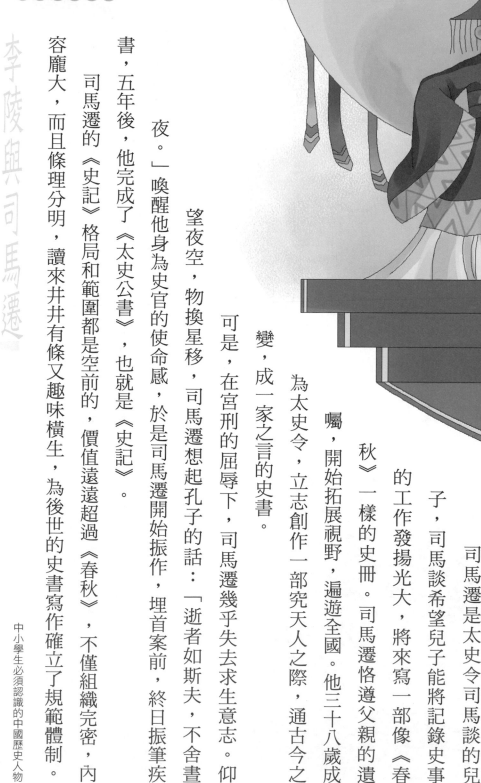

《史記》也是一部偉大的史籍著作，其中記錄了從黃帝以來，到漢武帝時共兩千六百三十年的史事，全書共有一百三十篇，五十二萬字，體例上又分成本紀、世家、列傳、書、表，其中又以列傳的七十篇最多。而他的用詞遣句，不僅合乎史實，而且生動有趣，把人物形容得活靈活現，對日後的史學和文學都極有影響。

西元前八七年，司馬遷和漢武帝先後去世，漢昭帝即位後，由霍光輔政。霍光曾派人接回李陵，但是李陵心灰意冷的對來使說：「大丈夫不能再次受屈辱了！」

十多年後，李陵淒涼的死在異域，結束了一生；而司馬遷則以《史記》這部書，留給世人永遠的敬佩！

王昭君千里之外

「進京以後，恐怕再也看不到父母和家鄉了！」王昭君坐在馬車上，邁向不可預知的未來。

經過千山萬水，終於到達長安城，昭君看到繁華的市街，雄偉的宮殿，也知道許多宮廷裡的事。譬如這些選自全國的美女，只有少數幸運者能得到皇帝的寵幸，其他人只能擔任宮中的女官，而女官從最低層的「良家子」，到最高的「昭儀」，一共有十二個階級。又聽說當今的皇帝懦弱昏庸，竟把最寵信的太監石顯封為「中書令」，凡事都由石顯大權獨攬。

這次進宮美女的父母們，都拿出錢財來賄賂石顯，希望經由石顯的安排，讓女兒得到皇帝的寵愛。大家一言一語的謠傳，讓昭君好生心煩：「自己小心謹慎，何必理會這些趨炎附勢的醜聞。」昭君心裡坦蕩，一心等待皇帝召見。

這一天，每個人都緊張極了，因為今天將決定她們一生的命運，是成為人人稱羨的后妃？或是變成深鎖宮中的白頭宮女？然而，多數人都失望了；因為皇帝只是不經意的看了大家一眼，然後就由總管太監宣布中選的名單，而這些人正是傳言中行賄最多的人。「沒想到宮裡是如此黑暗，謠言竟是事實！」昭君想到黯淡的未來，不由得紅了眼眶。

不幸的事隨之而來，王昭君與一些沒有行賄的人，被派為最低下階層的女官：「良家子」，開始度過暗無天日的生活，榮華富貴似乎距離她們太遙遠了。

三年歲月匆匆流逝，昭君眼見青春消逝，心裡憤恨不平，她怨恨腐敗黑暗的宮廷、昏庸的皇帝、弄權的奸臣，不知造成多少悲劇？埋葬多少人的一生？看到眼前蹣跚走來的白髮宮女，昭君似乎也看到自己的未來，不覺淚水潸潸而下，只得掩面悲泣。

就在昭君陷入絕望深淵時，中國北方的強勁外族匈奴，首領呼韓邪單于突然進京覲見皇帝，表示願意恭順親善，並且提出和親的要求。

漢元帝高興極了，因為自漢朝立國以來，匈奴一直是嚴重的邊患，如今既然擺明了用「和親」政策就可杜絕大患，怎不令毫無作為的皇帝欣喜萬分呢！「匈奴百年來都是我朝大患，如今居然向我稱臣歸順，真是……」「此乃因陛下英明，我朝聲威遠播呀！」石顯趁機恭維皇上，立刻讓皇帝心花怒放。「可是單于要求和親，我們的公主哪能下嫁到蠻荒的匈奴國呢？」皇帝為難的說。

「陛下，您不用擔心，只要在後宮隨便找個宮女給予公主封號嫁過去就行了。」石顯狡猾的說。

選派公主遠嫁匈奴的消息傳遍後宮，每個人都心生恐懼，可是昭君卻不這麼想。

「與其沒沒無聞的老死宮院，不如嫁到匈奴，追求另一個天地。」

昭君自願遠嫁，皇帝立刻冊封她為「寧胡閼氏」，而「閼氏」就是匈奴語皇后的意思。皇帝的聖旨一出，單于迎親的隊伍不久就到達京城。

臨行之前，昭君展現出她獨特的美麗，穿上華貴的服飾，更增添手采，在皇帝惋惜的眼光中，她傲然的走出皇宮。

呼韓邪單于與高采烈的伴隨昭君北上。離開繁華的京城，走向遙遠的邊塞。一路上，昭君看到因為戰爭而造成的荒蕪，想到兩國人民的生命，也因戰爭而埋葬在滾滾黃沙中，昭君暗自下了決心：以自己的力量，為漢朝及匈奴的人民盡心盡力。

和親的隊伍帶來大批種子、紡織品和技術人工。昭

君建議單于教導匈奴人民利用土地耕作，學習紡織，放棄掠奪的習慣，再以牲畜和皮毛換取糧食。於是，單于請求漢朝開放邊境貿易。不久，荒涼的邊境又恢復繁榮。第二年，昭君生下一個男孩，母子更得到單于的寵愛，昭君雖然身處塞外，反而比深宮內院還自在得多。

但是好景不常，一年後，呼韓邪單于去世，依照匈奴的傳統，昭君必須嫁給單于第一任妻子所生的長子復株累若鞮。昭君將再度被立為后。依照中國的禮教制度看來，這是多麼荒唐的事啊！昭君上書給漢元帝，請皇帝為她做主。不過，皇帝並不在意昭君的幸福，便下令要她依從匈奴的習俗，昭君只好默默接受，成為新單于的王后，後來又生了兩個女兒。

隨著歲月流逝，昭君的青春年少消逝在大漠中。她時常凝望南方，懷念家鄉和父母，以及自己年輕時的夢想。她心裡明白，往事一去不回，又何必徒增感傷！昭君堅強的挺起腰，再看看眼前的景致，這裡有她親生的子女，有愛戴她的人民，不也是她的家鄉嗎？

昭君遠赴匈奴後，便不曾回過中原，她的愛滋潤了游牧民族的草原，她的生命貢獻給兩國之間的和平，縱使長眠異鄉，昭君始終無悔無怨。

王莽謙恭下士時

「周公恐懼流言日，王莽謙恭下士時。」這兩句流傳千古的名句，使王莽成為歷史上奸惡偽善的代名詞。

王莽生長在權貴之門，自幼聰明好學，稍長師事沛國陳參學習禮經，是一個經書讀得很好的儒生。他為人恭敬儉樸，因為父兄早死，王莽奉養孀居的母親和寡嫂，應對諸位叔伯長上，無不謙恭有禮，因此受到當時擔任大司馬的伯父王鳳，和姑母王政君的賞識，終於在西元前八年繼任為大司馬。

王莽做了大司馬，依然保持謙和勤儉的作風，他經常施捨錢財，以結交賓客。如果接受朝廷賞賜，便不吝惜的分贈屬下。有一次，王莽的母親患病，公卿列侯的夫人都來探病。大夥兒看到一個身穿粗布衣的婦人，後來才知她就是大司馬夫人，眾人無不感佩王家的儉樸。

第二年，漢成帝死後無子，迎立姪兒定陶王劉欣繼位，是為漢哀帝，而以舅父傅喜為大司馬。王莽於是韜光養晦，在家中閉門不出。王莽的兒子殺死了一個家奴，王莽便逼令兒子自殺，表示大公無私，博得更多的讚譽和同情。而新皇帝舉措乖張，繼位三年，就更換了四個大司馬、四個丞相，許多忠良的大臣無故被殺被貶，後來還以奸臣董賢為大司馬，弄得朝野譁然。哀帝死後，王莽在眾望所歸下，復任大司馬，重掌大權，可說是實至名歸，聲望無人可及。

王莽復任大司馬之後，先誅殺董賢，迎立年僅九歲的劉衎為帝，是為漢平帝。這時太皇太后臨朝，以王莽輔政執掌大權，漢朝已經成為王莽的天下。

王莽取得大權後，不斷頒下施恩的詔命，在全國各地建立「學」、「校」，擴建太學，還捐出私田、私錢賑濟災民。因為他的女兒成了皇后，得獲賜金二萬萬錢，王莽僅留下其中的四千萬，而將其他部分用作濟貧。這些措施確實符合了當時一般人民，尤其是讀書人的期待，所以歌頌王莽功德的上書，就如潮水般湧來。這一天，王莽獨坐案前，看著那些數不盡的功德書，覺得飄飄然，一個念頭突然浮上腦海：「再過幾年，小皇帝就要親政了，那時我還有機會嗎？」想起近來小皇帝充滿敵意的眼光，王莽的臉色陰沉下來，緊緊的握住拳頭。

第二年，小皇帝突然死了，年僅二歲的劉嬰繼位。王莽官拜宰衡，更是位高權重。這時，神秘的符命相繼出現，有人在水井裡撈出一塊白石，上書「告安漢公為皇帝」，王莽恭恭敬敬的拜過石頭，對大臣們說：「我何德何能，敢作皇帝？可是上天的符命，又不可違背！」於是自稱「攝皇帝」，居所稱「攝宮」。可是符命接踵而來，不久，又有人夢見天使，說攝皇帝當為真皇帝。王莽謙辭說，「不敢為真皇帝！」於是號令天下，改攝皇帝為假皇帝。又過不久，更精采的符命出現了。有個四川人哀章，來到太廟，自稱天使，要假皇帝親來接受天書。王莽來到太廟，見這哀章身穿黃袍，雙手捧著一個銅櫃，看見王莽來到，就打開銅櫃，取出兩卷天書，授給王莽。一個是「天帝金匱書」，另一個是「赤帝劉邦傳予皇帝金策書」，書中備言王莽當為真天子。經過這次符命，王莽再也無法推讓，於是御冠升殿，即真天子位，封劉嬰為安定公。他拉著劉嬰的手流淚說：「我本來想學周公那樣輔佐你，如今竟迫於皇天威命，不能如願了！」

王莽自公元一年至公元八年，從大司馬、安漢公、居攝、攝皇帝、假皇帝到成為真皇帝，從獻祥瑞、頌功德到一連串符命，根本是一齣不入流的「歹戲」。尤其是在登上御座之前對被廢的孺子嬰那一番做作，使他除了奪權篡位之外，還成為「偽善者」的代表，受盡千古的唾罵。

事實上，西漢傳至成帝以下，政治腐敗，外戚專權，災荒不斷，人們已有漢室將衰之

感。而王莽的德望，正讓人們把希望全寄託在他身上。於是「新莽王朝」也就這樣代漢而興了！

王莽最大的罪衍，不在於「篡漢」，而在於「篡漢」以後一連串的「託古改制」。改制的依據是一部據說是周公所寫的《周禮》。王莽深信這本書是先王治天下的良規，可致太平盛世，於是雷厲風行。改革大致可以分為四部分；官制、貨幣、土地和均輸。王莽食古不化，不僅弄得官員無所適從，還激怒了匈奴外藩，使平靜了幾十年的邊境兵連禍結。至於他推行的新貨幣多達二十六種，百姓簡直是眼花撩亂，不知所措。於是全國經濟大亂，民不聊生，造成新莽滅亡。

西漢長期以來，土地兼併日甚，所謂「富者田連郡縣，貧者無立錐之地」，助長了奴隸的買賣，危及當時以小自耕農為基礎的農村經濟。王莽想以井田制平均地權，即位後曾經三令五申，卻因豪門權貴的強力反彈而放棄。他又想以政治手段解決經濟問題，卻是當時官吏所無法做到的事，以致便民變成了虐政。千載以後，北宋王安石重蹈王莽改革的覆轍，讓人嘆息！

王莽迷信「天命」、「周禮」，即位以後，躬親政務，工作每至深夜。他以半生的信譽取得了十五年的帝位，一意孤行的結果是身死國滅，臨死之際，還高呼「天命在我」，可謂至死不悟。新皇帝看到他鬢髮皆白，不禁嘆息說：「王莽如能好自為之，功名豈在霍光之下！」

新莽以後，劉秀重建東漢，從此「家天下」成為歷史的正統，朝代的更換只有以武力為之，期間生靈塗炭、哀鴻遍野，造成更多不幸！

班超深入虎穴得虎子

「臣不敢望到酒泉郡，但願生入玉門關。」這是七十一歲的班超，對皇帝所提人生最後的心願。

班超，字仲升，出生在陝西的扶風縣，他的父親班彪、哥哥班固、妹妹班昭（因為入嫁曹氏而被稱為曹大家，家讀作姑），後來都成為赫赫有名的文史學家。班超的文學素養並不比兄長差，但他胸懷大志，很想在其他領域創出一番作為。

班超的體格雄健，擅長騎馬射箭。當時，哥哥班固擔任校書郎，官階不高且薪資微薄。為了增加收入維持家計，班超在官署裡謀得一份書記的差事，靠著抄寫公文賺些銀兩。

每天面對堆積如山的資料，就算振筆疾書也做不完。班超時常思考國家大事，自忖：「大丈夫志在四方，每天抄抄寫寫的度

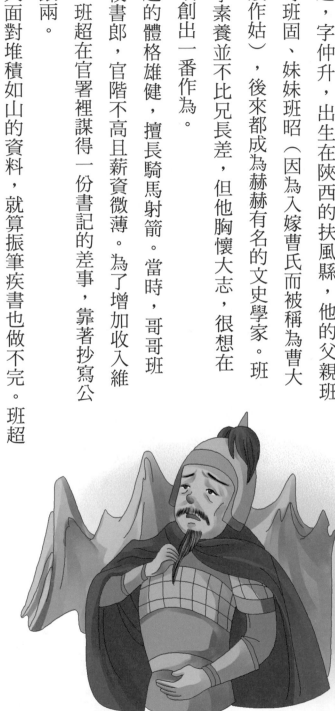

日，這算什麼！」

這時正是東漢年間，歷經西漢末年政局的動盪，塞外的匈奴已經蠢蠢欲動，甚至截斷了漢武帝時代張騫開通的「絲路」，使中原和西域的往來受到阻礙；之後更由於王莽篡漢稱帝，根本無暇治理邊境，西域諸國紛起作亂，彼此征戰不休，而勢力最強的匈奴，儼然主宰了西域的大權。

東漢光武帝結束了王莽的政權，建立東漢中興漢室，西域一些不堪匈奴脅迫的小國，眼見光武帝英明有為，就上書漢朝請求保護。但是，光武帝認為國家初建，政權還不夠穩固，人民需要休養生息，便拒絕了西域諸國的請託。直到東漢明帝繼任之後，一來國家日趨安定，二來匈奴不斷的騷擾邊境，也確實讓朝廷覺得不能再姑息了，於是派遣大將軍竇固遠征匈奴，重振大漢雄威。

班超不只是關心國家局勢，也以天下蒼生為念，當他知道匈奴不斷騷擾邊境，造成生靈塗炭的慘狀，不禁興起滿心的憤慨：「究竟要坐視這種苦難到何時？」情緒激動之下，班超把筆一扔，公文也不抄了，朗聲說道：「大丈夫應該像張騫一樣出使西域，為國家做一番轟轟烈烈的大事，怎能一輩子困坐在此，靠著一枝禿筆過日子！」於是，班超投身在竇固軍中，而他這段棄文從武的經過，便衍生出「投筆從戎」這句成語。

竇固慧眼識英雄，他發覺班超在軍事上的天分，很快便授予重任，班超也立下一些戰功；接著，竇固又向朝廷推薦班超，稱讚他頗具張騫的風範，或許能再度拓展西域外交，一展大漢雄風。

班超四十一歲那年，奉了天子的聖命，帶領三十六名隨從，來到位於新疆羅布泊附近的鄯善國，勸說國王歸順。

國王聽聞大漢使節到來，頭兩天還能以禮相待。可是，幾天之後，態度卻轉趨傲慢，甚至多次出言不遜，班超發覺事有蹊蹺，隱約感覺是匈奴使者在從中作梗。

經過一番打探，原來匈奴使者也親率百餘人來到鄯善，他們使出威脅利誘的雙重手段，使鄯善國王對漢朝的忠貞搖擺不定。

「這是我們第一次的出使行動，即使艱困當前，也必須扭轉逆境，否則日後終將一無所成。」班超堅定的告訴大家。

班超所率領的這批部下，都是忠肝義膽的勇士，他們願意報效國家，即使犧牲性命也毫不退縮。「好！既然大家都有膽識放手一搏，就讓我們奮力出擊，正所謂『不入虎穴，焉得虎子』！」班超在營帳中振臂高呼。於是，眾人小心翼翼的跟著附和，以免被外人發現，但心中都是情緒高昂。

班超決定夜襲匈奴使節，以火攻將他們全數殲滅。這個計謀立即奏效，鄯善國王受到震撼，親自來到班超的營帳表示歸降。

班超出使告捷，朝廷將他封為司馬，要他再踏上旅程。這一次，班超來到位於新疆和闐縣的于闐國。

于闐國一直和匈奴來往密切，對漢使的來訪顯得十分冷淡。這個國王非常迷信，凡事都要聽從皇宮裡巫師的指示，當他面對東漢和匈奴兩股強大的勢力時，根本不知該如何抉擇，只好恭敬的向巫師請益，不過國王並不清楚，巫師早就被匈奴收買了，他當然指示國王必須歸順匈奴而背叛漢朝，才符合神明的聖意。

迷信的國王決定聽從巫師的話，要殺了班超的坐騎以示忠誠。「哦，殺了我騎乘的馬，就可以避免災禍降臨，這倒是挺特別的；就請巫師親自來取這匹良駒吧！」班超從容不迫的回答。

等到巫師一來，班超立即斬殺這個妖言惑眾的傢伙。「如果他真能神明附體，我會殺得了他嗎？」班超質問國王。于闐國王立刻歸順漢朝，再也不敢有貳心。

之後班超又在疏勒國穩定政局，誅殺匈奴所立的新王，而扶立原來的王室，贏得疏勒國君臣一致的感激。班超發揮政治長才，拉攏對漢朝友好的一些國家，還將弱小的西域諸國團結起來，使得在往後的三十多年裡，漢朝得以完全掌控西域情勢，和五十多國都能維持外交往來，經濟和文化交流再度暢通無阻，這些都可說是班超努力的成果。

為了拓展外交，班超又派遣甘英出使「大秦」（即羅馬帝國），可惜受阻於大海而未成功；不過，甘英將沿途所見做了詳細的紀錄，增進漢朝對邊境的了解，確實有另一番貢獻。

班超歷經西域的三十寒暑，受封為西域都護，但白髮蒼蒼的他對家鄉十分想念，不免感傷的說：「真希望在我的有生之年重返中土，但求落葉歸根。」班超在東漢和帝時回到中原，這時他已經七十一歲了，不久便在永元十四年（西元一〇二）病逝。

張衡通曉天地

西元一三八年的夏天，東漢都城洛陽城的太史府內一片寧靜，一陣急促的腳步聲傳來，有人慌張的跑進大廳，焦急的說：「大人，地震了！」「你胡說什麼？」太史十分不悅。「大人，您快去看看那個地什麼儀的動了。」

太史趕去一看，只見「候風地動儀」西北方的龍口張開，原來含在龍嘴裡的銅球，已經落在地上的銅蟾蜍嘴裡。太史自言自語：「按張衡的說法，表示西北方發生地震了。可是沒有傳來任何災難的消息，如果貿然上奏，惹得皇上大怒，那可划不來！」半個月後，隴西（今甘肅）的地震急報到了洛陽，當地的災情十分慘重。太史往前推算地震的日子，正是「地動儀」顯示天災的那一天。「天啊！張衡的地動儀還真是精準。」此後只要提起張衡，人人都是誇讚不絕。

張衡從小聰敏好學，對天文曆算特別有興趣。少年時，他常常凝望夜空，想知道日月星辰為何會發光？運行的軌道又是如何？張衡不斷觀察思考，逐漸形成自己對天象的一番見解。

朝廷聽到張衡的名聲，召他到洛陽擔任「太史令」，負責觀察天象、研究曆法。這是一個很重要的官職，因為當時的皇帝自稱「天子」，天象的吉、凶，顯示了上天對天子的褒貶，「太史令」必須事事謹慎。

事實上，早在戰國時期，就有人提出「蓋天說」，認為天高八萬里，像馬車上的車蓋，也就是車頂一樣；而地猶如一個四方棋盤，每邊長八十一萬里。日月星辰都掛在車蓋上。想到這兒，張衡搖了搖頭：「『天圓地方』的說法似乎不對！地不可能是方的，這樣無法解釋太陽和月亮升降的道理。」

還有另一種玄妙的說法，認為天虛無縹緲、無邊無際，日月星辰不過是虛浮在空中的「氣」，不可捉摸。張衡覺得更不可信：「天空自然是無邊無際，可是星辰絕不是不可捉摸的『氣』，它們是確實存在的。」根據張衡自己的觀察和統計，「常明星」中已經定了名字的有三百二十顆，肉眼看得到的亮星有兩千五百多顆，還有一萬多顆是不太明亮的，這些論點和現代的說法十分接近。

張衡又想到近來有人提出「渾天說」。有人用雞蛋比喻天體，「地」懸浮在空中，就如同蛋黃漂浮在蛋清裡一樣，日月星辰則掛在蛋殼上，當蛋殼在轉動時，人們就會看到星辰有規律的運行。這個說法受到很大的抨擊，甚至被指為對上天不敬。可是，根據自己多年觀測思考的結果，張衡卻覺得「渾天說」最符合事實。

突然間，張衡的腦海閃過一個念頭：「我何不做一個立體的模型，來解說天體運行的道理呢？」於是，張衡提起筆來，在紙上勾畫出一張設計圖，就叫「渾天儀」。

為了慎重其事，張衡先用竹片和木料，依據設計圖樣製成零件的模子，不斷修正直到全無瑕疵。

張衡親自監看工匠逐步製作，最後再刻上各種度數，經過一年多的努力，世界第一台「渾天儀」終於在西元一一七年誕生了！

渾天儀是用來觀測和顯示天象的儀器，看起來像是個球體，用一根鐵軸穿過球心，外有兩個支點象徵南、北極。內外有好幾個圓圈，上面刻了赤道、黃道、二十四節氣；內圈則刻了太陽、月亮、星辰的記號。

張衡又在渾天儀旁裝置了一個計時的「銅壺滴漏」，以水力帶動齒輪，使得渾天儀緩緩轉動，轉一圈就是一天，這種設計可說是空前先進。

「渾天儀」啟用之日，轟動了洛陽朝野，看過的人無不嘖嘖稱奇，譽為巧奪天工。為了說明渾天儀的原理，張衡特別寫了《渾天儀圖註》。又寫了一部《靈憲》，闡明天文學理論。他明確的指出，月光是反射了太陽光，當陽光被遮住時就發生月食，並不是天狗吃了月亮。這些創見在當時是從未出現過的，張衡被譽為天文界的先知，的確是當之無愧。

第二年，中原地區發生強烈地震，轉眼間天崩地裂，造成死傷無數。皇帝下詔罪己，自稱治國無方，才招來天怒。

可是，太史令張衡卻不這麼想，他認為地震是自然災難，根本無法預先防範，無關上天的憤怒。張衡仔細研究地震後各地的災情報告，發覺災害總是從一個中心向四周擴散，再遞減力量。

他突然想到，當一粒石子投進池塘時，水波向四周擴散的樣子。

「對了，就像水波一樣，所以只要有一個非常靈敏的儀器，能顯示出震波，就能測出遠方的地震方位。」

此後，張衡便埋首研究地震儀，不斷的設計和實驗。終於，在西元一三二年完成「候風地動儀」。

「地動儀」是用銅鑄成的，像個大型的酒樽。外部依照東、南、西、北等八個方位，倒掛著八條銅龍，龍口中各含一個閃亮銅球，在每個龍口下方，都蹲著一隻張著大口的蟾蜍。地動儀內部懸著一根銅柱，利用銅柱吸收震波的慣性作用，推動龍口，使銅球落入蟾蜍口中，以測知地震的方位。

可是，地動儀製成的第二年，張衡受到朝中宦官和保守大臣的污衊排擠，憤而去職，在他的〈歸田賦〉中道盡了天道幽隱難知，不如歸去的無奈。幾年後，張衡落寞的去世，得年僅六十二歲。

張衡在距今一千八百多年前發明如此精密的儀器，成就領先世界。然而，這位偉大的科學先知，生前從未受到應有的尊榮，又在孤寂中去世。在當時深受儒家思想影響的社會下，科學技術被視為雕蟲小技，甚至是離經叛道，使許多科學人才成為眾矢之的，這也讓我國科學知識無法累積，更難以發揚光大，而張衡正是這種錯誤認知下的犧牲者。

除了不朽的科學成就之外，張衡在文學上的表現也很卓越，他的作品〈兩京賦〉、〈思玄賦〉，以濃郁的感情表達對百姓的關懷，因而傳誦一時。

國際天文學組織在西元一九〇七年，將月球上的一座環形山，命名為「張衡山」。七年後，又將太陽系當中的一顆小行星，命名為「張衡星」，以紀念這位了不起的天文學家。

曹操亂世之奸雄

曹操字孟德，小字阿瞞，沛國譙縣人（今安徽亳縣）。父親曹嵩是宦官曹騰的養子，《三國志》裡形容曹操是：「少機警，有權術，而任俠放蕩，不治行業。」看來曹操似乎是個才情縱橫卻不受拘束的人。在重視氣節操守、家世門第的東漢時期，曹操的「任俠放蕩」，再加上與宦官密切的關係，可能難於被世族接納，可是，憑著過人的膽識、機智和不懈的努力，曹操成為漢末群雄第一人。梁國的橋玄稱他有「命世之才」，名士許劭也稱他是「治世之能臣，亂世之奸雄」，這幾句話將曹操的野心和能力形容得十分透徹。

漢靈帝熹平三年（西元一七五），曹操舉「孝廉」，授官洛陽北部尉，負責京城北區的治安，這時他只有二十歲。曹操一到尉所，便命令工匠製作二十多根「五色棒」，高懸在衙門四角；凡是違反禁令，在深夜酗酒遊蕩的人，不論身分一律棒殺。不久，漢靈帝寵宦蹇碩的叔父公然違禁，果然慘遭棒殺處分。這件事轟動了洛陽城，從此沒人敢再觸犯法令，也使曹操聲譽大噪，打進了士大夫的圈子，得到洛陽名士張邈、袁紹等人的賞識。

曹操是個胸懷大志的人，絕不甘心做個地方小吏。於是，他辭官回家，閉門讀書。第二年，朝廷以征討西羌為名，設西園八校尉，曹操被徵為典軍校尉，再度來到洛陽。

中平六年（西元一八九），漢靈帝去世，皇子劉辯即位，大將軍何進想要誅殺宦官，不幸事機敗露被殺。於是袁紹領兵入宮，盡殺宦官二千餘人。此時前將軍董卓已率軍入京，他廢掉新皇帝劉辯，另立其弟劉協，並且想要重用曹操。可是曹操認為董卓倒行逆施，不足以成事，便拒絕了他的好意，連夜逃出洛陽。

曹操逃歸家鄉，就在陳留招兵買馬，得到家人和望族衛茲的支持，勢力日漸強大，便起兵聲討董卓。這時中原群雄並起，其中勢力最大的當屬袁紹。

初平三年（西元一九二）董卓被殺，部將們劫持天子相互爭鬥，關中大亂。小皇帝輾轉逃歸洛陽，窮困潦倒。曹操便率軍到洛陽謁見，挾持皇帝遷都許城，自封大將軍司空、武平侯，取得了「挾天子以令諸侯」的有利地位。

曹操先後消滅呂布、袁術等軍閥。到了漢獻帝建安五年（西元二〇〇），曹操和袁紹在官渡（今河南中牟東北）展開大戰，僅以兩萬名兵馬，打敗了袁紹的十萬精兵，這時他趁勝北伐，不到十年便統一北方，並發布減收田租令、整頓風俗令、大封功臣令，穩定了原本混亂的社會秩序。

曹操行事認真確實，例如他實施「屯田制」，下令開墾荒地，增加糧食產收以增進實力，規定士兵要保護莊稼，不可隨意踐踏禾苗，違者要以軍法論處。

有一次，曹操帶兵行經一片麥田，看見處處麥穗低垂，十分高興，沒想到一隻斑鳩突然從田裡飛出，驚嚇了曹操的坐騎，馬兒嘶叫著衝進麥田，踐踏了大片農作物。曹操表示願意接受軍法制裁，可是誰敢定曹操的罪呢？看到大家面面相覷，曹操揮劍斬下一大撮頭髮，基於「身體髮膚受之父母，不敢毀傷，孝之始也」的道理，這也算是一種替代式的懲處了。曹操執法嚴明的行事風格，贏得官民一致的支持。

中原穩定了，曹操把目光轉向荊州劉表、襄樊的

劉備和江東的孫權，為了訓練水軍，他開挖了玄武湖，還在湖畔建了銅雀臺，曹操和官員們在臺上，看著一隊隊戰船操練，金鼓齊鳴，真是雄壯威武，不禁得意的說：「孫、劉這批人，豈能擋我雄師！」由此不難看出曹操想一統天下的雄心。

建安十三年（西元二〇八），曹操大軍南下，一路敗劉備、降劉琮，合荊州水軍十萬，直迫赤壁（今湖北蒲圻）江邊。這時孫權和劉備聯合，雙方在赤壁隔江對峙，情勢十分緊張，孫權採用老將黃蓋的火攻計畫，以詐降的方式接近曹營，正巧東南風大起，火勢一發不可收拾，於是曹軍大潰，曹操倉皇逃走。這一陣冬季十分罕見的東南風，粉碎了曹操統一天下的美夢，三國鼎立的局面正式形成，這也是其後兩百餘年中原大亂的開端。

赤壁戰後，孫、劉二人聲勢已成，曹操平關西、定漢中，同時也加強自身權位的鞏固。他進爵魏王、加九錫、車輿服飾等與天子相同，又封世子曹丕為五官中郎將、副丞相，另封其他五子為侯。至於身在許都的漢獻帝，則是形同傀儡，根本沒有治國實權。

曹操於建安二十五年（西元二二〇）病逝，得年六十六歲，同年曹丕篡漢自立，國號魏，尊奉曹操為魏武帝。

曹操位高權重，專擅跋扈，有人罵他是「名為漢相，實為漢賊」。他自己在〈明志令〉中也說：「微孤，不知幾人稱王？幾人稱帝？」真是視皇帝如無物。可是，曹操終其一生維持漢朝的體制，始終不曾正式篡位稱帝。

曹操是一位卓越的軍事家，他南征北討，多能以寡擊眾，他的兵學造詣極深，著有《孟德新書》等，可惜已經失傳。武功之外，他和兒子曹丕、曹植被稱為「三曹」，在中國文學史上佔有重要的地位。四言樂府詩的佳作〈短歌行〉，正是曹操最被後世傳誦的作品。

談到曹操就不能不提《三國演義》。在《三國演義》這部家喻戶曉的小說裡，許多關鍵的情節中都有關於曹操的描述，如「捉放曹」、「草船借箭」、「借東風」等，這些都成為日後說書、戲曲編寫的素材。但由於《三國演義》將劉氏漢朝視為正統，以表彰忠義為論述主調，所以對劉、關、張以及諸葛亮等人是讚揚備至，對曹操則是多持否定。戲曲「捉放曹」中，曹操誤殺了呂伯奢全家後，不見絲毫歉疚，反而留下「寧我負天下人，勿使天下人負我」的冷言冷語，似乎已為曹操定了型，後人對曹操的印象便由此而根深柢固了。

曹操一生毀譽參半，或許《三國志》的作者陳壽所言「非常之人，超世之傑」，正是他最佳的寫照。

華佗的仁心仁術

西元一九〇年，華佗生於沛國譙縣（今安徽省亳縣），當時正值東漢末年，皇帝昏庸，宦官掌權，朝政腐敗，地方上盜賊四起，百姓顛沛流離，疫病流行。華佗目睹種種慘況，不想為官追求富貴，決定成為一位良醫，以救人濟世做為終身志業。

華佗鑽研醫書，辨識藥性，學習看診的經驗和技巧。在那個時代，醫生不僅要看病，還要負責採藥、製藥。而一些名貴的藥材，多半生長在人跡罕至的深山，好不容易採藥回來，華佗還得親自切、研、炙、晒，可是華佗樂此不疲。不懈的努力，使他年紀輕輕就成了一位名醫；每天來找華佗看病的人絡繹不絕，於是他在門前搭蓋兩間草堂，做為看診的場所，大家都說他是菩薩心腸。

有一天，一個官府的衙役前來邀請華佗，原來是將軍的夫人得了重病，肚子痛得在床上打滾。華佗前往將軍府，把脈診斷後，判定夫人是懷孕跌倒，動了胎氣，必須將胎兒取出。可是將軍卻不以為然的說：「先生高明，但也只看對了一半，因為胎兒早已經流掉了！」華佗確信自己的診斷，既然將軍不採納，只好先行告退。

第二天，將軍又派人來請華佗，因為，夫人痛得更厲害了。這次華佗很堅決的表示，如果不立刻取出死胎，恐怕夫人性命不保。於是，將軍召來穩婆（接生婆），在華佗的指導下，按摩夫人的腹部，取出死胎。「原來內人懷的是雙胞胎，先前在下無知，特別向您告罪。」華佗保住了將軍夫人性命，夫妻兩人感激不盡。

華佗不僅診斷精確，也常使用一些偏方，治好疑難雜症，廣陵太守陳登就是一例。

陳登病了幾個月，胸口鬱悶，腹部腫脹，四處求醫無效，久仰華佗名聲，特地請他來看診。

華佗仔細的問診，只見陳登面黃肌瘦，腹脹如鼓，便微笑著說：「大人的病不礙事，不必服藥。」眾人不明其理，華佗命僕役調製一大碗濃醋，加上辛辣的蒜泥，請陳登立刻服用。陳登滿面狐疑的喝了醋，只覺得一陣惡心，張口吐出一大團的蛔蟲，所有不適的症狀漸漸消失無蹤。華佗臨走前叮嚀：「大人要多注意飲食潔淨，自可益壽延年。」

「如此神醫若推薦給丞相，豈不是大功一件？」陳登忽然有了主張。

原來曹操近日正為頭痛所苦，聽了陳登的報告，立刻派人去請華佗。

丞相府前，執戟的衛士雄赳赳的站立兩旁，顯示著曹操顯赫的權勢。華佗隨著衛士穿過層層廳堂，來到內室，只見曹操眉頭深鎖，一見華佗便揮手叫衛士退下，讓華佗安靜專心的看診。

華佗仔細的檢查，確定曹操得的是偏頭痛，便準備以針灸治療。華佗以長針刺向曹

操的「魚腰」、「攢竹」兩穴，詢問曹操的感覺。

「嗯！又痠又麻。」曹操回答。

過了一會兒，華佗拔出長針，再問曹操覺得如何。曹操試著搖搖頭，再也沒有頭疼的感覺，不禁喜出望外：「先生不愧為名醫，我命你為侍醫，今後就留在府中照顧老夫吧！」

能成為相府的侍醫，真是難得的殊榮，可是華佗拒絕了，他只想回到家鄉，救治更多的人，曹操卻不肯放過他，硬是把他留下來。

相府裡的生活過得富貴愜意，華佗卻覺得度日如年，他懷有行醫濟世的心願，如今卻成了曹操個人的僕役，想起那些哀哀待診的病患，他實在無法忍受。於是，華佗以探視妻兒為由，向曹操請假回鄉。

華佗才走沒多久，曹操的偏頭痛又犯了，著急的派人催促華佗迅速回府，華佗再以妻病需人照顧為由，拒絕曹操的命令。這下可把曹操惹火了，下令把華佗送進監獄。臨刑之前，華佗把幾本醫書送給獄卒。「這是我畢生的心血，全是治病的良方，你就留下吧！」可是，

獄卒畏懼曹操可能會追查，嚇得不敢接受，華佗無奈的歎口氣，默默的點燃醫書，看著它化成灰燼……。

華佗在醫學上的成就，隨著他去世而失傳，麻醉技術就是其中之一。根據醫書記載，華佗曾研製出一種「麻沸散」，可以讓病人暫時失去知覺，以利醫生進行手術，所以華佗可說是世界上第一個使用麻醉而進行開刀手術的人，難怪他會滿懷信心的建議曹操，以外科手術治療惱人的偏頭痛，可惜卻被曹操斥為一派胡言！

華佗的麻醉及開刀手術，比歐洲足足先進了一千七百多年。他自創「五禽戲」，提出「勞動養生」的觀念，和今人的健康觀如出一轍；更可貴的是，華佗仁慈的胸懷和博愛的情操，不僅是所有醫生的模範，更讓後世衷心仰慕欽佩。直到今日，「華佗再世」這四個字，仍然是獻給醫生的最高榮譽。

張機是醫中之聖

「喂！先生，您的氣色不佳，若不服食湯藥，來日恐有性命之憂。」張機在路上巧遇文學家王粲，誠懇的建議他。不過，才二十出頭的王粲不以為意，隨口敷衍了幾句便轉身離開。過了大半年，張機親自登門拜訪，想看看王粲是否無恙，沒想到王粲仗恃著自己年輕力壯，根本不理會張機的勸告，只是客氣的表示：「多謝您的關切，在下的體能狀況尚佳，不敢煩勞您費心。」「唉！」張機無奈的嘆了一口氣，悵然離去。又過了幾年，王粲的健康每下愈況，但他仍舊固執不肯就醫，去世時正值壯年，張機聽聞後不勝唏噓。

張機字仲景，生於東漢桓帝在位時期（大約西元一五〇年左右），祖籍南陽郡，曾任長沙太守。面對當時混亂的政局，張機自認為官出仕對地方一無貢獻，遠不及在其他方面多費些心力，反而對人民百姓有所助益。由於自己對醫藥研究一直頗感興趣，張機便辭官返鄉，專心於醫學研究。

「唉！可憐的天下蒼生。」面對飢寒交迫、深受病痛折磨的民眾，張機總是長嘆一聲，深感自己的時間和能力有限，無法救治所有病患，為他們解除痛苦。所以，他致力於醫理的研究，期望能多做點事。

張機認真的從古籍中汲取知識，再搭配自己的見解，使得醫術日益進步；不過，他並未以此自滿，因為，人體結構的奧妙、醫學領域的浩瀚，必須無止境的深入探索。「人命關天啊！我豈可不慎。」張機不斷的鞭策自己要更努力。

張機看診的速度很慢，因為他總是花上許久的時間探詢病患病情，不厭其煩的了解病人感受，甚至仔細觀察他的氣色、聽辨他的聲音、嗅聞他的氣味。「這些細節都是很重要的關鍵，再搭配上脈象的診斷，醫生才能做出準確的判斷；而且，這些臨床經驗正是寶貴的資料，也可以作為日後診斷時的參考，千萬不可輕忽遺忘。」張機很有耐心的對弟子解釋。

「可是，您太累了……」張機的家人在一旁說道。「累歸累，為人醫病救命不正是醫生的職責嗎？我何怨之有啊！」張機的執著，贏得眾人對他的肯定及尊敬。

「我認為所謂的『祖傳秘方無示於人』，根本就是故步自封，抱殘守缺且自私自利！」張機非常反對為醫者謹守著幾味家傳的藥方，就開始炫耀有什麼稀世珍寶；其實，這些人的真本事不多，耍嘴皮子的功夫倒是不少。「這不是拿人性命來開玩笑嗎？如果這幾個藥方真有功效，就應該拿出來與人共享，或許多一些臨床經驗，將來對疾病的醫治就更具實效了。」於是，他研究先前流傳下來的《黃帝內經》（現存最早的一部醫學典籍）、《神農本草經》（現存最早的一部藥物學專著）、《扁鵲內經》、《五十二病方》等等，再四處尋訪所謂的「祖傳秘方」，融合自己看診臨床的經驗，數年之間，張機的醫術果然大為精進。

不過，到了東漢獻帝建安年間，因為傷寒疾病的肆虐，竟造成「家家有病逝之痛，室室有哀嚎之淒」的慘況。張機的家鄉南陽郡災情慘重，連自己的家族也無法倖免，幾年之間就死了幾十個人，真是太可怕了。

驚恐徬徨的情緒，悲傷無助的氣氛，讓眾人失了理智，大家竟然否定醫藥的療效，而開始採信一些偏方巫術，或是散布關於「天人感應、五行不協」的玄虛理論，以祈求災病的消除。「荒謬！疾病的發生是因為病毒入侵，人體抵擋不住而產生症狀，嚴重的時候當然發生致命危機，這和陰陽五行有何相關？還說什麼鬼使神差，能夠主宰人們壽命，根本就是無稽之談。」張機駁斥這番鬼神之論，懇切的希望大家有病醫病，千萬不要輕信什麼邪靈之說，讓這番怪力亂神的謠言更增添人心的浮動。

不過，張機的呼籲，必須配合實際的醫療功效，才能讓大家心服口服。所以，他花了畢生精力博採眾方，搜集整理民間流傳的經驗藥方，再結合各家的運用和檢驗，以實際的臨床功效為依歸，經過幾十年的努力，張機終於在晚年完成了《傷寒雜病論》這部醫學巨著。

《傷寒雜病論》是中國第一本理論和實驗緊密結合的臨床診療專書，其中理、法、方、藥兼備，記載藥方三七五帖，藥物二一四種，還創新調製出一些「複合藥方」，甚至介紹了「人工呼吸法」，把病因、病機、診斷和防治分門別類的逐一討論，內容極為豐富翔實。而且，書中還有一些符合現今醫理的看法，例如，張機解釋婦女易患的「癔病」（即今之歇斯底里症），其實是因為情緒失控，而非鬼魅附體。所以，只要吃藥穩定情緒，病情是可以控制的；但如果諱疾忌醫，或是使用巫術驅魔，只會愈弄愈糟終致難以挽救。

張機還提出「飲食有節、起居有常、勞逸適當、注意鍛鍊、講究衛生，就可以預防疾病」的見解，這些都是亙古不變的道理。所以，張機被尊稱為「醫中之聖」、「方藥之祖」，對醫學的貢獻值得萬世欽佩。

張機

武聖關公忠義千秋

東漢末年是一個混亂動盪的時代，外戚和宦官奪權鬥爭，互相傾軋，造成黨錮之禍，不僅好人一空，朝政大權更落入宦官之手。而漢靈帝和太后貪財好貨，在西園中設了賣官管道，依官職的高低來定價，致使吏治敗壞，弄得民不聊生，盜賊四起，黃巾賊也乘機作亂。這時候一位傳奇性的人物誕生了，他就是忠義千秋的關羽。

關羽字雲長，西元一六二年出生在河東解縣（今山西臨猗）。他從小生得威武雄壯，性情耿直自負，因為看不慣當地土豪欺壓百姓，一怒殺了人，只好亡命逃到涿州。在這兒，他結識了漢室宗親劉備和地主張飛，三人一見如故，談起皇帝昏庸，朝政腐敗，都有一番為民除害、建功立業的雄心壯志，可謂相見恨晚，有志一同。

這時，桃園內枝繁葉茂，果實纍纍，三人意興風發之際，對天盟誓，從此結為兄弟，共圖大事，生死不渝。劉備較年長，尊為大哥，關羽為次，張飛為三弟，這就是「桃園三結義」的由來，此後三人招兵買馬，投奔幽州太守公孫瓚，在征戰之中，創出一番事業。

十年過去了，劉、關、張三人聲名遠播，劉備的官職也從平原相升為豫州牧，關羽和張飛一直是他最得力的幫手。

這段期間，朝中政局有了很大的變化，先是軍閥董卓叛亂，擁立陳留王劉協為皇帝，殘害大臣；董卓被殺後，政局更加混亂，此時兗州牧曹操率軍平亂，把新皇帝（即漢獻帝）迎到許昌縣，並自封為丞相，從此「挾天子以令諸侯」，集大權於一身。

在徐州的劉備以皇叔的身分，號召群雄反對曹操，曹操便率軍圍攻徐州，劉備慌亂的殺出重圍，投奔河北袁紹。而仍陷於曹軍圍困中的關羽，則忠心守護著劉備的夫人和幼子劉禪。

夜幕低垂，關羽望著滿臉疲憊恐懼的皇嫂，和傷痕纍纍的士兵，他無奈的仰天長歎，接受曹操的條件暫歸許昌。但是，他也向曹操提出要求，一旦知道大哥劉備的下落，他要立刻離開曹營，繼續追隨劉備。

曹操欣賞關羽這位「萬人敵」的戰將，更欽佩他的忠義風範，對於關羽所提的要求，曹操暫時允諾，他期待有朝一日，關羽會真心歸降。曹操撥給關羽最好的館舍，授予官職，奉關羽為上賓的邀宴不斷，各種賞賜更是源源不絕。對於所有殊榮，關羽只是默默接受，卻沒

表示過一句感謝。

只有曹操賞賜「赤兔馬」那次，關羽終於開口言謝：「這是匹日行千里的良駒，丞相割愛，在下不勝感激。」

「雲長太客氣了，一匹馬何足掛齒。」曹操回答。

「有此千里馬，可以早日找到兄長，怎不言謝？」原來在關羽心裡，仍是放心不下劉備。曹操聞言臉色劇變，宛如受到當頭棒喝，終於明白關羽的忠心，他是永遠也不可能歸降的。

第二年秋天，袁紹的大將顏良率軍進攻，關羽奉曹操之命馳援，廝殺激戰後，關羽斬顏良於馬下，袁紹敗退，曹操立刻封關羽為「漢壽亭侯」。

回想戰場的刀光劍影，關羽耳邊響起顏良死前的話：「你竟然歸順曹操，你兄長現在河北，你棄他不顧……。」

懷著一線希望，關羽決定離開曹營，前往河北找尋劉備。他寫信向曹操辭行，把曹操所賞賜的金銀細軟，全數密封奉還，帶著皇嫂和劉禪立刻啟程；等到曹操見信後追趕，關羽早已經走遠了。

曹操知道關羽是不會再回來了，但是，基於愛才的心情，曹操特別派人送了一件錦袍給關羽，聊表送別的心意。關羽不愧是性情中人，他接獲錦袍也十分感動，便真誠的說：「丞相厚愛，在下日後自當回報。」

關羽說話誠懇，從不欺人，八年後曹操在赤壁戰敗，只剩下十八騎人馬，倉皇北逃，在華容道被關羽率軍攔截，回想當年，曹操在許昌對他的厚愛，關羽長歎一聲，掉轉馬頭疾馳而去，不對曹操趕盡殺絕，曹操才僥倖逃脫保住性命。

赤壁戰後，劉備得到孫權諒解，暫為荊

州牧。到了西元二一一年，曹操進攻漢中，威脅益州，益州牧劉璋迎劉備入蜀，荊州改由關羽負責防衛，三年後，劉備正式占領益州。

劉備占了益州，孫權索回荊州的意念更急，關羽善盡職守，嚴密的防守，讓孫權無機可乘。可是，到了西元二一九年，劉備進攻漢中，關羽也奉命北征襄陽，在戰場上大敗曹軍，威震四方，卻沒想到孫權已經派了猛將呂蒙，悄悄渡過長江攻占荊州。

關羽聞訊，立刻帶著義子關平，連夜趕回，不幸在麥城小路，中了呂蒙的埋伏，父子雙雙遇害。劉備不僅大意失荊州，更遭逢兄弟喪命，簡直是痛不欲生。

關羽是我國歷史上一個極為特殊的人物，或許他並沒有留下卓越的武功文治。但是民間對他的景仰崇拜，卻是無人可及，他的封號從「關聖帝君」到「武聖關公」，人們把他與孔子並列，而關帝廟更是遍布全國各地，其數量之多，甚至超過孔廟。

人們尊稱關羽為「關公」，景仰他忠義千秋的典範，他忠於國家，義對朋友兄弟，無視於曹操給他的榮華富貴，卻又對曹操恩怨分明，這種氣節操守，不僅是達官貴族仿效的模範，也最為市井小民所推崇欽佩。所以，關羽成為我國最偉大的人格神，歷千年而不朽。

諸葛亮足智多謀

東漢末年發生「黨錮之禍」，昏庸的皇帝把朝中忠臣誅殺殆盡，連太學生也受到牽連。所以，許多個性耿介的知識分子，只好隱居鄉野，雖然以天下興亡為己任自勉，卻又感歎有志難伸，諸葛亮便是其中之一。

諸葛亮字孔明，西元一八一年生於琅琊陽都（山東沂水縣）由於父母早逝，就跟著叔父來到荊州；十七歲時，叔父也去世了，他定居隆中臥龍岡，以耕讀度日。

諸葛亮從小聰慧好學，博覽群書，常與好友縱論天下大事，自比為管仲、樂毅，人們對他尊敬佩服，就稱他是「臥龍先生」。

西元二〇〇年，曹操在官渡打敗袁紹，依附袁紹的劉備，只好投奔荊州的劉表，暫駐在新野。

劉備聽到「臥龍先生」的名聲，決定和結拜兄弟關羽、張飛，一同到隆中拜訪。可是直到第三次登門造訪，劉備才如願見到諸葛亮，「三顧茅廬」從此傳為美談。

「徐庶說他有經天緯地之才，旋轉乾坤之能，這是真的嗎？」劉備心中不免懷疑。可是回想起兵二十年來，身為漢室皇叔，如今既是豫州牧，又有關羽、張飛這批猛將，卻仍舊打不出一片天下。「也許，只得仰賴高人指點了！」劉備因此對諸葛亮寄予無限期望。

經過一番懇談，諸葛亮願意追隨劉備，建立一番功業。他冷靜的向劉備分析當前天下情勢：「曹操兵力百萬，挾天子以令諸侯，我們當然爭他不過；孫權掌控江東，既有長江天險，又因為人才眾多，我們也只能與他們和好；只有荊州的劉表聲勢遠遜其他，將軍可以取下荊州，再西攻益州，這兩處深具發展潛力，將來必能成就一番事業！」

「先生所言甚是。」劉備對於年僅二十七歲的諸葛亮，佩服得五體投地。

在諸葛亮的策畫下，劉備一步步邁向和曹操、孫權，建立三分天下的功業。

西元二〇八年，曹軍大舉南征，劉表病死，其子率眾投降，劉備被逼得走投無路。在這緊要關頭，諸葛亮親自出馬求見孫權，一面分析天下大勢，一面動之以情，孫權終於同意和劉備聯兵共抗曹操。

曹操以八十萬大軍水陸並進，正陶醉在勝利凱旋的美夢中，一聲聲：「丞相英明，孫、劉不足平也！」把曹操樂得開懷大笑，和將士們暢飲美酒、高談未來。

此時，諸葛亮設計的「火攻」已悄悄展開，一艘艘滿載火藥的小船，藉由黃蓋的詐降計謀，正逐漸逼近曹營。而諸葛亮神機妙算，關鍵時刻東南風起，小船乘機放火，剎那間，風助火勢，曹營立刻陷入一片火海，曹操慘敗倉皇北走，從此再也不提向南征討，一統天下。

「三國鼎立」已成定局，劉備依照諸葛亮的建議，取得荊州和益州，並任命諸葛亮為益州太守。直到曹操病死，他的兒子曹丕正式稱帝，並改國號為「魏」，漢朝算是真正滅亡。第二年（西元二二一年）劉備也稱帝，建國「蜀漢」，以諸葛亮為丞相；而後孫權改國號為「吳」。這便是後人所稱的「三國」——魏、蜀、吳。

三國之中，仍以蜀漢最弱，建國不久，在荊州戰役中，關羽竟被吳國軍隊所殺，劉備悲憤填膺，不理會諸葛亮苦口婆心的規勸，執意要率軍伐吳，為關羽報仇，結果正如諸葛亮預料：劉備慘敗，第二年便死在白帝城。臨終的時候，劉備把幼子劉禪（小名阿斗）託付給諸葛亮，請他輔佐幼主，治國理軍。

諸葛亮忠心的協助劉禪治國，勸他要「親賢臣，遠小人」，只可惜劉禪是個「扶不起的阿斗」，根本無法繼承父親的遺志，將蜀漢的基業發揚光大，於是，所有的重責大任全落在諸葛亮一人身上。

諸葛亮竭盡所能的勤修內政，使國力日漸充裕。他南征蠻夷，七擒七縱首領孟獲，終使得孟獲心悅誠服的歸順。南方穩定後，諸葛亮再度整頓兵甲，在西元二二八至二三一年之間四次北伐，最後卻因朝廷支援不濟，軍隊缺糧無功而返，功虧一簣。

三年後，諸葛亮再次整軍出發，用木牛流馬屯糧於褒斜谷口，和魏國大將司馬懿相持在五丈原。諸葛亮探勘地形，屯田練兵準備長遠計畫，可惜這些

年來，他的健康狀況越來越差，積勞成疾而一病不起，英年早逝。真是「壯志未酬身先死，長使英雄淚滿襟」。

諸葛亮是三國時代最偉大的政治家，他的眼光遠大，氣度雍容，早在隆中耕讀時，就能分析天下情勢，後來協助劉備，提出「聯吳制魏」的策略。劉備最後兵敗去世，追究其因，正是他違背這個策略才導致悲劇。

諸葛亮鞠躬盡瘁的治理蜀漢，把原本腐敗紊亂的益州，治理成「吏不容奸，人懷自厲，強不凌弱，風化肅然」的局面。他凡事開誠布公，以身做則，贏得人們的愛戴；他對劉備父子的忠誠，更是偉大人格的表現；至於戰場上的謀略運用、外交場合的應對進退，其巧妙睿智，無人能及，是後世永遠景仰的政治家。

孫權賠了夫人又折兵

孫權出生在西元一八二年，當時正值東漢末年的亂世。孫權和兄長孫策精明幹達，加上父親孫堅在地方上頗得人望，堪稱是江東一帶的世家大族。孫策病逝之後，孫權便繼掌江東政權，多方延攬人才，周瑜、魯肅等人都投奔門下，聲勢銳不可當，足以和北方的曹操相抗衡。

東漢獻帝建安十三年（西元二〇八）的赤壁之戰，孫權以聯合劉備共抗曹軍的政策奏效，逼得曹操竄逃北方，從此不敢南下，此役奠定了曹、孫、劉三分天下的局面。而劉備則以荊州為根據地，力量逐漸壯大，將士們士氣激昂，劉備也頗為欣慰。相對於劉備的得意，孫權心裡卻非常懊惱，因為他沒能將借給劉備的荊州南部給討回來，便處心積慮的想要奪取荊州。

「這還不容易嗎？」聰明絕頂的周瑜建議孫權使用美人計，就是將孫權的妹妹孫尚香許配給劉備，以此為名義，誘使劉備自動前來。「這時再乘機將劉備軟禁起來，做為交換荊州的條件，豈不是易如反掌！」孫權一聽此計，立刻哈哈大笑。

「這孫權和周瑜的招親邀約必定有詐，但我們不妨答應這門婚事，然後伺機而動。」素有神機妙算之稱的諸葛亮，早就預料到未來可能發生的狀況，於是安排了部將趙子龍跟隨劉備前往江東，以表達迎娶孫尚香的誠意。臨行之際，諸葛亮將三個裝有妙計的錦緞囊袋交給趙子龍，並且告訴他說：「此行風險甚大，但我已經備妥萬全的對策，你們不必驚惶，只要在不同的時間打開錦囊，並且依照其中的計策行事，想必一切都在掌控之中。」諸葛亮頓了一頓又說：「你們一到江東，先開第一個錦囊；在江東住到年終時，再開第二個；遇到臨時的危急不知如何是好時，就開第三個。如此謹慎行事，一定能讓主公平安歸來。」

建安十四年（西元二〇九）十月，劉備在趙子龍等人的陪同下，前往江東完婚。剛到達目的地，趙子龍立即打開第一個錦囊，並按著錦囊中的指示行事。錦囊指示劉備去拜見周瑜的岳父與孫權的母親，告訴他們劉備即將迎娶孫權妹妹這件喜事。諸葛亮要跟隨的士兵沿途營造歡喜的氣氛，讓全城的人都知道劉備要娶孫權的妹妹。一時間四處喜氣洋洋，好不熱鬧！

「哼！這下子不聯姻也不成了，舍妹真得嫁給劉備這小子！」孫權氣呼呼的說。周瑜的聯姻之計弄假成真，孫權的妹妹真的成了劉備的夫人，劉備倒是歡喜得很。

劉備和夫人完婚後，在江東過著美滿的生活。到了年底，趙子龍見劉備沒有返回荊州的意思，便打開第二個錦囊，並按照錦囊中的計畫行事。只見他驚惶失措的跑到劉備面前說

道：「國師諸葛亮派人來報，曹操率領五十萬精兵殺向荊州，請主公速回。」「此事非同小可，我是非走不可，但孫權一定會將我扣留，這該如何是好？」劉備顯得憂心忡忡。「您先別急，國師已有安排如下……」趙子龍附在劉備耳邊嘀咕了好一陣子，劉備才逐漸面露喜色。

正巧新年將至，劉備和夫人向母親拜年時，夫人代劉備告訴母親：「夫君的家族、祖墳都在北方，他晝夜感傷，每天一到江邊，就向北遙望，足見思鄉情切。」「你的心意為娘的怎不明白？」老夫人看出了劉備夫婦去意甚堅，便拉著女兒的手說：「遠行的事就由老身代為安排，還盼你們一切平安，來日再相聚。」於是，夫妻兩人便瞞著孫權和周瑜，在趙子龍的護送下，逃出江東前往荊州。第二天孫權得到消息，立刻派兵前往攔截，周瑜也率領水軍出發追擊。

這時，趙子龍眼見情況危急，趕忙打開第三個錦囊，其中是要劉備商請夫人出馬解救。「你們好大的膽子，竟敢阻路攔截？」劉備的夫人大喝一聲，孫權的將領只好打躬作揖，不敢為難劉備夫婦，一行人才躲過孫權的追擊，繼續前行。此時，諸葛亮早就派人前往接應，並調派軍馬以對付緊追而來的周瑜。

周瑜的水軍窮追不捨，諸葛亮下令停船靠岸，周瑜不疑有他，也跟著停船上岸，此時突然殺出英勇善戰的關羽，讓周瑜抵擋不住，只好狼狽的回奔上船。諸葛亮命令士兵們在岸上齊聲高喊：「周郎妙計安天下，賠了夫人又折兵。」周瑜聽聞後大怒，氣得昏了過去。後人便將「賠了夫人又折兵」這句話，當作是得不償失的俚語；而諸葛亮的「錦囊妙計」，也成為令人拍案叫絕的智慧。

嵇康視死如歸

旭日東昇一如往常，對嵇康而言，今天是他這一生中僅餘的一天，因為，他被判死刑將於今天執行！不過，嵇康的心情平靜，他靜靜的看著屋外陽光，心裡只想著：讓我再彈奏一曲吧！今後《廣陵散》恐怕就此成為絕響。

嵇康生於西元二二三年，他自幼喪父，家境清貧，靠著努力不懈的奮鬥和獨特的才華，成為三國時期著名的文學家、思想家和音樂家。

這時正是曹魏統一北方建國之後，但是，英明有為的魏文帝曹丕、明帝曹叡都相繼去世，在位的齊王芳才智平庸，朝政完全掌控在司馬家族手中。

「哼！這司馬昭之心，路人皆知。」嵇康經常憤憤不平的說道。的確，自從司馬懿身為曹魏時代的大將軍以來，軍權便由他一手掌控，他的兩個兒子司馬師和司馬昭又建了不少軍功，逐漸得到朝廷的倚重；好在魏文帝的時代堪稱政治清明，這一家子還不敢囂張妄為。現在情況不同當日，一國之君形同傀儡，司馬家族公然對付異己、殘害忠良，弄得是人心惶惶，滿朝人人自危。有志之士不願委身依附在司馬家族的統治下，只好遠避他方，以縱酒談玄、寄情山水的方式逃避現實。

素有才名的嵇康，便和阮籍等人一起暢談玄學，研讀老子和莊子的思想。嵇康主張「越名教而任自然」，反對一家一姓的君王，把全天下當成是他個人的資產，這「一姓」指的就是司馬家族。

「所謂『任自然』，就是指凡事不能違心，這才是高踞萬物之上的『道』。」嵇康又開始批評時政，認為司馬家族行事太過凶殘，嵇康根本不屑與之為伍。

所以，當司馬昭派了嵇康的友人山濤，前來勸說嵇康為官從政時，嵇康立刻寫了一封〈與山濤絕交書〉，表明自己絕不跟司馬氏合作的態度。

「司馬家族身為朝臣，卻意圖奪取政權，其心可誅！」嵇康

的妻子是曹操的姪孫女，夫妻二人眼見曹氏所建的魏國，如今已掌控在司馬氏手中，不禁感慨萬千。不過，由於嵇康對司馬家族的敵視態度，也使他自己的命運步上險途。

「呸！簡直是敬酒不吃吃罰酒。」司馬昭的手下鍾會拜訪嵇康之後，氣沖沖的開口罵道。因為，正在樹蔭下打鐵的嵇康，看到鍾會前來拜訪，竟然連頭也不抬，一句話都不說，讓鍾會覺得顏面盡失，從來沒人敢如此對他，他可是當朝的紅人呢！

於是，鍾會上奏朝廷，說嵇康是「上不臣天子，下不事王侯，輕時傲世，不為物用。」司馬昭一看如此罪狀，再想到嵇康對自己的敵視，立刻判了嵇康死罪。

「嵇康何罪之有？不過是恃才而驕，特異獨行罷了，罪不至死啊！」三千多名太學生認為嵇康才氣縱橫、為人磊落，便一起上奏朝廷為嵇康請命。不過，司馬昭這批人視嵇康為眼中釘，絲毫不為所動。

嵇康在西元二六三年被殺，他氣宇軒昂的走入刑場，將生死置之度外，僅提出要求再奏一曲《廣陵散》，令全場人士為之動容。嵇康留下十卷的《嵇康集》傳世，其中不僅有詩詞文論，也有闡述自己音樂思想的〈琴賦〉和〈聲無哀樂賦〉。此外，他所創作的琴曲《嵇氏四弄》，和《蔡氏五弄》被並稱為「九弄」，之後的隋煬帝還以是否能彈奏「九弄」，做為取士的標準之一呢！

嵇康和另外六位摯友：阮籍、山濤、向秀、劉伶、阮咸、王戎合稱為「竹林七賢」，是魏晉南北朝時期最具特色的人物。

十八英騎闖天下

西元四世紀初期，西晉王室內訌，引發了「八王之亂」，少數部族趁勢而起，造成西晉的滅亡。中原地區，則成為匈奴、鮮卑、氐、羌、羯爭霸的局面，史稱「五胡亂華」。歷代史學家囿於胡漢之見，總以南朝為正統，其實北國群雄中，也不乏英明之士，後趙的開國君主石勒就是一例。

石勒是羯族人，出生於今山西省武鄉縣一個貧苦的農家，為了改善家中經濟，石勒十四歲離家，跟隨商人到洛陽販賣貨物。可是，當時的社會混亂，并州刺史司馬騰為了交換軍糧，竟大量捕捉胡人，再賣給山東、河北一帶的地主，石勒逃避不及而慘遭捕捉，並被販賣為奴。

這些無端被捕的胡人，兩個人一組，扣在一個木枷裡，蹣跚的走在泥濘的路上，雨水淋濕他們破爛的衣裳，飢寒交迫，還得忍受差役的鞭打。石勒心中燃燒著不平和憤恨，被賣到地主師懽家裡，成了隨侍的奴僕。師懽是一個仁厚的長者，他看石勒勤奮能幹又精於騎射，對他十分愛惜，決定給他自由。他對石勒說：「現在天下大亂，正是男兒建功立業的好機會，你年輕力壯，又有一身好武藝，希望你好好珍惜自己，趕快離開吧！」

拜別師懽，石勒茫然的走在街頭，不幸又碰上亂軍過境，石勒再一次被抓，又成了俘虜。在俘虜營裡，他結識了十幾個志氣相投的年輕人，大家合力殺死負責看守的軍官，僥倖逃出軍營。

雖然重獲自由，生活卻無著落，他們沒有錢、沒有土地，得時時提防官兵的追捕。無奈之下，他們打家劫舍，做起了盜匪，大夥兒算算人數，總共是十八人，就結為兄弟，石勒成了大哥，附近萬松山上的山神廟，則是弟兄們的山寨。

這十八騎漸漸闖出名號，成為官民畏懼的對象，還送給他們一個稱號「胡蝗」。這個稱號讓石勒十分感慨，心想：「胡蝗？連蝗蟲都有胡、漢之分嗎？人們為什麼要因血統的差異而難以相容？弟兄們的青春，就這麼消磨下去了嗎？我們的未來又在哪兒？」石勒想起師懽對他說的話：「你要好自為之，男子漢當闖出一番事業。」石勒豁然而起，決定結束這種強盜生涯。

第二天，石勒帶著十八名弟兄，投奔河東（今山西）的匈奴貴族劉淵。

劉淵死後，其子劉聰繼位，此時天下大亂，劉聰率石勒等人四處征討，攻下河北百餘城，劉聰死後，石勒便自立為王，歷史上稱這個政權為「後趙」。

做了趙王的石勒，並未因此自滿；相反的，他廣徵意見，採納漢人張賓的建議，致力於政治、經濟、文化的建設，在都城建立太學，徵選官員子弟三百餘人入內讀書，培養治國人才，同時定租稅，簡化法令，逐漸恢復社會的穩定。他又下令把俘虜的西晉世族集中管理，號稱「君子營」，勸他們投降，並給予官位。石勒也命令部下推薦有文才和武藝的人，然後擇優錄用。

雖然出身寒微，石勒卻能敞開胸襟，接納臣下的規勸。有一次，石勒準備在都城大修宮殿，廷尉續咸上書勸阻，石勒非常生氣，開口罵道：「豈有此理，百姓有了錢，還要大修房舍呢！更何況是我這得天下的人！來人！給我殺了他。」中書令徐

光勸說：「陛下平日總說要效法堯舜，如果因為大臣勸諫而動怒，豈不成了桀紂之類的暴君？更何況陛下是一國之君，臣下諫言可聽可不聽，怎能因續咸說的話不中聽，就要殺了他？」

聽了徐光的話，石勒立刻冷靜下來，沉思了片刻，便嘆口氣說：「其實，我也知道他的話是忠言，我說要殺他，只不過是氣話，一國之君豈能獨斷獨行。」事後，石勒賞賜續咸絲絹百匹，穀五十石，以獎勵他的直言敢諫。

在君臣一心的努力下，後趙國勢日強，西元三二九年，派兵滅了前趙，使後趙的領土「南臨江淮，東濱於海，西至河西，北盡燕代。」第二年，他又和東晉政府商定，雙方以淮水為界，各不相犯，和平相處，使百姓能免於戰爭之苦。不久，石勒正式稱帝，在位十五年去世。

石勒以十八騎起家，建國稱帝，這跟他的軍事政治才華是分不開的。有一次，他問張賓說：「我能跟古代哪位皇帝相比？」張賓說：「陛下可比漢高祖劉邦。」「哈哈！」石勒笑道：「我是比不上漢高祖的，但若是漢光武帝劉秀，我倒是可以跟他一較高下了。」石勒有心效法前代賢君，可惜他身為少數部族，在漢族的歧視中長大，心裡有許多不平，因此多少也有一些禁忌，例如他忌諱別人稱他為胡人，凡帶有「胡」字的事物名稱，都必須更改。

我們現在所吃的芝麻燒餅，因為是傳自西域，當時稱為胡餅，結果被改稱為「摶爐餅」，最後成為今日的燒餅，這其中典故，就是因為石勒的禁忌呢！

王羲之坦腹東床

書法是中國特有的藝術，書法家運用筆墨的巧妙，展現出文字獨特的美感和神韻。兩晉時代是書法的黃金時期，名家輩出；王羲之正是其中的代表人物。

王羲之，字逸少，出生於西元三二一年的東晉都城建康（今南京市）。王羲之曾任右軍將軍，所以人們多稱他為「王右軍」。王氏一家是當時的貴族，他的伯父王導官居丞相，父親王曠愛好文藝，家中收藏的古書、碑帖、筆硯十分豐富，王羲之從小就在藝術的薰陶中長大。

喜歡讀書、寫字的王羲之，每天在書房裡塗塗寫寫，父親看出他的志趣，便鼓勵羲之：「孩子，學習書法必須長期苦練，非一朝一夕能成。東漢名家張芝，每天練字後在門前的池塘清洗筆硯，日子久了，整池的水竟被染成黑色，你可有這種決心和毅力？」王羲之堅定的點點頭。

於是，王曠親自指導，當羲之十二歲時，王曠又從《筆論》這本書中，解釋各種筆法的技巧，為王羲之奠定良好的書法基礎。

五年後，父親把羲之送到名書法家衛夫人的門下，經過名師指導，王羲之進步神速；當他學成告別時，衛夫人鄭重的將《筆陣圖》一書送給他：「羲之，這本書是我的師祖鍾繇畢生研究書法的心血結晶，憑你的天賦和好學不倦的精神，將來一定成就非凡，你要用心鑽研這本書，別辜負我對你的期望！」

王羲之果真每天沉浸在筆墨的天地，甚至到了廢寢忘食的地步，連自己的終身大事都給忘了。

大將軍郗鑒要為聰慧美麗的女兒選婿，他決定在王家年輕的子弟中，挑選一位佳婿。這一天，王氏家族的少年個個衣帽光鮮，體面端莊的在大廳迎接郗鑒。只有王羲之，因為徹夜練習書法，累得倒在東廂房的床上呼呼大睡，連肚子都露出來了，當伯父王導陪著郗鑒看到他時，不禁尷尬的皺起眉頭：「唉！真是個不懂事的孩子。」

出乎大家意料，王羲之竟被郗鑒選中為女婿。因此，「坦腹東床」、「東床快婿」從此傳為佳話。

王羲之婚後的生活美滿如意，但並未影響他對書法的熱愛；他甚至要妻子將飯菜都送到書房，以免耽誤練習書法的時間。有一天，妻子送來了一碟饅頭、一碟豆醬，王羲之右手執筆練字，左手拿起饅頭，竟沾著墨汁大嚼起來，弄得滿嘴墨汁，他仍渾然不覺，妻子看到後不禁啞然失笑。他看了看黑黑的饅頭和嘴巴，忍不住也笑了起來。

王羲之的書法成就，深受大家的讚賞，許多人都以收藏他的書法為榮，也因此發生了許多有趣的故事。

王羲之喜歡白鵝，有一次，山陰地方有個道士，為了想跟王羲之討一帖《道德經》，便專心飼養一群小白鵝。幾個月後，小白鵝個個長得潔白可愛，讓王羲之大為著迷，王羲之要求道士出售白鵝，道士竟說：「這些白鵝只送不賣，但求大人賜一篇《道德經》墨寶。」王羲之立刻答應，於是，書法換鵝，皆大歡喜。

又有一次，王羲之聽說一戶鄉下人家飼養的大白鵝鳴聲特別動聽，便親自登門拜訪，魯莽的鄉下人不知文人雅士的愛好，以為王羲之愛吃鵝肉，特意殺鵝待客，王羲之得知後一聲長歎，悵然離去。

西元三五三年，王羲之任職會稽內史，這年三月三日，正是當地人「修禊」的日子。這一天，無論貧富貴賤，大家都來到溪邊，用水洗去污垢，驅除不祥。王羲之決定在蕺山畔的蘭渚行修褉大禮，此處山青水綠，景色宜人，更有一座古樸精緻的蘭亭供人休憩。修褉當天，大家齊聚一堂，把酒吟詩，沿溪閒坐，再將酒杯置於木盤，讓木盤順溪而下，流到誰的面前，那個人就要吟詩一首，否則罰酒三杯。大家不僅展現才華，也暢飲美酒，真是賓主盡歡。

「何不收集今天的所有詩句，彙編成集以流傳後世？」「是呀！就命名為《蘭亭集》吧！」「右軍的才華與書法，遠超眾人之上，今日又是主人，這〈蘭亭集序〉一文的撰寫，就非右軍莫屬了。」大家興

致高昂，王羲之含笑允諾，略加思索，立刻振腕提筆，寫出了：「永和九年，歲在癸丑，暮春之初，會於會稽山陰之蘭亭……」全篇三百二十五字，堪稱古代散文中之上品；而龍飛鳳舞、剛柔並濟的筆墨，更是王羲之書法中登峰造極之作。

兩年後，王羲之辭去官職，縱情山水潛心書法。他於西元三七九年去世，享年五十八歲。他的墨跡流傳不多，素為世人所珍視。清朝的乾隆皇帝收藏了王羲之所寫的《快雪時晴帖》，這是王羲之在大雪過後，問候山陰張侯的短信，乾隆皇帝親題：「天下無雙古今鮮對」，墨寶現存於台北故宮博物院。此外，乾隆還保存了王羲之之子王獻之的《中秋帖》及姪子王珣的《伯遠帖》，三件皆被視為稀世珍寶，並將典藏珍玩的紫禁城養心殿西暖閣，命名為「三希堂」，如今成為北京故宮裡的著名景點。

王猛高瞻遠矚

西元四世紀中葉，東晉王朝南遷，中原成為北方蠻族「五胡十六國」的爭戰之地，百姓們顛沛流離，苦不堪言。西元三五四年，東晉大將桓溫率軍北伐，大軍直逼長安，準備一舉光復中原。這時十六國中的強國前秦只剩殘兵六千，東晉朝野人心振奮，認為光復在即，但主帥桓溫卻每天飲酒取樂，屯兵不動。原來桓溫心中另有盤算，想以兵權在握的情勢，暫不攻打前秦，來提升自己的地位。

此時，有個衣著寒酸的年輕人王猛求見。王猛言談自若，態度不卑不亢，陳述桓溫應早日出兵，完成復興大業，以免父老們失望。王猛的直言引起重視，桓溫想招攬王猛為自己效命，不料王猛卻拒絕了，因為王猛不想替桓溫這種權臣爭權奪利。看著王猛離去的身影，桓溫感到一陣失落，自知錯失一個真正的人才。

王猛是漢人，年少時家境窮困，曾經賣畚箕為生，他平時喜歡讀兵書，希望將來能做一個保國衛民的將軍。

前秦王苻堅聽聞王猛的名聲，決定請他來輔佐朝政，兩人暢談天下大勢，頗覺相見恨晚。苻堅視王猛為諸葛亮，封他為中書侍郎，開始推行改革。

苻堅初登帝位，朝政百廢待舉，前秦是「五胡」中氐族所建的國家，部族首領和貴族行事囂張，社會秩序十分混亂，尤以始平一帶最嚴重，於是王猛被派去治理始平。

王猛到了始平，了解真正的情況後，立刻處決了一名首惡之徒，沒想到引起強烈反彈，有人向苻堅誣告王猛，苻堅不明真相，衝動的把王猛押到長安審問，生氣的說：「治理天下要以德服人，怎麼可以隨便就處決人犯？」王猛冷靜的回答：「太平盛世的確應以禮治國，但亂世就必須重罰。陛下命我去治亂，我殺了一個罪有應得的惡棍，怎能算是殘暴？更何況，如不能根除危害社會的惡勢力，豈不辜負陛下的重託？」苻堅這才明白事情的原委，更加倚重王猛。

整頓好始平以後，王猛被升為中書令兼京兆尹，也就是宰相兼京城的行政長官。這段時

間，他和正直的中丞鄭羌同心合力，整頓京城的秩序。無論皇親或國戚，只要違法亂紀，一律嚴辦，毫不留情。

有一次，前秦開國皇帝苻健的小舅子胡作非為，王猛下令捕殺。接著又連續處決違法的貴族二十多人，震驚京城，此後民風大變，真正達到了路不拾遺、夜不閉戶的太平盛世。苻堅看了，不禁感嘆的說：「我現在才知道，必須以法令治理天下。」王猛因為有功，被調升官職，一年內連升五次，那時他才三十六歲。

苻堅的充分授權，加之以王猛勇於任事，朝政很快步上正軌，但也讓橫行霸道的貴族們，對王猛恨之入骨，曾是開國功臣的樊世就是其中一人。

這一天，正是百官上朝的時候，樊世故意擋在王猛前面，挑釁的說：「哼！我們氐族打出了天下，現在反倒受人管束：讓那沒立過功勞的漢人掌起大權！」王猛不予理會，令樊世火冒三丈，激動的手指王猛，大聲叫囂：「我要你好看！」王猛一笑置之，掉頭就走。樊世卻一路窮追叫罵，沒料到苻堅滿面怒容的站在殿前，立刻下令將樊世關起來。於是在朝野齊心的努力下，百姓安居樂業，前秦日趨強盛。

西元三六九年，鄰國前燕內亂，苻堅決定以王猛為主帥，率軍六萬攻燕。臨行前，苻堅親自送行，他向王猛祝酒時說：「我把大軍交給你，也把伐燕的重任交給你，希望你馬到成功，不枉我所期。」

王猛領兵急進，很快就進入燕國境內，勢力銳不可當。燕王也親率四十萬大軍迎敵，與秦軍決一死戰。王猛誠懇的在陣前向大家信心喊話，將士們在王猛的激勵下，無不奮勇衝鋒，燕軍陣腳大亂，紛紛敗退。

王猛乘勢包圍燕國首都鄴城。苻堅也親率十萬大軍相助，自知無力抵抗的燕王，趁夜突圍出奔，最後仍被王猛的部下俘獲。

王猛滅燕後，被派為鄴城留守，總督關東六州軍事。他選賢任能、法簡政寬；廣興學校、重儒學，禁止迷信，促進各族漢化，增進民族融合。又開放山林、興修水利、改進農作，使田疇開闢、倉庫充實。所以史書上稱讚這段期間：「關隴清晏，百姓安樂。」

王猛日夜為國事操勞，終於積勞成疾，去世時年僅五十一歲。他臨終前，懇切的對苻堅說：「國內族群未協，基礎不穩，望陛下勤修內政。東晉雖處江南，但自有其根基，陛下暫時不要輕啟戰端，以免傷及國力。」

可惜苻堅並沒有聽納王猛的遺言，八年後，苻堅舉傾國力量發動伐晉戰爭，卻在淝水一戰慘敗，導致國滅身亡。王猛的睿智遠見由是可見。

王猛

法顯西行取經

東晉

說到西行取經，便會想起《西遊記》裡的唐三藏（玄奘法師），並認為他是空前創舉第一人，其實不然。

佛教自西漢末年傳入中國，虔誠信仰的民眾日多，許多西域僧徒來華弘法，也有不少中國僧侶，為尋求經、律而遠赴天竺（印度）。但礙於道路艱險，出發以後，不是中途折返，就是留駐當地不再回來，真正平安歸來，將畢生貢獻於弘揚佛教的僧侶，法顯實為第一人。他在西元三九九年出發，十五年後回到中國，比玄奘早了八十五年，是歷史上記載前往天竺取經成功的第一人。

法顯俗家姓龔，西元三三七年生於平原襄垣（今山西省襄垣縣）。在他出生以前，母親連生了三個男孩都不幸夭折，法顯一出生，他的父母生怕他又無福長大，便聽從旁人建議，在法顯三歲時，把他送到寺廟出家，請菩薩保佑他平安長命。

這時的法顯因為太年幼，無法離開父母，所以只在廟裡掛個名，平時仍舊住在家裡。直到法顯七、八歲了，才在廟裡當小沙彌，學習僧侶的規矩。二十歲時，法顯正式剃度成為僧人，拋棄俗姓，從此便稱「法顯」。

法顯天資聰慧，既受大戒，便專心鑽研佛法。可是，他發現佛經「三藏」中的「律藏」有許多殘缺矛盾的地方，為了尋求答案，他從家鄉輾轉來到長安。

此時正是五胡亂華時期，長安是後秦王朝的都城，由於皇帝姚興篤信佛教，城內寺院林立。法顯在長安結識了一些志同道合的僧眾，他們對「律藏」殘缺不全的遺憾深有同感，大家都想親往西方佛國天竺，研讀佛經原本，再聆聽高僧的講法。皇帝姚興知道後，答應提供經濟上的援助，使他們能夠無後顧之憂的順利成行。於是，法顯一行人浩浩蕩蕩，沿河西走廊來到敦煌，這兒是個富饒的綠洲，太守李浩殷勤接待，直到在陽關送別，還殷切的叮囑：「各位，前面是八百里流沙，傳說有惡鬼熱風，遇者皆死，下官不再遠送，還盼各位珍重！」

拜別了送行的太守，法顯舉目四望，只看見無邊無際的黃沙，上無飛鳥，下無走獸，燠熱的狂風捲起漫天沙塵，聽不到駝鈴聲，也辨不清方向。眾人辛苦的摸索前行，飢渴交迫，有時眼前竟出現綠樹和湖泊，還有車水馬龍的人潮。「佛祖保佑，請不要用這些海市蜃樓的景象來迷惑我們！」大夥兒一起跪下，雙手合十，虔誠的向空膜拜。

經過無數的磨難，他們經過鄯善國來到烏夷國，得到當地善士符公孫的供給。休養月餘後，他們再度西行，翻越蔥嶺，爬過七百多座山頭，走過十多座索橋，來到北天竺。法顯等人遊走了北天竺十餘國，遍尋律藏，才發現此地佛寺都以口傳的方式弘揚佛法，並無律藏傳承。「看來，咱們還得翻越小雪山，前往中天竺了。」法顯提出建議。

小雪山終年積雪不融，惡劣的天氣中，有人病重去世，也有人不願再前行。法顯揮別同伴，再度翻山越嶺，西行取經。

到了中天竺，法顯終於得到《摩訶僧祇律》，這是佛祖在世時所行的律法，因此最為珍貴。不久

後，他又得到許多珍貴的佛經，於是法顯開始研讀梵書梵語、寫律讀經，三年後，他決定返回中國。

法顯沿著恆河到海口，坐商船來到「獅子國」（今斯里蘭卡）。在此地，法顯又得到《彌沙塞律》及《雜藏》等，這是從未在中國流傳的佛經。法顯鑽研了兩年，才搭乘了一艘商船，準備東航返國。

船隻航至印度洋，突遇颶風，小船在狂風巨浪中險象環生，法顯把佛像和佛經緊緊貼在胸前，不斷念佛祈求，經過九十天的驚險，終於漂到「耶婆提國」（今蘇門答臘）。法顯換搭另一艘船，想前往廣州。

出發後二十天，這艘船竟也遇上狂風，在海上迷失方向。用盡了糧食和飲水，眾人陷入

絕望，法顯不斷的在心中祈禱。

突然，陸地在遠方出現，這裡竟是青州長廣郡（今山東）的海岸，太守李嶷知道法顯的取經經過，熱烈相迎。接著，法顯又經過一段陸上跋涉，終於在建康（今南京）安頓下來，投身於譯經的工作。

法顯在西元四二二年去世，享年八十六歲。他這一生不僅西行取經，更譯出《摩訶僧祇律》、《方等泥洹經》、《雜阿毗曇心論》等百萬餘言，對佛教有重大的影響。而法顯也將這十五年間歷經險阻的西遊經過，寫成《佛國記》一書，詳述當時印度、西域各地的情況，成為史地學研究的重要參考。

陶淵明歸去來兮

陶淵明是兩晉時期最傑出的詩人，他的詩文風格純樸自然，在虛浮華豔蔚為風尚的當時，宛如一股清流，自成一家，開田園詩之先河，深為後世讚頌。他的作品如〈歸去來辭〉、〈桃花源記〉等，流傳至今，仍然膾炙人口。

陶淵明字元亮，後更名潛，西元三七二年生於江州柴桑（今江西省九江市）。他出身世家子弟，曾祖陶侃官居大司馬，封長沙郡公，祖父陶茂是武昌太守，父親陶逸也做過安城太守。陶淵明八歲時父親去世，家道中落，但他卻依舊怡然自得的讀書、寫詩。

年輕時的陶淵明偏愛樸實自得的田園生活，可是胸懷仍存有讀書人以天下為己任的抱負，所以在他二十九歲時，由親友推薦，出任江州祭酒。

當時的江州刺史王凝之，是個有名望的世家子弟，父親是大名鼎鼎的書法家王羲之。可是，王凝之過於迷信，在家聚集僧道眾人，每天念經布道，陶淵明無法面對這樣愚昧無知的上司，只好掛冠求去。所以史書上說陶淵明是：「不堪吏職，少日自解歸。」

六年後，桓玄接任江州刺史，他久仰陶淵明文名，便聘他為「參軍」。可是，桓玄是個野心勃勃的人，他乘朝政紊亂之際起兵造反，篡位稱帝，改國號為「楚」，東晉瀕臨滅亡的邊緣。

兩年後，大將軍劉裕討伐桓玄，陶淵明便投奔劉裕麾下。不久桓玄敗亡，劉裕接掌中外諸軍事，此時陶淵明看出劉裕威權日重，為了遠離政治紛爭，他自請調為彭澤縣令。

彭澤（今江西湖口縣）是個人煙稀少的小縣，陶淵明本以為到此可以圖個清淨，可惜事與願違。不久，督郵來了。

督郵雖是個小官，但因身負考察吏情重任，地方官吏無不殷勤接待，尤其是當今這位督郵，還是刺史大人的親信，於情於理，陶淵明都該謹慎應對。

不過，自有一番胸懷的陶淵明，怎能為五斗米折腰呢？他毅然決然的辭掉官職，和妻子乘船離開彭澤，當時他只有四十二歲。

離開久已厭煩的官場，陶淵明彷彿是鳥兒出籠，有說不出的愉快，他在〈歸去來辭〉中寫道：「歸去來兮！田園將蕪胡不歸？悟以往之不諫，知來者之可追！」文中表示，既然明白以前做官是錯誤的抉擇，何不立即改正呢？接著，他又寫出返鄉後的快樂：「舟搖，以輕揚；風飄，而吹衣。」

陶淵明的鄉居在柴桑縣，有茅屋八、九間，耕田十幾畝，屋前桃李成林，推窗遠望，便見山光水色，在此飲酒賦詩，真是一大享受。想到這些年來做官的煩惱，他在〈歸田園居〉中寫著：「少無適俗韻，性本愛丘山，誤落塵網中，一去十三年。」歸來的喜悅，在詩中顯露無遺。

可是，西元四〇八年的夏天，一場大火把陶淵明的家園化為灰燼，一家人不得不暫住到一艘舊船上；他變賣了部分田產，剩下少許的耕地，無力再僱用工人，只得自己帶著兩個兒子下田耕作，維持起碼的溫飽。

這時的政局更加混亂，連年戰亂逼使許多人逃離家鄉，謠傳這些人逃到遙遠的蠻方，那兒沒有官府，不必納稅，也沒有貪官污吏，日子反而好過多了。

聽了這些話，陶淵明感慨不已，心想，天下災禍多因爭奪權利而起，如果沒有朝廷，根本不必納稅。古人日出而作，日入而息，穿井而飲，耕田而食，道不拾遺，這是多麼美好的社會呀！於是，他提筆寫了著名的〈桃花源記〉。

東晉

「晉太元中，武陵人，捕魚為業……」一個迷路的漁人，沿著桃花夾徑的小溪，進入與世隔絕的桃源洞內，只見土地平曠，屋舍儼然。良田、美池、阡陌交通，雞犬相聞。原來，這些人是秦末大亂時，逃到此地躲避，竟不知年月，不知世事，自食其力，豐衣足食，老幼互愛。〈桃花源記〉描述了一個沒有官府，原始寧靜的共耕社會，也反映出陶淵明一心嚮往平等安樂的願望。這篇文章的語句優美精鍊，構思新穎獨特，是古代散文裡不可多得的佳作。

過了十二年，陶淵明所欣賞的劉裕將軍，竟然篡晉自立，改國號為

「宋」。這件事使陶淵明震驚不已，也深為覆亡的故國哀傷，他在江邊設酒遙祭晉帝，痛哭流涕，更堅定再也不出來做官的心志。

幾年後，六十二歲的陶淵明貧病交加，臥倒在床。新任江州刺史檀道濟突然登門拜訪：「賢德的人，亂世隱退，太平盛世則出來做事；我久仰先生賢德，而當今皇帝英明，四海歸心，先生何必再三拒絕出來做官，忍受這樣清苦的日子呢？」

沒想到，陶淵明只是淡淡的說：「我從不敢和賢德的人相比，您過獎了！」即使飢寒交迫，陶淵明對檀道濟所帶來的酒、肉仍毫不動心，只是堅決的表示：「這些厚禮在下受之有愧，也請您一併帶回吧！」

面對陶淵明這種硬骨氣，檀道濟無奈的離開，這一年秋天，陶淵明去世，享年六十三歲。他性格曠達，愛好自然，雖然生活匱乏，卻能以詩酒自娛，留下許多不朽的詩文作品，永為後世欣賞欽佩，被尊為「靖節先生」。

劉裕的農夫皇帝生涯

熱烘烘的太陽下山了，晚風送來絲絲涼意，建康城內，空曠的宮院顯得一片寂靜，只有值勤的侍衛還在巡邏。「喀……喀……」一陣木屐聲傳來，侍衛循聲望去，只見一個身穿短衣，腳踏木屐的人正向宮門走來。

「大膽！竟敢擅闖皇宮。」兩名侍衛三步併兩步的追上前去，伸手揪住這個人的肩膀。這個人緩緩轉過身來，兩名侍衛頓時嚇得魂飛魄散。原來，這個人竟然是當今的皇上！侍衛嚇得跪倒在地，發著抖說：「皇上恕罪，小人有眼無珠，請皇上饒命！」

「起來！你們都是盡責的好部屬，何罪之有呢？」皇帝和藹的說著。兩名侍衛才敢起身站立。「怎麼樣？像不像個鄉下人？」皇帝接著又問了一個奇怪的問題，侍衛支支吾吾的回答：「是有點兒像，可是您是皇上，為何……」「這有什麼稀奇，我本來就是個鄉下人，哈……」皇帝大笑著走開，留下兩名一臉錯愕的侍衛。

夜幕低垂，皇帝佇立在迴廊下，回想剛才侍衛的表情。「鄉下人又怎樣？農夫就不能做皇帝嗎？當了皇帝就不顧天下蒼生嗎？」多年前的往事重新浮上心頭。

南朝宋的皇帝劉裕出生在京口（今鎮江市）一戶貧窮的農家，他的母親因難產而過世。

傷心的父親看著白嫩嫩的孩子，無奈的嘆了一口氣：「如今我連飯都吃不飽，怎麼把孩子養大呢？」就在這個時候，孩子的大伯伸出援手，願意收養他，替孩子取名劉裕，乳名寄奴。他作夢也沒想到，這個差點被拋棄的孩子，後來竟然成為南朝宋國的開國皇帝。

光陰似箭，轉眼間，劉裕已經長成一個健壯的青年，農村的生活艱苦，卻磨練出他一身傲骨和志氣。有一天，他對父親說：「爹，我們是佃農，一年辛苦的收成大半給了地主，這樣怎麼會有出頭的一天呢？所以我決定去當兵。」「那得遠離家鄉啊！」「爹，男兒志在四方，現在政府正在招募兵員，如果孩兒能在軍中表現傑出，將來謀個官職，也好孝順您哪！免得一輩子窩在這兒吃苦。」劉裕堅決的說，父親無奈的點了點頭。

劉裕從軍後，很快就顯出過人的才能，他勇敢機警，得到統帥劉勞之的賞識，在他平定白蓮教的叛亂後，立刻晉升為劉勞之的得力助手。劉勞之死後，劉裕便成為北府軍中無人可比的領袖了。

這時候，朝中權臣桓玄起兵作亂，推翻晉朝自立為帝，為了拉攏手握重兵的劉裕，特別加陞劉裕的官職，並且召他進京，賜宴款待。

「將軍是少年英雄，將來丞相的位子非你莫屬。」桓玄這幾句話，聽得劉裕心花怒放。可是，當天晚上，劉裕的親信劉穆之卻非常緊急的求見。

「將軍，我帶了一個人來見您。」

原來，劉穆之帶來的是桓玄身邊的一個侍衛。「將軍，今晚屬下無意間聽到皇帝說要殺您，特來稟告。」

「怎麼可能！」劉裕想到桓玄對他的信賴，覺得此事頗有蹊蹺。「因為皇后說將軍您龍行虎步，頗具帝王之相，不如趁早除去……。」「哦！

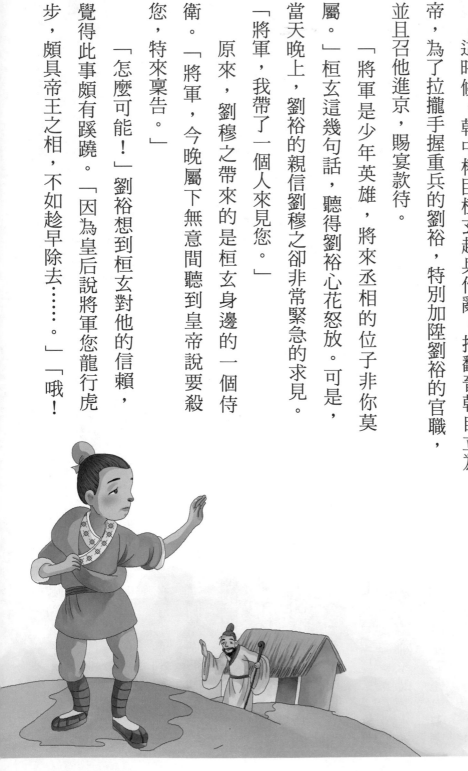

我明白了。」劉裕立刻逃離京城，並聯絡反對桓玄的將領，進攻建康城，殺死桓玄，改立晉朝宗室司馬德文為帝，他就是晉恭帝。

這時候，劉裕獨攬大權，皇帝反而成了傀儡，所以當他大舉北伐，收復黃河以南大部分土地時，他的威望到達巔峰，晉恭帝不得不讓出帝位，劉裕真的做了皇帝，時為西元四二〇年，國號為「宋」，成為南朝宋、齊、梁、陳中疆域最大、國力最強的一個政權。

農夫出身的劉裕，親政後特別體恤窮困的百姓，他實施「土斷」政策，壓制世家大族的地位，提拔平民百姓。他自己生活儉樸，喜歡穿著農民的衣服；而且，他特別在宮內修建一座放置各種農具的宮殿。閒暇時，他召集皇族子弟，由他親自講述祖先艱苦的生活，告誡子孫不可忘本。可惜，劉裕只做了三年皇帝便去世了，子孫忘了他的訓誨，爭權奪利、自相殘殺，南朝宋國的命運只維持到西元四七九年，就被權臣篡位，而改建為「齊」，使紛擾的時代更添動亂。

宋文帝締造盛世

魏晉南北朝是歷史上一段混亂紛擾的時代，南朝宋國開國君主宋武帝劉裕，在西元四二三年去世，由太子劉義符繼位，史稱少帝。可是，劉義符貪玩重享樂，根本無心於朝政，不久被朝中權臣大司空徐羨之及中書監傅亮聯合廢殺，他們決定迎立宜都王劉義隆為帝。

劉義隆生於西元四〇七年，自幼聰明能幹，是劉裕的第三子，封為「宜都王」時，雖然只有十四歲，卻能把封地治理得井井有條，頗得眾人稱讚。現在，他看了傅亮迎立的表文，不禁陷入沉思。

夕陽西下，劉義隆遙望落日餘暉，心中波濤起伏，激動不已，他是個胸懷大志的人，總不能眼見父親建立的基業，猶如夕陽般消沉不振。他希望能完成父親的遺志，驅逐北虜，恢復河山，再造一個富強興隆的華夏盛世。可是，他既非太子，又非儲君，對於朝政，根本使不上力。如今，大哥被權臣所殺，朝中紛亂無主，他面對這憑空掉下來的皇位，竟有點惶恐失措。

劉義隆想起司馬王華的話：「殿下寬厚仁慈，遠近皆知，如能出掌大位，正是萬民之

福。」為了把握這個締造萬民之福的機會，劉義隆決定繼位。

劉義隆來到建康（今南京）即位，改年號為「元嘉」，史稱宋文帝，時為西元四二四年。十八歲的宋文帝即位之初，的確面臨嚴峻的挑戰，內有權臣，外有強敵，社會上屢經戰亂，民生凋敝，經濟蕭條。可是，他不慌不忙，逐步行事。先誅殺了徐羨之、傅亮，整頓朝政，然後重振農業。

宋文帝了解使百姓豐衣足食是立國的基礎，但當時農民負擔過重的租稅，窮困得連種子都買不起。於是宋文帝將租稅減半，規定農民待秋收後再補足。可是，農民繳了欠稅，翌年耕種仍有困難，宋文帝便宣布免繳一年租稅，但來年不准欠稅，農民知此德政，無不歡欣鼓舞，努力開發耕地。

他又命令全國官吏，以獎勵農業為第一要務，成效不彰者將遭處分。每年開春之際，宋文帝則率百官到城郊耕田，並要宮內后妃養蠶繅絲，以為表率。在這種全國齊心的努力下，荒廢的農業很快就恢復生機，並帶動社會的繁榮。此外，還選拔賢能，嚴懲貪官污吏。

有一次，荊州刺史一職需人，宋文帝反覆思量，因為荊州地形重要，依照宋武帝劉裕的嚴格規定，只能由皇族依次輪流擔任，現在應該輪到南譙王劉義宣。可是，宋文帝卻派了衡陽王劉義季出任。面對議論紛紛的大臣，宋文帝說出他的想法。

劉義季是宋文帝最小的弟弟，他喜歡打獵，每逢春天，他常率領隨從，奔馳在田野裡追逐鳥獸。有一天，一位地方長老攔住他的馬匹，誠懇的勸告：「殿下以打獵為樂，違反了上天好

生之德；古代夏朝的太康，因為喜歡打獵，荒廢國政，因而亡國。現在是春和日暖的好時節，正適合播種插秧，而當今皇帝為推動農業不遺餘力，您卻在此踐踏田地，以遊獵為樂，豈不是辜負皇帝的一番愛民之心嗎？」

「老丈教訓得極是，多謝您了。」劉義季虛心受教，此後竟不再打獵。

宋文帝陳述事實後，再補充說道：「人非聖賢，誰能無過？知錯能改，這是最難得的，更何況是位高權重的皇親國戚。能坦然認錯改過，是對自己行為負責的美德，所以，我決定派他到荊州。」事實證明，宋文帝慧眼識英雄，劉義季果然不負眾望，把荊州治理得很好。

另一方面，貴為皇叔且立過戰功的南梁郡太守，則因為貪財好利，在地方發生旱災時，竟然侵吞了賑災的糧米，宋文帝毫不徇私偏袒，嚴厲的懲罰了他。

隨著國內的繁榮安定，宋文帝決定揮軍北上，收復淪陷的失土。西元四五〇年，宋軍兩路伐魏，結果是西路獲勝，而東路大敗，無功而返。

宋文帝並不灰心，他檢討戰略得失，厲兵秣馬，為下次出征做準備。可惜三年後，宮內

發生巫蠱之變的悲劇。

宋文帝有兩個兒子，長子劉劭是皇后所生，立為太子；次子劉濬是寵妃潘淑妃所生，封「始興王」。太子唯恐被始興王取代，竟信了女巫的話，製做了一個宋文帝的木偶，在東宮施行巫術。不久，此事被告發到宋文帝面前，劉劭害怕被廢殺，竟然率眾入宮，做出逆倫弒父的行為。

宋文帝在位共三十年，輕徭薄賦，糧食豐收，國內富足，據史書記載，糧食堆在田地裡也不怕被偷，百姓夜不閉戶，不擔心會有盜賊。在這種經濟繁榮穩定的基礎上，文化藝術也有很好的表現，一時間名家輩出，如謝靈運、顏延之、鮑照，就被稱為「元嘉三大家」，史書上也稱這段太平盛世為「元嘉治世」，在動亂中難得一見。

范曄人生瀟灑走一回

《後漢書》的作者范曄，是個天才型的史學家，三十四歲就完成這本歷史巨著，不僅名震當代，《後漢書》更被後人列為「四史」之一，和《史記》、《漢書》、《三國志》同享盛名；但是作者范曄的一生，卻只能用命運多舛四個字來形容，確實令人惋惜。

范曄生於南北朝時代的劉宋，祖父和父親都做過官，算得上是浙江紹興一帶的世家大族。可是，范曄從小就是親朋之間嘲弄的對象，他常常哭著問媽媽：「我生得並不笨，為什麼大家都叫我『石頭』？我長得也不醜，為什麼他們總喜歡嘲笑我？」母親傷心的流淚不語。因為，范曄的母親只是父親的一名小妾，並不是正式迎娶的妻子，所以，范曄的地位，自然被親戚族人貶低了。而且，母親懷胎十月的後期，竟然在上廁所的時候生下范曄，慌亂之中，小嬰兒的頭還撞上地面的石頭，這又使得范曄成了眾人嘲弄的笑柄。眼淚和屈辱，陪伴范曄度過童年，年紀稍長後，他只好發憤讀書來排解心中的苦悶，在廢寢忘食的努力中，范曄的學問進步得很快，可是父親還是不大重視他，兄姊們忌妒他的資質，總是不懷好意的罵道：「你這個掃把星，將來會害了大家。」

成年以後，由於范曄的學識素養，加上才華洋溢，曾經做到尚書部郎。可是，他的個性瀟灑直率，又不拘小節，非常厭煩官場上那套趨炎附勢、巴結奉承的風氣。他喜歡邀集三五好友縱情喝酒吟唱，甚至批評權貴。朋友們有時好意勸他：「你少說兩句吧！當心得罪人哪！」「是啊！范兄，您的琴藝可說是當代一絕，連皇上都讚賞不已，現在不如彈奏一曲輕鬆一下，讓我們大夥兒也一飽耳福。」

「哼！你以為隨便哪個人都可以欣賞我的琴聲嗎？知音知己才值得我為他演奏。」范曄有些醉了，大剌剌的說道：「我只彈給我喜歡的人聽，至於那些厚顏無恥的小人，管他是什麼大官，我才不理呢！」

范曄的琴藝的確有獨到之處，宋文帝好幾次暗示，要他表演幾曲，他都假裝沒聽懂皇上的意思。有一次，文帝在宮中大宴群臣，乘著酒興，興致高昂的對范曄說：「朕想高歌一曲，你來伴奏吧！」能替皇上伴奏，這是莫大的榮譽，但是在范曄眼中，只覺得這是小事一樁。既然皇上下了命令，范曄也不能抗旨，他從容不迫

的彈奏一曲，等到皇上唱完了，他馬上放下琴，不管誰再提出要求，他就是不肯彈了。

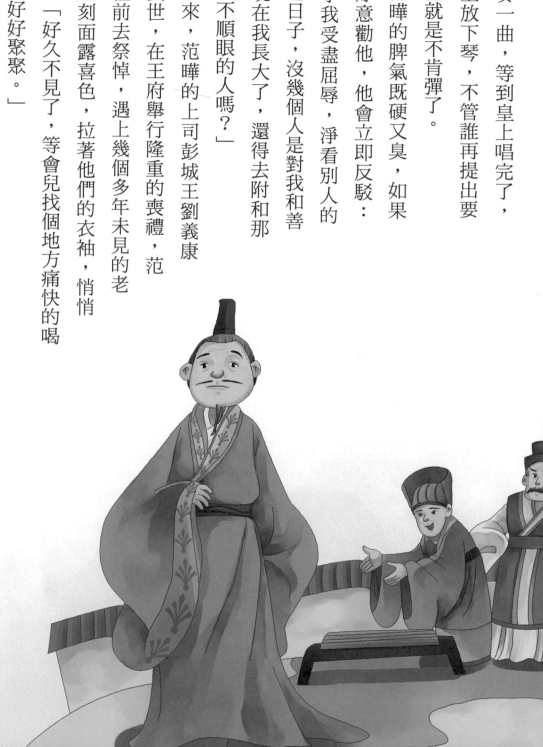

范曄的脾氣既硬又臭，如果有人好意勸他，他會立即反駁：「從小我受盡屈辱，淨看別人的臉色過日子，沒幾個人是對我和善的。現在我長大了，還得去附和那些令我不順眼的人嗎？」

後來，范曄的上司彭城王劉義康母親去世，在王府舉行隆重的喪禮，范曄依禮前去祭悼，遇上幾個多年未見的老友，立刻面露喜色，拉著他們的衣袖，悄悄的說：「好久不見了，等會兒找個地方痛快的喝兩杯，好好聚聚。」

「噓！這裡是靈堂，不宜高談闊論。范兄，你得謹慎點兒，至少得裝出哀戚的表情啊！」這幾個老朋友和范曄交情深厚，很了解他的個性，卻不敢像范曄這麼豪放不拘，不管什麼場合都是一派瀟灑。

「怕什麼！這彭城王是個野心家，我根本看不起他。今天本來不想來的，還好遇到各位，等會兒談談天也算不虛此行。」范曄說完，便拉著三五好友走出靈堂，在酒店裡買了酒，找個空地就暢飲起來。

也許是因為喝得太痛快了，范曄竟然高聲唱起歌來，完全忽略旁邊的彭城王府正在辦理喪事。劉義康遭逢母喪，心中悲痛至極，忽然聽到屋外有人興高采烈的在唱歌，氣憤得不得了，後來知道是范曄在飲酒作樂，劉義康破口大罵：「好個不知死活的人，看我怎麼對付你！」

劉義康在皇帝面前，把范曄狠狠的批評了一頓，皇帝和一般大臣也都覺得，范曄平常的作為的確太放肆了，大家你一言、我一語的加油添醋，更激怒了皇帝。於是，范曄被趕離京城，貶到偏遠的宣城。

到了宣城，范曄的心情固然沉重，但是，離開環境複雜的京城，再也不必理會官場上的繁文縟節，范曄覺得生活反而平靜多了，便專注在《後漢書》的寫作。

「哎！宦海浮沉，根本不適合我的個性，如果能留下一部有意義的作品，倒也不枉此生！」范曄勉勵自己。

《後漢書》的確是一部極有價值的歷史著作，除了沿襲前人體例，完成了十紀、八十列傳，最特別的是范曄把當時有才能、具貞節的婦女也一一列傳，對於婦女地位從未受到重視的中國來說，這是難得一見的創舉；正因如此豐富的內容，再加上范曄的文筆精練，終於使得《後漢書》成為不朽的名著。「簡明扼要、疏而不漏」便是後人對《後漢書》最佳的評論。

但是，文學上的成就，並沒有為范曄造就坦途。不出范曄當年的預料，彭城王劉義康果然起兵造反，皇帝大為震驚，決心剷除劉義康所有的黨羽。由於范曄曾經是劉義康的部下，平常所做所為又十分張狂，自然受到牽連，不僅被判死刑，家人也受到連累，范曄死時才四十七歲，正是一展抱負的英年。在權勢鬥爭中無奈的犧牲，這個文學才子的遭遇令後人嘆息不已。

馮太后不讓鬚眉

紛紛擾擾的南北朝，是中國歷史上非常混亂的時期。位居北方的鮮卑族，由於魏孝文帝推行漢化政策，曾經創造了一段太平盛世，不過，這其中的部分因素，要歸功於聰明睿智的馮太后。

西元四五六年，北朝的魏文成帝過世，馮太后這時只有二十四歲，輔佐年僅十二歲拓跋弘的重責大任就落在她身上。望著年少不更事的

幼主，太后心裡產生一絲憐憫，因為她並不是拓跋弘的生母，依照鮮卑族殘酷的規定，太子的生母必須自殺，以避免日後形成外戚干政的亂象。馮太后雖然被尊為太后，但一批前朝元老對她心存輕蔑，朝廷的動盪不安更讓她慌了手腳。

野心勃勃的車騎大將軍乙渾想要謀反，個性果決冷靜的馮太后先不動聲色，壓抑住內心的起伏，再以高明的手腕鎮壓暴亂，終於穩定局勢。大臣們才明白，這個年紀輕輕的馮太后絕非等閒之輩，此後眾人多尊重太后懿旨，再也沒人敢違旨抗命。

馮太后並非鮮卑血統，她自幼生長在長安，是個家世顯赫的漢人，因為家中世代為官，讓她從小接受完整的儒家教育，而且還見多識廣。年長後因緣際會的嫁入皇室，從此展開不平凡的一生。

馮太后並未因為安逸的宮廷生活而喪志，她覺得鮮卑族所建立的北魏政權，在國家體制和教育文化方面，必須要詳加改進，才能提升整體的進步。現在她身為權力中心，正好可以有一番作為。於是，馮太后便在各地廣設學校，並於京城修建孔廟，正式引進儒家的傳統文化。

推行漢化教育的同時，馮太后也注意到，應該革除鮮卑族一些不良的風俗習氣，例如殺生祭祀的活動、女巫醫病的惡習等等，這樣才能促使鮮卑族更加文明。「太后一心提振鮮卑族的進步，但總不能讓族人失去傳統而沒了自我吧！」堅持本土派的守舊勢力表達不同的意見。「是這樣嗎？難道說文明也有傳統與否的考量？如果病痛難耐，你們是要用藥材治病呢，還是靠巫術占卜來救命？」太后提高了嗓門，義正辭嚴的問道。大臣們受到駁斥，卻也逐漸體會出太后的用心良苦，便不再抵制改革新政。

為了國計民生著想，馮太后大刀闊斧的改革經濟，並放寬對手工業工匠的禁令，不但提高他們的社會地位，還允許他們入朝為官，以鼓勵勞動生產。馮太后果斷明確的處理方式，在當時不僅是開風氣之先，更促進

北魏社會經濟的繁榮。「太后聖明，一改前朝重農抑商的政策，確實是萬民之福啊！」大臣的上奏，讓馮太后疲憊的面容上終於展露出笑靨。

四年後，皇帝已經十七歲了，馮太后便將政權歸還。「如今皇帝親政，還有勞諸位悉心輔佐，以補聖上缺乏經驗之不足。」太后語重心長的對大臣們囑咐交託。但是，由於皇帝年輕氣盛，處理朝政過於意氣用事，不僅與大臣嫌隙日深，連母子之間都經常發生爭執，嚴重的影響到國家局勢。兩年後，皇帝讓位給四歲的兒子拓跋宏，他就是歷史上著名的魏孝文帝，而馮太后則以太皇太后之尊繼續輔佐，更積極的推行漢化政策。

孝文帝長大親政後，乾脆把都城由荒僻的平城，遷到文化古都洛陽，以濡沐漢風，使漢化更為徹底。他還鼓勵胡漢通婚，消弭種族間的隔閡，又禁穿胡服、禁說胡語、更改胡姓為漢姓，例如將「獨孤」改為「劉」，連皇帝自己都將「拓跋」這個姓，改成了「元」。在分歧擾攘的時代裡，魏孝文帝的政績顯赫，使得北魏不僅能統一北方疆域，在文化上也達成大一統的境界，其中祖母馮太后更是功不可沒，因為她提升了北魏的文化素質，並促進族群融合。西元四九〇年，馮太后因病去世，雖然也有史家稱她執政期間以濫刑而備受爭議，但不可否認，馮太后是為北魏奠定基礎的重要人物。

祖沖之的圓周率

西元四、五世紀時，中國動盪不安，統一天下僅數十年的西晉，因為發生了「八王之亂」，而招致胡人趁機興起，滅亡西晉。皇族司馬睿慌亂向南逃竄，在建康城（今南京市）建立東晉政權，其後的「南朝」四朝——宋、齊、梁、陳，這些政權僅能保住長江流域，而北方黃河流域的大好江山，就任由胡人豪酋霸占爭奪，這段混沌不明的時代，史稱「五胡亂華」。

當人們對未來感到徬徨無助時，只好寄託在佛教信仰，士大夫們則崇尚清談，談論玄虛的理論，唯獨專注於科學研究的祖沖之是個例外。

祖沖之出身於南朝宋的書香世家，父親是飽學之士，在鄉里深受敬重；祖父曾經在朝為官，掌管工程建設。祖沖之深受父親和祖父的影響，喜歡研究學問，對計算尤其感興趣。

某一天，祖沖之和兒子祖暅在房間的地上，畫了一個直徑一丈的大圓。原來，他們正忙著計算圓周率，圓周率是計算圓面積時重要的數據。

祖沖之花了很多時間，在大圓的內邊畫分出六邊形，再加到十二邊形、二十四邊形、四十八邊形，一直加到九十六邊形，然後經過許多次的開方、乘方、運算等繁複的過程，才算出流傳後世的圓周率，其辛苦可想而知。

其實早在三國時，科學家就已把圓周率精算到小數點後的第三位了。但是祖沖之卻認為，圓周率是個無止盡的數字，一定要把它算得更精準才行，於是，祖沖之執著於圓周率的研究。當時是用一些小竹棍「算籌」來進行演算，祖沖之常常天剛亮就起床，一邊挪動算籌，一邊念口訣來計算，直到深夜還不見得有成果。

日積月累，算籌都被磨得光亮滑潤，祖沖之演算無數次，把大圓內加到二四五七六邊

形時，終於算出了圓周率是在於三・一四一五九二六到三・一四一五九二七之間。

祖沖之把圓周率精算到小數點後的第七位，又過了一千多年，十六世紀時的德國人才算出近似的數值，其後荷蘭的安托尼茲也算出這個數字，有人為了紀念安托尼茲，便把圓周率稱為「安托尼茲率」。

當然，有許多人為祖沖之深感不平，因為他的發現比安托尼茲足足早了一千多年，日本人就曾建議將圓周率改稱「祖率」，以紀念祖沖之的成就。

雖然現在有電腦代勞，可以將圓周率推算到小數點後的一百多萬位，但是圓周率在小數點後的第二十九位，就已經是誤差極小了；因此，祖沖之在西元五世紀時，能有這樣的成就，可說是傲視群倫，名垂千古。

祖沖之對天文曆法也深感興趣，他算出了一年的歲差。接著，他又發現依月亮由圓到缺的變化，一年的總日數是三六五又四分之一天，而陰曆十二個月的日數總和，共是三五四天，所以古人採用閏月的方式來彌補這短缺的十一多天。當時所用的「元嘉曆」，規定每十九年中應排上七個閏年，每年置一閏月。可是祖沖之精算之後，認為是每三九一年應該要安排一四四個閏年，才更能減少誤差。

而月亮從上一次到這一次行經太陽軌道的交叉點，所需的時間是二七・二一二二三日。

近代天文學家測得的數字是二七．二一二二二日，和祖沖之相差無幾，祖沖之在當時的成就的確是相當驚人的。

祖沖之將成果製成「大明曆」呈給皇帝，沒想到卻引發一場激辯。朝中老臣戴法興頑固保守，他不認同大明曆，並且激動的說：「曆法是祖先所留，行之有年，怎可輕易更動？」「爹，他這根本就是無憑無據的找碴兒。」祖暅氣憤的說。「既然他沒有學理根據，只是食古不化的反對，我們又何必動氣呢？」於是，祖沖之以「有形可檢，有數可推」的理論上書皇帝，勸眾人不可一味的信古而疑今。只可惜南朝宋的政局不穩，後來竟遭權臣篡奪，變成了南朝齊，根本無人理會祖沖之的一片苦心。

對於政局的改變，祖沖之只能無奈的隨波逐流，但他所專注的仍是科學研究。他設計了「水推磨」，利用水的流力帶動轉輪而磨出米糧，造福無數的農民。

他又發明了「漏壺」，類似現在的沙漏計時器，祖沖之的巧思設計，使後人讚歎不已。

祖沖之卒於西元五〇〇年，當時南朝齊在位的，是人稱「東昏侯」的昏君，他整天嬉戲遊樂，幾乎不理朝政，據說宮中廚房用來包裹魚肉的紙張，竟都是大臣們呈給皇帝的奏章！在這種不安的時局下，更沒有人會重視祖沖之的科學研究了，祖沖之抑鬱而終，其子祖暅繼承父志，孜孜不倦的從事各項研究。

最後南朝齊滅亡了，南朝梁建立，祖暅三次上書梁武帝，力陳大明曆的精準，梁武帝終於下令，在西元五一〇年，正式頒用大明曆，祖沖之未了的心願終於實現。

祖沖之對真理的堅持及不畏艱困的研究精神，值得後人學習。他曾經依照《三國志》中對諸葛亮發明「木牛流馬」的描述，設計出一種可行走快速的船隻，令人驚歎。祖沖之的聰慧與深具巧思，古往今來又有幾人能夠？

梁武帝三入佛門

旭日初升，早朝的時刻已到，文武百官早就準備妥當。可是，皇帝卻不見了。經過一番探聽，才發現皇帝已經到同泰寺出家了，丞相立刻率領大臣前往同泰寺覲見。「臣等恭請陛下回宮主持朝政。」丞相率百官苦苦勸說。

只見皇帝跪坐蒲團，披著僧袍，手持念珠，毫不理會群臣的勸說。他就是魏晉南北朝時代的南朝梁武帝蕭衍。

蕭衍本是一名武將，在西元五〇二年篡位自立為帝，建立了梁朝，都城則為建康（今南京）。蕭衍是個篤信佛教的人，當上皇帝以後，立刻頒布聖旨，免除全國寺廟的賦稅以及僧尼的差役，又撥款興建了一座規模龐大的廟宇——「同泰寺」。

耗時三年修建的同泰寺中，有六座宏偉的大殿，上百間配殿和禪房，布置得美輪美奐；不過，國庫的銀兩也因此而花費殆盡。

「陛下，修廟的工程即將結束。可是，大殿裡應該安放十座金身的菩薩，配殿中還有十八座銀身的羅漢，這筆款項該如何籌措呢？」寺裡住持的一番話，彷彿是給蕭衍一記當頭棒喝。「啊！原來還有菩薩金身的問題，朕真是糊塗了，怎麼沒想到呢！」蕭衍歸罪於處理朝政而忽略了菩薩，不禁自責不已。

蕭衍明知國庫已經空虛，百姓也無力負擔重稅。但是，為了表示虔誠，安置佛像的錢是絕對不能減省的。

「不能明著跟群臣要錢，又不便於對人民加稅；不過，以我這皇帝之尊，朕可以要求大臣們捐錢哪！」蕭衍心中有了主意，這正是他前往同泰寺出家的原因。

面對群臣跪於堂前的請求，蕭衍雙手合十，口中唸道：「阿彌陀佛，我佛慈悲，我已經把自己施捨給同泰寺了，你們要怎麼換我回去呢？」

眾官員一頭霧水，不明白

皇帝的心意，只有丞相聽出皇帝的暗示，便輕聲的對大家說：「皇帝是在跟大家要錢呢！」

於是，大夥兒湊足了三千萬兩，捧著銀兩來到同泰寺。「陛下，這是臣等的布施，還望聖駕回宮。」丞相說。

蕭衍瞇著兩眼，轉頭看看銀兩，又低下頭誦經，仍舊是不發一語。

「看來皇上是嫌錢數太少了，咱們就再湊吧！」丞相在寺外和眾官員臆測著。終於，這回籌措的數目更多，眾人又回到同泰寺。皇上微笑著脫下僧袍，同意和大臣們一起回宮。當然，籌建佛像的經費也足夠了，蕭衍心滿意足，認為自己又做了一件功德。

建康城裡有了同泰寺這等宏偉的大廟，再加上皇帝的宣揚，百姓們也紛紛加入燒香拜佛的行列，有人為了討好皇帝，甚至把住家改成廟宇；也有人為了逃避稅賦，乾脆把房地田產獻給寺院。於是，短短十年之間，城中竟有了七百多間寺院，到處香煙繚繞，盡是誦經禮佛的聲音，梁武帝見此景象，不由得得意非凡。

可是，不幸的事情發生了。同泰寺著火，殿房付之一炬，這重建的工程又要耗費不少銀兩，這一回梁武帝蕭衍又想重施故伎。

「唉！皇上又出家了，咱們再籌錢吧！」大臣個個愁眉不展，卻也無可奈何。只好再次用錢換回皇帝，同泰寺重建的經費自然有了著落，梁武帝大喜過望，大臣只祈求皇帝別再出家了。

梁朝立國江南，疆域不大，卻能小有局面；這時掌控北方的強權國家，是鮮卑族所建的「北魏」。而北魏的大將軍侯景，竟有意歸降梁朝。

「阿彌陀佛，真是佛祖保佑，侯景投降，咱們再也不必顧忌北魏了。」梁武帝一聽到消息，便虔誠的默禱誦經，認為真是菩薩的庇祐。唯獨丞相憂心忡忡，擔心的說：「侯景是個陰險的人，不知道他打的是什麼主意，將來一定不好對付。」

光陰似箭，梁武帝老了，更加厭倦宮廷生活和繁瑣的朝政。這一次，梁武帝決心到同泰寺出家為僧，官員們的懇求和布施，再也換不回皇帝，而侯景就趁這時興兵作亂，攻入建康城，也抓到梁武帝。可憐這位一生禮佛誦經的皇帝，最後竟然落得被活活餓死的下場，梁朝也陷入極大的混亂，這種生靈塗炭的景象，又豈是慈悲為懷的梁武帝所樂見的呢？

隋煬帝殺兄弒父

楊堅出身於北周王朝的外戚，那是個分崩離析的亂世，幾經奮鬥，他結束魏晉南北朝的長期分裂而統一天下，建國號「隋」，他就是隋文帝。楊堅即位以後獎勵農桑、發展經濟，是個勵精圖治的皇帝，創下「開皇之治」的盛世。而且，楊堅的生性節儉，不重聲色享受，當時人民的生活，較少受到苛捐雜稅的荼毒。

楊堅是漢人，娶了鮮卑族的女子，她就是獨孤皇后，夫妻倆夫唱婦隨，頗有一番開國的新氣象。不過，獨孤后的個性多疑善嫉，經常叨叨唸唸的，楊堅也無可奈何。

獨孤后生了五個兒子，楊堅時常得意的說：「這五個孩子同父同母，將來絕不可能發生兄弟相爭的變故，隋朝的基業，就可以綿延不絕了。」

其實楊堅完全估計錯誤，隋朝的命運，只有短短的三十八年，甚至發生二皇子楊廣誅殺了大哥楊勇，又逼死楊堅的慘劇。

楊堅最初所立的太子是老大楊勇，當年他只有十五歲。楊勇的個性隨和寬厚，學識豐富，可惜行為太過瀟灑任性，不懂得刻意討好父母。獨孤后就經常在楊堅的耳邊嘮叨：「勇兒這孩子最近越來越不像話了，我為他精挑細選娶了元妃，他不僅不理會，反而去寵幸雲姓

女官，現在可好，元妃不明不白的死了，他更可以花天酒地了。」

楊堅本來很信任楊勇，聽了獨孤后多次的批評，再派人偵查一下楊勇的生活情形，也覺得他確實是奢靡了些，楊堅忍不住嘆氣連連。

比楊勇年輕兩歲的二皇子楊廣就不同了，他知道父親個性節儉，就故意做出一副自奉儉約的模樣；他又知母親不贊成妻妾成群，就裝得一臉正經，不納妾也不親近女色。

有一次，楊堅突然來訪，楊廣叫僕人把府裡華麗的擺設收起來，自己和妻子換上樸素的舊衣，妻子長裙的下襬都磨破了。此外，他還故意把琴弦弄斷，撒上灰塵，表示久未彈琴娛樂。楊堅一看心中大喜，這個兒子如此節儉，的確遺傳了自己的美德。楊廣更趁機說了哥哥不少壞話，又花錢收買父親身邊的大臣，找機會誹謗哥哥。久而久之，楊堅對楊勇的信心動搖了，不免思索著：「朕一旦身故，國家交給勇兒行嗎？還是交託廣兒更合適些？」

到了隋文帝開皇十九年（西元六〇〇），楊堅終於痛下決心，把太子楊勇廢為庶人，改立次子楊廣為太子。楊勇被囚在東宮，自知受到奸人陷害，要求面見父皇申冤，可是楊廣派人控制楊勇的行動，楊勇急得爬上大樹，向父親的寢宮大聲哭喊：「父皇，兒臣無罪，請求面見父皇！」楊廣一聽說，馬上招來心腹大臣楊素：「快稟告父王，楊勇被惡鬼附身，已經瘋了，必須派人嚴加看守。」可憐的楊勇就這樣被囚禁起來，直到父親被楊廣逼死，楊勇和十個兒子也被楊廣下令殺死，兄弟之間絲毫不見手足情誼。

楊廣是個標準的兩面人，在父親面前極力表現孝順，獨孤后去世的時候，他在父皇和大臣之前哀痛欲絕，幾乎是食不下嚥；可是私底下，他談笑自若，毫無悲傷，口袋裡還放著肉乾醃魚，偷偷拿出來解饞，回到府中，歌舞昇平的景象一如平日，根本沒有母喪的哀痛。

獨孤后死後兩年，也就是仁壽四年（西元六〇四），楊堅病重，楊廣才露出猙獰的真面目。他先是欺凌父親的寵妃，又派楊素強拉起臥病在床的楊堅，把父親折磨致死，史載楊堅血濺屏風，慘叫聲遠傳室外。楊堅臨終前才看清兒子的真面目，悲痛的嘶吼：「這個畜生怎能繼承帝位！快把勇兒找來。」可惜，楊堅直到吐血身亡，也沒見到大兒子楊勇，這父子二人，只能在九泉之下相會了。

楊廣即位後就是隋煬帝，他三次北巡，又三次遠征高麗，勞師動眾，造成無數家庭破碎、骨肉離散。最可惡的是，他為了個人的娛樂，三次遊幸江都（今揚州）。為了他的旅遊，官府強抓百姓修建運河、興築行宮、打造龍舟，而且要以金玉裝飾。煬帝每次出巡，船隊在運河上綿延兩百多里，他乘坐的龍舟長兩百公尺、艙高四層，上有一百二十個房間，以供煬帝玩樂之用。其他嬪妃、皇子公主、大臣隨從所坐的小船，更是不計其數。沿岸百姓奉命在運河邊用繩索拉船前進，人數高達數萬。此外，附近官民必須向皇帝呈獻山珍海味，煬帝和嬪妃們在船上通宵暢飲，吃不完的食物就隨手一扔，暴殄天物毫不在意。

「嗯！江都風景好，迷宮更奇妙，連仙人都走不出去，真是不虛此行。」煬帝津津樂道。原來，奸臣為了討好煬帝，強抓百姓修建這座迷宮，不僅造型奇特，還飾以金碧，讓人有如置身仙境，如果無人引路，的確會在宮中迷路。所以，煬帝和嬪妃們興致高昂的大捉迷藏，樂此不疲。

煬帝在江都住了十多年，完全不理朝政。自己這一番胡作非為，心裡也有數，他經常藉酒逃避現實，明白如此行徑，離滅亡之日大概是不遠了。有一天，半醉半醒之間，他摸著脖子跟皇后說：「我這個尊貴的脖子啊！將來不知會被誰砍斷哦！」皇后聞言大驚，既不能勸煬帝改變作為，又不知該如何安慰。

果然，到了大業十四年（西元六一八），部將宇文化及等人謀反，手持兵器闖入宮中，煬帝十二歲的兒子嚇得大哭，被叛軍一劍劈死，鮮血濺染了煬帝的龍袍。煬帝連自己的愛子都無法保護，絕望的說：「天子也有天子的死法，不須各位動手。來人哪！拿毒酒來。」可是，宮中大亂，皇帝的隨從都跑光了，連去取酒的人都沒有，煬帝只好自縊而死，結束殘暴荒誕的一生，把河山留給唐朝去發揚光大。

李靖之紅塵三俠

李靖是隋朝名將，他來自官宦世家，自幼期許做個建功立業的大丈夫。三十歲便在兵部任駕部員外郎。宰相楊素對他大為賞識，曾指著自己的位子，誠懇的對李靖說：「卿終當坐此。」

可是，隋煬帝治國無方，導致隋末政局混亂，群雄揭竿而起，太原留守李淵也加入起兵的行列，並且擄獲了李靖。

李淵下令將李靖處死，臨刑之際，李靖氣宇軒昂的大喊：「唐公起兵是為天下除害，以成大事，為何以私怨先殺壯士？」李淵聞之動容，不僅免了李靖死罪，還將李靖收為部將。

西元六一八年，隋煬帝被殺，李淵正式在長安稱帝，建立唐朝。李靖受命協助趙王李孝恭，消滅占有荊州的蕭銑，以促成全國統一。

李靖大獲全勝之後，令部將不得擄掠，並且善待俘虜。一時之間，江漢之間望風歸降，南方疆域大定。

沒想到，輔公佑又在江南起兵反唐，李靖以老弱士卒做先鋒的戰略，誘出敵軍主力，再予以迎頭痛擊，成功的大破叛軍，俘虜輔公佑，完成全國統一的大業。

這時候，朝廷卻發生「玄武門之變」，秦王李世民殺死太子建成和齊王元吉，搶奪了帝位，尊奉李淵為太上皇。這位李世民，就是歷史上有名的唐太宗。

東突厥首領頡利可汗知道朝廷發生政變，便率大軍直逼渭水便橋。唐太宗初掌政權，迫於形勢，只好先賞賜金帛，和東突厥結盟，史稱「渭水結盟」。

往後幾年，東突厥因天災肆虐，國力大減，唐太宗決定乘機進攻，以雪前恥；此一重任，自然非李靖莫屬。

李靖以迅雷不及掩耳的策略，突襲頡利可汗，逼使頡利可汗倉皇逃走。這是大唐建國以來，在戰場上對東突厥的第一次大勝，唐太宗喜出望外，晉封李靖為「代國公」。

頡利可汗向唐太宗表示，願意親至長安謝罪請降。但李靖卻向唐太宗進言：「頡利可汗軍事失利，不得已而歸降，但東突厥部眾仍多，此時若不徹底擊潰，將來仍是朝廷大患。臣願率精兵一萬，直搗頡利大帳。」

李靖將赤膽忠心化為力量，終於滅了東突厥，因而被晉封為尚書右僕射，權位相當於宰相，但他從不盛氣凌人，驕矜自恃。因此，唐太宗特別讚譽他是「一代楷模」。

西元六三四年，唐太宗決定討伐吐谷渾，六十四歲的李靖不畏旅途艱險、天候惡劣及缺水斷糧的威脅，憑著毅力和勇氣，收服吐谷渾。唐太宗除了欣喜以外，更多了一分感動，便封李靖為「衛國公」。

西元六四九年，李靖以七十九歲的高齡病逝家中。唐太宗下令，將李靖陪葬於「昭陵」，這是唐太宗死後將奉厝的陵墓。又把他的墳墓修成鐵山、積石山的形狀，以紀念戰績輝煌的李靖。

李靖一生在兵馬倥傯中度過，他忠貞愛國，是個令人欽佩的英雄，在唐代的傳奇小說中，對李靖也多所著墨，雖然與史實不盡相符，卻也不失趣味。

例如小說中描述著：有一天，楊素正在府中宴客，李靖於此時求見，兩人共商天下大事。李靖神采奕奕的陳述自己的看法，而一旁手執紅拂的侍女，則是雙目盈盈的望著李靖，似乎對李靖情有獨鍾。

當天夜裡，紅拂女便前來投奔。「我在

楊素府中時間甚久，閱人無數，但今日與您初次見面，便知您是人中豪傑，將來必有所成。所以，今日特來投奔，還望收留……。」時值隋末政局混亂，李靖與紅拂女惺惺相惜，便一道前往太原。

一天，他們在旅店投宿時，遇到一位騎著驢子、鬍子滿腮的俠士，人稱虯髯客。因為和李靖一見如故，話甚投機，這位俠士和紅拂女都姓張，兩人便以兄妹相稱。

「今日天下大亂，不知兄台有何高見？」李靖問道。

「太原李氏父子，乃真天子，你若前往效命，將來必能成就一番

大事。」虬髯客說道。

李靖和紅拂女面面相覷，虬髯客又說：「賢伉儷似乎不信，這樣吧！現在我把所有的家產交給二位，你們即刻前往太原，別再猶豫了！」

李靖面對虬髯客拿出的眾多家產，不免一陣錯愕。「錢財乃身外之物，二位快收下吧！在下將獨行，不必相送，如果將來得知海外有盛事，那或許是我吧！」虬髯客留下錢財，瀟灑的走了。

李靖投奔李淵父子後，果然成就了大唐事業，十多年後，據說海外的扶餘國，有一個來自中原的奇人當了國王，李靖知道這個國王一定就是虬髯客了，便和妻子紅拂女一起向著扶餘國的方向膜拜，算是為虬髯客獻上真誠的祝福。

李靖的傳奇故事被稱為「紅塵三俠」，還成為日後電影戲劇的素材，十分生動有趣。

唐太宗知人善任

李世民是隋朝唐國公李淵的次子，西元五九八年生於太原。當時隋煬帝暴虐無道，弄得民怨沸騰，各地豪強紛起反抗，面對此種亂象，李淵焦慮不已。

落日餘暉彩繪天邊雲霞，李淵無心賞景，坐在廳中嘆氣：「唉！天下大亂，皇帝卻在江都享樂，這大隋天下，恐怕……」「爹！朝廷氣數已盡，您何不取而代之？」侍立一旁的李世民，竟語出驚人。

「快住口！」李淵緊張的看看廳外，就怕隔牆有耳，李世民接口道：「爹，皇帝遠在江南，關中空虛，長安唾手可得，那時弔民伐罪，號召天下，大事可成！」在李世民的勸說下，李淵心中也有了定見。

正如李世民所料，李淵的大軍斬將奪關，順利進入長安。他開倉濟貧，廢除隋煬帝的苛刑峻法，立刻受到百姓擁戴。

李淵立隋煬帝十三歲的孫子楊侑為皇帝，自立為大丞相。西元六一八年，隋煬帝在江都被弒，李淵廢楊侑自立為帝，改國號為唐。又以長子建成為太子，封世民為秦王，三子元吉為齊王，逐年掃平群雄，統一國內，穩定政局。可是，太子建成和世民兩兄弟嫌隙日深，李淵未能預先調處，不幸埋下「玄武門之變」的種子。

大唐王朝的建立，從太原起兵到削平群雄定天下，李世民的確居功甚偉，他豁達大度，豪傑樂為所用，部下人才眾多，威望無人能及。而太子建成勢力也不弱，他以儲君之尊，結合一批朝中大臣及皇親國戚，並控制京畿的軍隊，雙方明爭暗鬥，日甚一日。而衝突的導火線，卻是北征突厥一役。

西元六二六年，太子以突厥南侵為由，推薦齊王元吉率軍抵禦，並且徵調秦王李世民府中的強兵猛將，只要等得秦王府中空虛，太子便可率領親信解決李世民。不料，消息卻事先走漏，李世民不得不先發制人，在玄武門設下埋伏。

「玄武門」是皇城北方正門，也是官員出入必經之路。這天清晨，太陽初現曙光，指揮禁軍的將軍常何，已將一切安排妥當，等著太子和齊王前來。常何一如往常，向太子躬身行禮，而太子卻渾然不知，常何早已投效了李世民。

太子和齊王來到臨湖殿，卻見不到一個衛士，太子心知不妙，掉轉馬頭往回急奔，此時玄武門已關閉，慌忙中，一陣亂箭射來，兩人便倒臥在血泊中，這就是歷史上所稱的「玄武門之變」。

李淵沉痛的接受這個噩耗，下詔

立世民為太子。同年八月，便讓位給李世民。李世民即位後，尊李淵為太上皇，次年改年號為「貞觀」，他就是唐太宗。

「玄武門之變」發生後，建成和元吉府中人心惶惶，惟恐世民報復、大肆屠殺。但太宗卻下詔大赦，不溯既往。凡有才能的人，必獲重用，其中最重要的人物，就是魏徵。

魏徵年輕時參加反隋的「瓦崗起義」，想要一舉推翻暴虐的隋煬帝，後來投效唐朝，頗受太子建成的信任。他曾多次勸太子殺掉李世民以絕後患，李世民十分清楚。此時，魏徵被帶到唐太宗面前。

「你多次挑撥我們兄弟感情，還要建成除掉我，是也不是？」太宗生氣的問。

在場的人全為魏徵捏一把冷汗，卻見魏徵神色自若的說：「可惜太子沒聽我的勸告，否則怎有今日？」唐太宗沉寂片刻，冷靜的說：「你膽識過人，見解精明，的確是個人才。」眾人皆為唐太宗豁然的氣度所折服。

魏徵不僅被赦免無罪，且深受太宗信賴，任命為諫議大夫，負責對皇帝的行為及朝廷大政提出規諫。魏徵果然不負期望，向太宗提出許多建言，君臣相得，傳為千古佳話。

有一次，唐太宗正興致高昂的把玩一隻西域進貢的小鷂，魏徵卻於此時覲見，太宗來不及把小鷂放回籠，又不願魏徵嘮叨他玩物喪志，情急之下，便一把將小鷂塞入袖內，等到魏徵冗長的陳奏結束後，小鷂已經悶死了。

魏徵告退後，太宗一時間十分懊惱，氣沖沖的對長孫皇后說：「這個老頭時常頂撞我，真是可惡！」

長孫皇后面帶微笑的對太宗說：「臣

妾聽說，君主聖明，臣子才敢直言。魏徵之所以敢言，正因陛下聖明，豈不可喜可賀！」「言之有理！哈哈！」

唐太宗開懷大笑，剛才的怨氣早就煙消雲散。

魏徵去世後，太宗曾感慨，魏徵就如同一面明鏡，可以幫助他明白自己的得失。此種君臣間的真情相待，以及太宗恢弘的氣度，一直為後人所讚歎不已。

唐太宗勤修內政，施行均田制、府兵制、租庸調法；又破擊突厥，敗吐谷渾，獲得「天可汗」的尊號，大唐國威因而達到頂點，文治武功並盛。但太宗從不以此自滿，他時常閱讀魏徵所呈的〈十思疏〉，警惕自己居安思危，不可志得意滿。後來，他還把這篇文章寫在屏風上，勉勵自己更求精進。

唐太宗知人善任，也珍惜功臣。他曾挑選了二十四位對國家有功的大臣，命畫師將他們的肖像畫在淩煙閣，以誌不忘，此舉更為他雄才大略的一生，增添感性的一面。而「貞觀之治」，不僅是唐朝的極盛時期，連東亞的日本、朝鮮，都深受大唐文化影響，如今遍布全球的「唐人街」，便是明證之一。

文成公主遠嫁異域

唐太宗李世民締造「貞觀之治」，不僅長安城「夜不閉戶、路不拾遺」，連鄰近各邦也爭相前來朝貢。

這時，位於西南青藏高原，以畜牧為生的邊疆民族——吐蕃，也日益茁壯，在年輕卻能力不凡的棄宗弄贊松贊干布的執政下，平定內亂又遷都拉薩，並在宰相祿東贊的輔政下，吐蕃日益強盛。於是，祿東贊建議松贊干布向大唐請婚，以促進文化交流。

沒想到，首次的請婚卻遭到唐太宗婉轉的拒絕。

六年後，松贊干布仍不死心，讓宰相祿東贊攜帶大批黃金和珍寶，親往長安，再次向唐太宗提出請婚一事。「陛下，我吐蕃君臣仰慕大唐文化，懇請聖上能將唐室公主嫁到吐蕃，促進兩國友好。」一相貌堂堂，談吐不俗的祿東贊不卑不亢的表現，深獲唐太宗的賞識，答應將公主賜婚於祿東贊。可是，忠心的祿東贊表明君王未娶公主，自己不敢先娶的意思。

於是，唐太宗決定考考祿東贊，如果他能通過五道難題，即可證明他的君主也是英明過人。唐太宗出了絲線穿越玉器、量測木塊頭尾等等五道題目，祿東贊都一一通過。這段精采的經過，被描繪在拉薩布達拉宮的壁畫上，雖因年久失修略顯殘破，但仍看得出祿東贊機智幹練的風範，使他贏得「五難使者」的雅號。

唐太宗終於允諾將文成公主嫁入吐蕃，在江夏王李道宗和祿東贊的護送下，文成公主啟程赴藏。

一路上崎嶇難行，公主受盡風霜之苦。一行人來到青海省的湟源縣邊境，此處是海拔四八七七公尺高的山區。

公主手捧著太宗御賜的日月寶鏡，似乎在鏡中看見年邁的雙親，淚水正悄悄的流下面頰。江夏王李道宗見了，便向公主說：「臣盼公主多加珍重，長安的家人才不會日夜難安啊！」

公主抹去淚水，遙望雲深不知處的遠方。「我不能再眷戀過去，只能前行而無法回頭，我佛慈悲，請賜給我力量吧！」公主將寶鏡摔入山谷，頭也不回的向前疾行。後人為了紀念公主的決心，就將此地命名為「日月山」。

再行十里，進入真正的山區，公主必須棄轎騎馬，開始適應藏族放牧的生活。當她見到因地勢而向西流的河水時，不自覺又流下眼淚。因為中原的黃河與長江都是東流入海，惟有此水向西流，正如公主一去不回頭，後人便稱此河為「倒淌河」。

而松贊干布正在西藏邊境親迎公主，他對江夏王也很恭敬，看到公主所攜的文物服飾，更是十分喜愛。「公主希望此後吐蕃應以文化教育百姓，並廣傳佛教，你們能否照辦？」江夏王問道。

「一切皆如公主吩咐，公主所迎來的釋迦牟尼像，我們也會虔誠供奉。」松贊干布的回答，讓公主稍稍安心。這尊釋迦牟尼像至今仍在拉薩的大昭寺內，接受藏人的膜拜。松贊干布對文成公主的要求無有不從，他深深明白公主所帶來的大唐文化，將促進吐蕃的進步，而公主又如此慈悲善良，更是吐蕃人民之福。所以當公主提出，藏人以紅色顏料塗面的習慣，看起來野蠻又不雅，松贊干布立刻接受公主的建議，下令取消這種陋習。

公主認為中原文化的淵博，並非她個人能全數傳授，希望派人前往中原學習，將來才能造福人民。於是，吐蕃派天資聰穎的貴族子弟到長安去學詩書，並請求唐朝賜予養蠶、紡織、釀酒、造紙的工匠。

經過一番努力，吐蕃的文化提升，人民的生活改善了，中原和西藏的文化交流，文成公主功不可沒，難怪詩云：

「自從公主和親後，
一半胡風似漢家。」

隨著時光流逝，公主漸漸愛上這片土地以及單純善良的人民，只可惜九年後，松贊干布去世，留給公主無限的哀思。

「吐蕃已經是我的家，我必須留下來照顧這裡的人民。」公主繼續留在當地長達四十年，死後藏人以隆重的喪禮，將公主與松贊干布合葬，並不斷歌詠：「漢地來的文成公主啊！帶來糧食種子三千八百類，帶來手藝工匠五千五百人，帶來牲畜家禽五千五百種……」或許公主當

時並沒有真的帶這麼多的人貨，但是在藏人的心中，公主促進了西藏的農業、手工業的發展，改善衣食住行的習俗，制定曆法和文字，傳播音樂和佛教，這些貢獻深受藏人肯定。

文成公主自嫁入西藏後，終其一生都沒有返回故鄉長安，而她的雕像至今仍供奉在拉薩的布達拉宮，藏人尊稱她是「綠度母」，也就是菩薩的意思，讓文成公主的精神與藏人長相左右。

孫思邈青蔥導尿

西元五八一年，孫思邈生於今日的陝西耀州，他自幼體弱多病，全賴當醫生的父親多方調養，才能長大成人。孫思邈聰明好學，七歲入學，就能讀經千字，因此被稱為神童。

因為自己的體質羸弱，孫思邈對醫藥特別有興趣，在父親的指導和鼓勵下，他專心研究醫術，二十歲時已經聲名大噪，當時官居相國的楊堅，也就是日後的隋文帝，曾徵召他為國子博士，可是孫思邈婉拒了，他要留在鄉里為民服務而不求仕進，許多人不遠千里來求醫，孫思邈都能悉心醫治，藥到病除。

有一天，一個滿頭大汗的男子趕到孫思邈的門前，他雙手捂著肚子說：「大夫救命！痛死我了！」原來這個人已經三、四天沒有

排尿了，肚子脹得像個大鼓。孫思邈心想：「吃藥是絕對來不及了，怎麼辦呢？」他突然想起漢朝名醫張機的《傷寒雜病論》裡，有用細竹筒幫病人排便的記載。「可是竹筒太粗太硬，不適合用來導尿！」這時，他突然看見院子裡的一把青蔥，心裡靈光一現。他仔細的挑選了幾根細嫩的蔥管，小心翼翼的插入病人的尿道口，第一根折斷了，第二根又斷了，第三根終於成功了！他順著蔥管用力一吹，充氣的蔥管撐開病人的尿道，尿液就立刻衝了出來，鼓一般的肚子緩緩的消了下去。這是我國醫學史上，也是全世界，第一次人工導尿成功的紀錄。

看著病人如釋重負的表情，一個心願在孫思邈腦海裡形成：「我應該把這些已知的病症，和相應的藥方記載下來，讓以後的醫生可以幫病人趕快解除痛苦。」

孫思邈提起筆，在紙上隨意寫下「千金藥方」四個字，一項艱鉅的工作從此開始。此後，他蒐集古醫書，研究其中的藥方和病理，整理出可用的藥方。在孫思邈往後幾十年的行醫歲月中，他隨時隨地蒐集各地故老相傳的醫方，檢驗其中的藥理功能，去蕪存菁後，分門別類的記入《千金藥方》書中。

隨著年齡的增長，孫思邈的學識和醫術更淵博了。這時候，興盛的唐朝取代了短暫的隋朝，禮賢下士的唐太宗也聽到孫思邈的名聲，立刻派人宣召孫思邈進京。西元六二七年，孫思邈來到長安，唐太宗見他樸素中流露出奕奕神采，雖然年近五十，卻是身輕體健，面貌紅潤。不禁對大臣們說：「有道德的人真是與眾不同啊！」但是，孫思邈還是婉拒皇帝任官的殊榮，翩然回到家鄉。

孫思邈在長安見到不少腿腳浮腫、四肢無力的病人，回到家鄉後，這種狀況卻不多見，即使有一、兩個，也都是有錢的人。

「奇怪！為什麼鄉下的窮人沒這種病，難道說這跟飲食有關嗎？」經過仔細的分析研究，證實了他的推論。原來，鄉下人多吃五穀雜糧，雖然粗糙卻營養豐富；有錢人飲食精緻，卻缺少了某一些養分，才造成這種富貴病。於是，孫思邈用椿樹皮煮湯給病人服用，果然效果卓著；根據同樣的醫理，他用羊肝等高營養食品給患有「夜盲症」的鄉下人進補，也得到極大的功效。這項重要的發現，歐洲人直到十九世紀才找到原因，比孫思邈要晚了一千三百多年。西元六五二年，孫思邈完成首部醫學著作《千金藥方》，全書共三十卷，記有醫方四千五百多種，是繼張機的《傷寒雜病論》之後，我國傳統醫學上又一次重大的成就。

唐太宗死後，唐高宗繼位，孫思邈又奉詔來到長安。皇帝看到他年逾古稀，精神依然飽滿，步伐穩健，皇帝問他：「先生老當益壯，有什麼養生秘訣嗎？」「陛下，長壽之道無他，寡欲念，多勞動，如此而已！」應對之間，皇帝覺得他不僅深通醫理，而且學識淵博，決定讓他做諫議大夫。視富貴如浮雲的孫思邈，並不戀棧官位，他仍然推辭了，於是皇帝賜給他良馬一匹，並將已過世的鄱陽公主宅邸讓他居住。孫思邈不改行醫濟世的作風，竟將偌大的公主府變成了醫院。

這時，發生一件不幸的事。孫思邈最喜歡的學生，也是著名的詩人盧照鄰患了痲瘋病，這在當時是一種絕症，可憐的盧照鄰受不了身心煎熬，竟然投水自盡。

眼看一個才華洋溢的青年被病魔所困，孫思邈自責不已，更深深感覺醫者的責任重大。於是，他離開熱鬧的長安，回到家鄉五臺山，在樸實無華的環境中靜思研究，忙於行醫、採藥、著書，希望以有生之年，對醫學盡最大的心力。

西元六八一年，孫思邈以百歲高齡完成了他的第二部鉅著《千金翼方》，這部醫書也是三十卷，蒐羅了兩千多個醫方，並且對八百多種藥物分類說明，和《千金藥

方》一樣，都是我國重要的醫學典籍。第二年，孫思邈以一百零二歲的高齡離世，人們遵照他的遺囑，將他安葬在耀州的五臺山。而他生前的舊居，經過歷代多次的修建，被鄉民們尊稱為「藥王廟」，是今日陝西耀州著名的古蹟。

玄奘大師西遊記

古靈精怪的孫悟空，好吃懶散的豬八戒，護衛著「唐僧」前往西天取經，這是大家熟悉的《西遊記》。作者吳承恩運用豐富的想像力，把去印度取經這個史實，寫得趣味橫生，引人入勝。小說裡的主角唐僧，就是唐朝的玄奘大師。

佛教自西漢末年傳入中國，隋、唐時期達於極盛，不僅皇室篤信佛教，許多知識分子也皈依佛教。玄奘出生於隋朝，他是洛州緱氏（今河南偃師）人，俗名陳褘，自幼聰慧好學。因為二哥陳素在洛陽出家作了和尚，使他逐漸對佛經產生興趣，也有了出家的念頭。

陳褘十三歲時，隋煬帝下詔在洛陽招考二十七名僧人，報考的竟有數百名之多。陳褘本來因為年齡不足未被錄取，後來經由主考官鄭善果的幫助，才取得資格，正

式在淨土寺當了和尚，法名「玄奘」。多年後當他取經歸來，由於精通佛經裡的「經藏」、「律藏」和「論藏」，又被尊稱為「唐三藏」。

玄奘專心在寺裡閱讀經典，產生許多疑惑，於是，他前往高僧雲集的成都拜師學佛。又到荊州（今湖北江陵）的天皇寺登壇開講，被譽為是「佛門千里駒」。十餘年間，他集思廣益，總覺得在佛經講義中，有許多矛盾異說，百思不得其解，因而發下宏願，決心前往佛教的發源地天竺（印度），求取大乘佛法。

根據《西遊記》書中的敘述，玄奘出發前，太宗皇帝還親率百官為他送行，其實，唐朝初年是禁止人民私自出關的。玄奘上書皇帝請求西行取經，久久未獲允准，讓他焦急難安。這時，長安附近發生災荒，玄奘就混雜在饑民中，悄悄離開長安，兩年後（西元六二九年），來到了玉門關。

一路勞頓讓玄奘失了馬匹，隨行的小和尚也跑了，官府的差役又追了上來，玄奘躲在客店裡，真不知如何是好！這時州官李昌走進來，竟然笑著說：「師父不必驚慌，取經是件大事，我會幫您出關。」玄奘又驚又喜，跟隨李昌出了玉門關。暮色中兩人互道珍重，從此玄奘一人進了大漠，邁向不可知的未來。荒漠景象讓人觸目驚心，玄奘雙手合十，一步步捱過去。《西遊記》中塑造的妖魔鬼怪，正是在敘述玄奘取經的艱辛。

玄奘走了十幾天，不幸的事發生了！喝水的時候，他不小心弄翻盛水的皮囊，只得忍著乾渴，五天後昏倒在沙漠中。不知過了多久，一陣清涼的雨水滴落在他臉上。「下雨了！」玄奘睜開雙眼，遙望天邊彩虹，似乎看到佛陀的指引，他匍匐膜拜，更加深求法的信心。

靠著堅強的毅力，玄奘走出八百里沙漠，來到高昌國。這裡繁華富庶，人民篤信佛教，城中寺院林立，國君也是一位佛教徒，苦勸玄奘留下來宣揚佛法。「貧僧尚有責任未了，還望陛下成全。」玄奘絕食了三天，終於感動高昌王，答應送他西行，並且贈予衣物、乾糧、挑伕和三十匹馬，還關照沿途各國保護這位高僧。玄奘繼續西行，翻越高聳積雪的蔥嶺高原，歷經阿富汗和中亞諸國，終於在西元六二八年到達天竺。

當時的天竺小國林立，玄奘先在揑彌羅國（在今喀什米爾）研究梵文和經典，三年後到達他期待已久的魔揭陀國，進入雄偉的那爛陀寺。

那爛陀寺裡的僧侶過萬，典藏豐富。住持戒賢大師年逾百歲，早就不講經了，但他特地收玄奘為弟子，重開講壇。十五個月中，為玄奘講授了「瑜伽論」、「對法論」、「因明論」等高深的佛教理論。這次開講，各地前來聽講的有數千人，是佛教史上的一大盛事。

五年匆匆過去，玄奘日夜鑽研經典，成為寺中最優秀的僧眾之一。可是他並不滿足，在往後的十年，他在天竺到處求教，參謁了釋迦牟尼曾在樹下苦修的菩提樹，佛經中傳說的西天靈山，使他對佛教的精義有了更深的領悟。西元六四一年，戒日王特別為玄奘在曲女城（今印度卡諾吉城）舉行了一次佛經辯論法會，出席的有天竺十八國的國王和六千多位高僧。玄奘坐在珠寶床上說法，他論述清晰，反覆舉例說明他的觀點，還把他所著的《破惡見論》掛在門口，徵求眾人答辯。法會進行了十八天，竟沒有一個人能提出異議。戒日王一再挽留玄奘留在天竺，可是，玄奘懷念闊別已久的故鄉決心回國。臨別那天，戒日王以及各界人士，含淚為玄奘送行十多里。

唐太宗貞觀十九年（西元六四五），玄奘帶了六百五十多部經書回到長安，路旁擺滿了鮮花，僧尼數萬人夾道歡迎，把玄奘和經書接到弘福寺。不久，唐太宗召見玄奘，除了譯經之外，還建議他把國外的見聞寫成專書。於是，由玄奘親自編述，他的弟子撰記整理，完成了《大唐西域記》十二卷。書中記錄了西域一百三十八個國家或城邦的歷史沿革、地理形勢等等，不僅是佛教史的重要文獻，也是研究古代中亞和印度史的珍貴史料。

玄奘共計離國十七年，途經五十六國。而譯經事業是玄奘返國後最重要的大事，他先後在弘福寺、大慈恩寺以及長安郊外的玉華寺，主持翻譯佛經的工作，歷時十八年，譯經七十五部，一千三百三十五卷。他的文筆優美典雅，既能存真，又有新義，時人稱為「新譯」。玄奘把傳自戒賢大師的「唯識論」發揚光大，開創了中國佛教的「法相宗」，對佛教傳播有重大影響。

為了紀念玄奘西行求法，唐太宗親自撰寫一篇〈大唐三藏聖教序〉，由當時著名書法家褚遂良書寫，刻在長安的慈恩寺流傳至今。西元六六四年玄奘圓寂，當時已是高宗皇帝在位，他感嘆「朕失國寶」，並且廢朝五日以為哀悼；如今台灣的日月潭也有「玄奘寺」，在暮鼓晨鐘中訴說著玄奘的事蹟。

武則天篡唐自立

登基這一天，皇宮內外懸燈結綵，笙歌不斷，六十七歲的武則天高踞御座，俯瞰所有歡呼跪拜的官員及四夷酋長使節。在榮耀光環的籠罩下，武則天不禁回想起自己十四歲進宮的情景……。

武則天生於西元六二四年的并州文水，父親原本是木材商人，因隨李淵起兵有功，官至工部尚書。武則天十四歲時進宮為才人，因為姿容嫵媚，被太宗賜名「媚娘」。可是，後宮佳麗眾多，唐太宗並未寵幸過媚娘；更不幸的是，十四年後，太宗去世，媚娘和一些宮女被送到長安附近的感業寺削髮為尼，終日與青燈木魚為伴，此時媚娘萬念俱灰，終日以淚洗面。

但是，一次偶然的機會，改變了媚娘的命運。新即位的唐高宗有一天來到感業寺，一見武媚娘便驚為天人，此時，王皇后正與高宗的新歡蕭淑妃爭寵，得知高宗迷戀媚娘，便決定把媚娘接回皇宮，並且封為昭儀。

「皇后大恩大德，媚娘不知何以為報？」武則天恭敬的跪在王皇后面前，其實心中正暗自盤算，以後要如何算計王皇后，自己才能取而代之。

武則天盡力討好唐高宗，蕭淑妃很快就被皇帝冷落了；而生下一位小公主的媚娘，讓高宗對她更加寵愛。

這一天，前來探望小公主的王皇后，渾然不知自己已走入武則天所設的圈套中。皇后剛走，武則天便起身走近小公主，眼見四下無人，她心中默念：「我親愛的女兒，別怪為娘狠心。」

她不動聲色的弄死嬰兒，等到高宗發現後，她才痛哭失聲，聲嘶力竭的要求嚴懲兇手。可憐的皇后無論怎麼辯解，都洗刷不掉嫌疑，因為她是最後一個前來探望小公主的訪客。於是，高宗決定廢掉王皇后，改立武則天為后。

廢后的事受到大臣堅決的反對，可是，在武則天的威逼利誘下，高宗還是讓她如願以償，登上皇后寶座。

高宗李治是個個性軟弱的皇帝，加上又有暈眩的毛病，這使武則天有機會掌握政權。和高宗相比，她處事英明果斷，沒過多久後，武則天便和高宗並稱「二聖」。

武則天對政治的見解獨到，提出許多新主張，像是獎勵農業、輕徭薄賦、廣開言路，並改善科舉制度，以詩賦文章取士，使平民百姓也能入朝為官，都能贏得朝野的敬佩。可是，她也鼓勵告密，任用酷吏，對付反對她的人，則是毫不留情的大肆撲殺，因而造成許多冤

獄。

面對武則天的強悍作風，高宗頗受威脅，他決定趁自己在世時，傳位給太子李弘。可是，李弘卻突然暴斃，一時間，宮中傳說是武則天下的毒手，但卻無人敢舉證。

李弘既死，次子李賢便被立為太子，不久卻以私藏甲胄的罪名，被廢為平民；因此再立三子李顯為太子，這樣一再廢立，使唐高宗一直無法順利傳位。

直到西元六八三年，高宗病死，太子李顯才繼位，是為中宗。他立韋氏為后，又把韋后的父親韋玄貞連升三級，官拜侍中，引來宰相的批評。沒想到中宗竟然說：「即使把天下送給韋玄貞也不算什麼，何況是一個侍中？」

武則天得知後大怒，立刻召集百官，廢中宗為盧陵王，徙居房州，再立幼子李旦為皇帝，是為睿宗。李旦是個沒有主意的人，看到三個哥哥的下場，嚇得不敢上朝，認命的當個傀儡皇帝。

七年後東魏國寺僧人獻《大雲經》，經上說太后武則天是彌勒佛降生，當為閻浮提王。武則天把《大雲經》頒行天下，充分顯露她欲稱帝的企圖。於是，睿宗連忙自請退位，把皇位讓給太后武則天。

隨著歲月的流逝，不可一世的女皇帝稱帝十六年後，成了一個風燭殘年的老婦人，她待在長生殿內，幾個月不見宰相，陪伴她的只

有面貌清秀俊美的張易之、張昌宗兄弟。英明的女皇竟如此沉淪，不問國事，又縱情於私欲享樂，大臣們十分憂慮。於是，宰相張柬之決定擁護中宗復位，恢復李唐天下。

「朕累了，你們走吧！」武則天頹然坐下，八十二歲的她覺得好累，多少繁華如夢，如今，她只是一個白髮蒼蒼的老婦，過往雲煙，只留下幾許滄桑！

西元七〇五年，武則天去世了，她掌握唐朝政權長達五十年，是中國歷史上唯一的女皇帝。執政期間，她知人善任，使國用富足，為其後的「開元之治」奠定基礎；可是，她濫用刑罰，殘害無辜，大臣、甚至親生兒女、自家兄弟，都不能倖免。她這一生功過難定，正如她和唐高宗合葬的「乾陵」墓前，矗立巨大的「無字碑」，竟無一字評論，一切就留給後人去思索。

鑒真遠渡傳佛教

大明寺是揚州城一座著名的佛寺。這時正是唐玄宗天寶年間，社會富庶繁榮，寺內的鑒真長老每天虔誠禮佛，為天下蒼生祈福，日子過得平和寧靜。

這一天，正當他做完早課，在寺外的石階上散步時，看見不遠處有兩個身穿白袍的僧人，似乎已經趕了很遠的路程，一步步吃力的爬上臺階，朝著寺裡走來。

「我們從日本國來此，想要參拜鑒真大師。」兩人說著流利的中國話。

「我就是鑒真，請問有什麼吩咐？」鑒真雙手合十行禮，語氣平靜祥和。

僧人客氣的說：「我叫榮睿，他是普照，我們奉日本天皇之命，恭請大師到我國去弘揚佛法。」

鑒真吃了一驚，他從沒想過，自己的名聲竟然傳了那麼遠。可是，乘船到日本是一件非常危險的事，這一路上波濤凶險，甚至是吉凶未卜，所以寺中弟子大多抱持反對的意見。

「大師。」榮睿誠懇的說：「我日本國自天皇至一般人民，多數皈依佛教，卻沒有一位高僧前來傳授戒律，講解佛法，如果大師肯前去弘揚佛法，不僅是一大功德，更是日本千萬民眾的造化。」

「師父，請您三思！日本國附近海盜出沒無常，加上乘船顛簸難安，過去有人曾經冒險東渡，卻無人生還，如今您都五十五歲了，何必再去受苦冒險呢？」鑒真長老的大弟子祥彥說。其他的弟子也都附和著深表贊同。

鑒真長老見大家議論紛紛，卻是不動聲色，平心靜氣的回答：「佛說，人只要念頭一動，就成心願，既然有了心願，又怎可輕易放棄？何況，日本國芸芸眾生需要我，我豈能畏懼艱難而不願前往呢？」

於是，大家都被鑒真長老的勇氣感動了，弟子們願意陪他一起東渡，準備工作立刻展開。大夥兒開始造船、招募水手，幾個月的辛苦終告結束，但是，就在出發前，官府的差役來到大明寺。

「這兩個日本人私造船隻、勾結海盜，立刻逮捕。」官府的人大聲嚷嚷，寺裡信眾被嚇得渾身發抖，不敢出聲。

「不！請聽我說明……」鑒真長老苦苦解釋，但差役毫不理會，仍然沒收了船隻，帶走了榮睿和普照。

一個月後，太守查明真相，證明普照二人的清白，便將他們無罪開釋，但船隻仍被扣留。第一次渡海的計畫，尚未出發便失敗了。

第二年冬天，鑒真長老聽說官府有一艘大船要出售，就買了下來，僱妥十多名水手，準備好糧食、日用品、佛像、經書，一切妥當後從揚州出發，啟程航向日本。可是，剛航行到了境外海域，便遇到狂風巨浪，船底破了一個大洞，船身禁不起大浪的摧殘，船體受損嚴重，最後擱淺在岸邊，眾人雖僥倖活命，卻受盡天寒地凍之苦。

歷經這番磨難，鑒真長老並不灰心，他僱人修理船隻，重新準備，一個月以後，他們又出發了。

出發時風和日麗的天氣，不知怎麼忽然變了個樣，才一會兒工夫風雲變色，狂風暴雨緊接而至。巨浪把船推向礁石，混亂中他們被沖上一個無人島，糧食飲水全沒了，好在風雨過後，一艘出海的漁船救了他們，把他們送到當地的阿育王寺。

一連串的失敗並沒有擊倒鑒真長老，但他失掉船隻，又得重新開始準備。附近的僧侶和信徒紛紛來到阿育王寺，請長老替他們講解佛經。但是，這些信徒私下議論紛紛：「大師是受了那兩個日本人的迷惑，才一再堅持要到日本去，但天意示警，事情進行得如此不順，根本不值得再冒風險了。」

鑒真長老知道眾人的想法，但他不想和大家辯駁，只好自己秘密前往福州，再度乘船出海。可是，當他經過永嘉時，竟被官府發現，又把他當成是偷渡的不法之徒，押送回到揚州受審。好在有驚無險的化解了這場冤獄，鑒真終於無罪獲釋。

鑒真長老的弟子們在經過四次失敗的經驗後，全部都失去東渡的信心，只有鑒真仍然堅定不移。五年後，他和少數弟子再度出航，在狂風巨浪中飄盪了三個月，他們並沒有到達日本，卻到了中國最南方的海南島。

接下來的陸地行程，更是一連串的痛苦和煎熬，幾千里的旅途中，飢餓、嚴寒、酷暑、瘟疫不斷的折磨他們，日僧榮睿和大弟子祥彥先後病死，鑒真長老也雙目失明。一年之後，他回到揚州，這第五次失敗，對他真是一大打擊，可是，他仍然不放棄理想。

「大師！」一名僧人興匆匆的來找鑒真：「日本派來的遣唐使藤原清河大人要回日本了，他邀您搭他的船一塊兒去，您還願意前往嗎？」「為什麼不願意呢？雖然我雙目失明，身體狀況大不如前，但是並不影響講經傳戒。弘揚佛法是我多年的心願，區區旅途之勞，又何足畏！」鑒真正色說道。

當天夜晚，弟子便將鑒真長老送上小船，航抵蘇州，登上正在等他的日本遣唐使大船，順利揚帆出海。

唐玄宗天寶十二年底（西元七五三），鑒真一行人終於到達日本了，距離榮睿和鑒真長老第一次談論此行，已經是好遙遠的事了。此時，六十六歲雙目失明的鑒真長老，終於踏上日本國土。

日本天皇對於這位排除萬難，前來弘揚佛法的中國高僧，給予隆重的禮遇，為他在奈良建立了宏偉的唐招提寺。鑒真長老在日本講解佛經時，也將中國的建築、雕刻、文學、醫藥、繪畫、書法等文化介紹到日本，受到日本各界的崇敬，而尊稱他為「盲聖」。

十年後，鑒真長老在唐招提寺圓寂（去世），建立骨塔葬於寺後的松樹林，而他的塑像至今仍供奉於寺中。

鑒真

阿倍仲麻呂訪中國

驚濤駭浪中，阿倍仲麻呂在船艙裡忍受著長途顛簸之苦，心中思念的是故鄉日本；抬頭仰望的，卻是遠方的中國……。

阿倍仲麻呂是日本人，自從孝德天皇「大化革新」以來，日本多次派「遣唐使」到唐朝學習建築、美術、律令、禮儀等文化。阿倍仲麻呂是在西元七一七年，和吉備真備等人一起被派到中國。

當時，阿倍仲麻呂還很年輕，他取了一個中國名字「朝（晁）衡」，在大唐都城長安認真學習。日子久了，朝衡有感而發的說：「大唐文化不僅傳承固有的漢族文化，還融合了胡人的文化，實在是精采豐富！」後來，吉備真備依據中國漢字的楷書偏旁，發明出日本的「片假名」文字。

朝衡在太學裡用功讀書，並且考中科舉，在朝廷作官，不僅得到唐玄宗的賞識，還和李白、王維等文人結為好友，大家幾乎都忘了他是日本人呢！

一轉眼，三十年過去了，雖然朝衡在長安過得滿足充實，但是每到夜深人靜時，他還是不免思念故鄉。許多好友勸他：「聖上看重你的才華，所以捨不得讓你回日本啊！」

朝衡則感慨的說：「記得上次提出歸國的申請，已經是二十年前的事了，我實在很想回家去看看。」

於是，朝衡和新到任的「遣唐使」藤原清河商量：「佛教高僧鑒真大師要去日本弘揚佛法，一路上總得有人陪伴吧！我正好可以利用這個機會返鄉。」因為鑒真大師已經六十多歲了，而且體弱多病，所以朝衡自願擔負起護送鑒真大師的艱鉅任務，開始興高采烈的籌畫歸期。

航向日本的船隻順利啟程，不幸的是，中途被風浪襲擊，大家雖然僥倖躲過一劫，卻漂流到海南島，距離日本是十萬八千里呢！後來幾經波折，朝衡又回到長安，根本沒踏上自己的家園，所以整個人變得非常憔悴。

「或許這就是天意吧！要我以中國為家。」從此，朝衡沒有再打算返回日本，他在中國待了將近五十四年，西元七七〇年過世。朝廷追贈朝衡二品官職，新、舊《唐書》中都為他立傳紀念，是唐朝歷史上的傳奇人物。

王維詩中有畫

西元八世紀中葉，正是唐朝最強盛的時代，四夷賓服，社會繁榮富裕，都城長安更是人文薈萃的國際都市。唐朝文學的代表是詩，其中既是詩人又是畫家的王維，才氣縱橫，令人折服。

王維，字摩詰，父親很早就去世，由母親撫養長大。他從小聰明好學，十六、七歲就能作詩，而且善解音律，在書法、繪畫領域顯現出過人才華。二十一歲高中進士，由於通曉音律又會作詩，被任命為太樂丞。

可是，由於受人牽累，王維被貶到山東做司倉參軍。到了玄宗開元二十二年，王維三十四歲，受到當時宰相張九齡的賞識，才又調回到長安，這時正值開元、天寶盛世，大唐王朝的安定繁榮到達頂點，王維少年得意，寫出許多任俠豪情的詩篇。

可惜好景不常，天寶十五年，胡人安祿山起兵叛亂，大軍攻陷洛陽，直逼長安城，皇帝和楊貴妃倉皇西奔。長安城從天堂變成地獄，叛軍燒殺搶掠，城裡火光沖天，來不及逃走的官員，都成了叛軍的俘虜。

這時安祿山已自封為「大燕國皇帝」，俘虜們被押送到洛陽。王維身處其中，一路上的折磨苦難，讓他對人生體悟更深。

灞橋上垂柳依然，王維曾在這兒寫下〈送別〉的詩篇，因而傳誦一時，那是何等的意氣風發！回首遙望長安城中漫天的烽火，灞橋下流水嗚咽，王維不禁想起當年普一老和尚的話：「世間種種皆為虛幻！」王維心中起伏不定，一時間文思泉湧，奈何無筆在手而不能寫作。

行行復行行，終於來到洛陽，安祿山在凝碧寺召見王維。「哈哈，大詩人來了，願不願意為我效力呀？」眼看著拒絕為安祿山奏樂的雷海清當場被殺，王維只好沉默的點點頭。「好極了！就讓你官復原職，快謝恩吧！」安祿山強逼著王維下跪。

夜深了，凝碧寺中萬籟俱寂，王維想起白天在這裡壯烈就義的雷海清，不禁慚愧，覺得自己還不如一個樂工，以後要如何面對世人？觸景生情，百感交集，王維寫下了〈凝碧詩〉：

萬戶傷心生野煙，
百官何日再朝天，
秋槐葉落空宮裡，
凝碧池頭奏管絃。

這首詩生動的描述王維當時感傷無奈的心情，以及對大唐天子回朝的渴望。

不久，安祿山父子相殘，郭子儀率軍收復兩京，肅宗皇帝回朝，王維卻以「附逆」之罪下獄。好在肅宗看了這首詩後，明白王維當時依附安祿山的無奈，才赦免他的罪，王維官復原職，後來還升到尚書中丞。

經過這番波折，王維領悟到人生苦短、富貴無常的哲理，便將少年時的豪俠之情，中年後的用世之心轉向佛家，皈依大自然。晚年的王維在風景優美的藍田縣買下了輞川莊，長年茹素，以吟詩作畫自娛，過著半官半隱的生活，著名的「輞川圖」一畫，就是輞川園景色的寫照。

王維開創了以水墨為主的中國山水畫，更奠定中國畫壇幾百年的「文人畫」風格。宋朝著名的詩人蘇軾曾說：

「觀摩詰之畫，畫中有詩；味摩詰之詩，詩中有畫。」從此，詩情畫意便成為「文人畫」的核心。

由於年代久遠，王維的書畫真蹟早就難以尋獲。不過，直到如今，王維的詩句仍是小學生們琅琅上口的佳句，如「每逢佳節倍思親」、「天氣晚來秋」等等。

如眾人熟知的〈渭城曲〉：

渭城朝雨浥清塵，
客舍青青柳色新，
勸君更進一杯酒，
西出陽關無故人。

被視為送別詩中的經典之作。前兩句描寫雨後的渭城景物，第三、第四句則是寫送別之情，全詩流暢自然，看不出離別悲情，卻隱隱表露深摯的友誼。

又如〈相思〉：

紅豆生南國，春來發幾枝；
願君多採擷，此物最相思。

前兩句描寫紅豆生長的地方與時節，後兩句藉物遙寄相思之情，全詩可說一氣呵成，讓人琅琅上口。

而〈山居秋暝〉：

空山新雨後，天氣晚來秋，
明月松間照，清泉石上流，
竹喧歸浣女，蓮動下漁舟，
隨意芳菲歇，王孫自可留。

首句點出全篇的主題：靜；流泉、浣女和漁舟卻是動態的描寫。難怪有人說王維的詩是：「動中有靜，動中更靜。」王維在六十一歲時去世，留下無數被後人歌詠的詩篇。

郭子儀馳騁沙場

郭子儀在西元六九七年生於華州鄭縣，父親郭敬之曾任州刺史。郭子儀長大後，以武科舉優等就任軍職。西元七五五年安祿山、史思明叛變，郭子儀被授為朔方節度使，率領李光弼等人共同出征，此時郭子儀年近六十。

李光弼是契丹人，此次被任命為河東節度使，追隨郭子儀，心中十分惶恐，因為他過去與郭子儀相處不睦，於是他悲觀的對郭子儀說：「此次出征，必死而已，還望您日後善待我的妻兒。」郭子儀也激動的流著淚回答：「現在賊勢猖狂，你我更要摒除私怨，一起擊退叛軍，為國家盡忠。」李光弼被郭子儀的真誠所感動，此後兩人攜手成就了大唐的中興事業。

郭子儀審度軍情，以深溝高壘、晝伏夜出的戰術，和李光弼共同殲滅史思明率領的數萬叛軍；此時，安祿山攻陷長安，太子李亨在靈武即位，是為唐肅宗。

郭子儀奉旨收復兩京，他率領軍隊，並得到四千名回紇兵相助，在長安西郊的香積寺與賊兵大戰，終於收復都城長安。

於是，皇帝親自到灞上宣慰，對郭子儀說道：「今日國家得以恢復，實因卿之再造有功。」

然而好景不常，郭子儀光復兩京的功勞居朝臣之冠，卻引起皇帝對他的猜忌。唐肅宗派了一名太監魚朝恩，來做郭子儀、李光弼的觀軍容宣慰使，名為宣慰，實為監視。魚朝恩嫉妒郭子儀的成就，不斷在皇帝面前中傷郭子儀，郭子儀因而被召回長安，封為汾陽郡王，實際上已被解除了兵權。

西元七六三年，唐肅宗去世，太子李豫即位，是為代宗。肅宗時頗受寵信的魚朝恩，在代宗即位後仍被重用，官爵封身富貴顯赫，許多人都想和他攀附關係，唯獨郭子儀對他是敬而遠之。

有一天，魚朝恩為昇平公主和郭子儀兒子郭曖的婚事登門拜訪。

「恭喜郡王，從此以後，您就是皇親國戚了，如此尊榮，您可以放心的頤養天年，至於軍國大事，您就別再操心啦！」魚朝恩語帶奚落的說。

送走魚朝恩，郭子儀佇立窗前，心裡百感交集。

「國家多難，小人當道，我空有一番報效國家的雄心，卻得不到皇帝的信任；如今又成了公主的家翁（岳父），但這一切，究竟是福是禍呢？」

郭子儀並非多慮，皇親國戚沒做多久，就惹出一樁禍事。

原來，郭曖和公主發生爭吵，郭曖在氣頭上，竟脫口而出：「公主有什麼神氣？還不是仗著你父親是皇帝。我告訴你，我父親如果想當皇帝，早就拿到天下，哪裡輪到你家？」說完還推了公主一把。

公主受了委屈，跑回皇宮告狀。郭子儀得知，大驚失色，立刻把郭曖綑綁起來，帶進宮裡謝罪。沒想到皇帝只是淡淡的說：「俗話說『不痴不聾，做不得家翁』。小夫妻之間口角所說的氣話，你又何必當真？」「微臣不敢，但小兒魯莽得罪公主，還請聖上下旨降罪。」郭子儀恭敬的說。「如此小事化大，大可不必，你們快回去吧！」皇帝揮手，示意郭子儀父子退下。

這次事情雖然安然度過，但郭子儀一思及「功高震主」這句話，他就更加謹慎了。唐代宗對郭子儀仍然保有戒心，便派他去看守唐肅宗的陵墓，成為無法發揮軍事長才的「山陵使」。

連年的內亂，使得邊防廢弛，西方的吐蕃每年入侵，長安狀況危急。這時，唐代宗才再度重用郭子儀，派他前去領兵防禦。這時的郭子儀已經是六十九歲高齡了。

西元七六五年，吐蕃和回紇的軍隊數萬人，包圍長安北方的涇陽，可是，郭子儀的軍隊只有一萬人，這該如何是好？

「如今國家形勢危急，與其大家坐以待斃，倒不如我隻身前往，對回紇動之以情，或許他們肯合作，和我們共同出兵，痛擊吐蕃！」郭子儀義無反顧的前往回紇軍營。

回紇首領藥葛羅聽說郭令公來了，大吃一驚，立刻下令備戰，他拉起長弓，站在陣前，瞄準郭子儀。

此時晚霞滿天，面露笑容的郭子儀誠懇的向藥葛羅走來，並伸出雙手以示友好。藥葛羅見郭子儀如此真誠，便一改先前強勢的態度，立刻跪倒在郭子儀面前，正是所謂英雄惜英雄。郭子儀扶起了藥葛羅，一切盡在不言中。

郭子儀與回紇軍聯手追擊，因此大獲全勝，吐蕃連夜撤退。大軍凱旋班師，郭子儀遙望晨曦中的長安城，一如往常般平靜，但郭子儀卻覺得好累、好倦！

郭子儀這位打過無數勝仗的名將，歷經玄宗、肅宗、代宗、德宗四朝，享年八十五歲而終。

顏真卿文武雙全

顏真卿來自擅長書法藝術的士大夫家庭，他的書法初學褚遂良，後學「草聖」張旭。他的正楷筆法端莊雄偉、氣勢開闊，有「蠶頭燕尾」的筆畫特徵，他的行書筆法剛勁多姿，開創不同於「二王」（王羲之和王獻之）的新風格，世稱「顏體」。顏真卿傳世的書法甚多，以「多寶塔記」、「顏家廟碑」、「麻仙壇記」最為有名。

顏真卿不但在書法藝術上成就斐然，他也是個有氣節的烈士，可說是文武雙全。

西元七〇九年，顏真卿出生在陝西，在唐玄宗開元年間考中進士，這時正是大唐盛世。可是，由於玄宗晚年寵愛楊貴妃，並以其兄楊國忠為宰相，顏真卿的正直敢言，被楊國忠視為眼中釘，不久，顏真卿遭到陷害，降為平原太守。

顏真卿素聞手握重兵的節度使安祿山早有野心，意圖不軌。所以，他一到平原，就以防禦水患為由，開始大修城池，加高城牆，加深護城河，鞏固各項防禦工程，並囤積糧食，做好萬全準備；另一方面，顏真卿邀宴當地士紳，飲酒賦詩，優游自得，以避免安祿山的猜疑。

西元七五五年，安祿山從范陽起兵南下，眼看安祿山就要奪下大唐江山，而正當安祿山的叛軍大舉南下時，河北只留下李欽湊的八千兵士鎮守，顏真卿便聯絡族兄常山太守顏杲卿圍攻叛軍。

各地百姓聞訊也紛紛揭竿而起，殺了安祿山所派的官員，共推顏真卿為盟主。安祿山大怒，立刻派出部將史思明回攻河北，起義的官民準備不及，難敵叛軍猛攻而紛紛敗亡，顏杲卿也壯烈成仁，顏真卿於千鈞一髮之際突圍脫困，但河北再度淪陷。

這時，太子李亨已在靈武登基為帝，是為唐肅宗。他號召軍民討伐叛軍，封顏真卿為御史大夫。

顏真卿雖多次上書，痛陳時弊，卻因皇帝寵信宦官、聽信讒言而屢遭貶官外放。西元七八二年，淮寧節度使李希烈叛亂，叛軍直逼洛陽，長安一片騷動，此時在位的唐德宗更是驚惶。這時，宰相盧杞卻獻上一計：「啟稟聖上，對付李希烈不必派軍，只要一名德高望重的大臣，前往宣慰招撫，自然就把事情擺平了。」「太

好了，那派誰去呢？」德宗懷疑的問道。「太子太師顏真卿，正可擔當此任。」盧杞回覆。

此時的顏真卿，已是個年逾七十，體弱多病的老人了，可是糊塗的德宗，依然深信盧杞的建議，派顏真卿帶著詔書去見李希烈。

顏真卿在灞橋邊與送行的親友告別，落日的餘暉映著他的蒼蒼白髮；橋下的流水似乎也嗚咽著感嘆他的命運……。顏真卿抱持「壯士一去不復還」的壯志，帶著姪兒顏峴出了長安城。

來到李希烈的營帳，迎接顏真卿的是殺氣騰騰的陣勢。當顏真卿宣讀皇帝詔書，其中盡是斥責的字句後，李希烈的部屬立刻揮舞著刀劍，圍著顏真卿破口大罵。

顏真卿巍然肅立、面不改色，大義凜然的氣度讓李希烈倒是吃了一驚，感佩之餘，立刻

以身軀護住顏真卿，斥退那些凶狠的部屬：「不許對老將軍無禮！」

過了不久，河北叛將朱滔等人派來使者，擁護李希烈稱帝，李希烈喜出望外，設下歌舞盛宴款待貴賓，顏真卿也被迫坐上首席。

宴席上觥籌交錯，舞台上喧鬧歡樂，一群丑角正扮演唐德宗和大臣上朝時，醜態畢露的情景，不堪的景象令人難耐。席間，一人乘機發言：「這真是天意巧合呀！顏太師正好在此，就出任新朝廷的宰相吧！」語畢，眾人鼓掌叫好，只見顏真卿肅然起立，正色說道：「我做了一輩子大唐臣子，如今還會受你們的威脅利誘嗎？」

「哈！好個不識抬舉的老頑固，既然你不怕死，現在就把你給活埋了。」李希烈凶狠的說。

顏真卿知道自己即將被殺，於是，他鎮靜的為自己做了墓誌、祭文，又給唐德宗寫了遺表，默默接受命運的安排。

天剛破曉，一名自稱是皇帝特使的人，來到顏真卿面前，宣讀皇帝的詔書：「顏真卿賜死！」

顏真卿早就識破他是李希烈派來冒充的特使，於是坦然說道：「老夫命在你手上，要殺要剮隨你便，又何必多此一舉，找人冒充聖上宣旨呢？」

顏真卿慷慨犧牲了，享年七十七歲，他剛毅的氣節，贏得人民的尊敬，正如他端莊剛勁的書法一般，足以千古流芳。

韓愈諫迎佛骨

時序已入嚴冬，唐代的都城長安卻是人聲鼎沸，一片熱鬧。因為，眾人尊崇的佛骨舍利，就要降臨長安了。長安東邊有座法門寺，寺內護國真身塔中，供奉著佛骨舍利，三十年才開放一次，先迎入宮中供養三天，再由各寺廟輪流供養。當政的憲宗皇帝深信，只要虔誠供奉佛骨，必能國泰民安。於是，只見皇宮內外張燈結綵，一般士紳百姓，更是頂禮焚香，爭相捐獻。

在這迎奉佛骨的狂潮中，只有一個人例外，他上書直諫，痛陳這種捨身事佛，荒廢百業的不當行徑，他就是刑部侍郎韓愈。

韓愈字退之，西元七六八年生於鄧州（河南省南陽市），三歲時父母去世，由堂兄嫂撫養長大。他從小刻苦自勵，發憤讀書，二十五歲考中進士，可是，以後三次的吏部考選中，他年年落敗，只好委身宣武節度使董晉之處做判官。

西元八〇二年，韓愈回到長安，擔任國子博士。第二年遭逢京畿大旱，民不聊生，韓愈上書德宗皇帝，請求減免百姓賦稅，卻惹惱了貪財好貨的皇帝，韓愈被貶到嶺南連州做縣令，雖然不久便遇赦回京，但往後又有兩次因為直言遭貶，所以韓愈已經做了十幾年的官，仍然是國子博士，談不上有什麼升遷。

韓愈滿腹經綸，卻屢次被黜；他滿懷挫折與無奈，沮喪之餘，寫出了一篇散文〈進學解〉。文中先以學生的口吻，說出對老師的質疑，再以自嘲的方式，抒發自己懷才不遇的委屈和無奈。而宰相武元衡看到這篇文章，非常欣賞韓愈的文采，便把他調去參與史館修撰的工作。

到了西元八一七年，韓愈隨著裴度遠征淮西叛亂而大獲全勝。第二年，他升調刑部侍郎，可是，不

久之後，皇帝卻下令大迎佛骨，耗費不少國家財源。

夜闌人靜，韓愈心中思潮激盪。「這二十多年宦海沉浮，三次因直言而被貶官外放，為了仕途及妻女著想，我不應再重蹈覆轍。」韓愈喃喃自語。

心裡雖是這麼盤算，但一想到皇帝為了迎佛骨，不惜鋪張浪費，而愚民百姓在此風潮中，甚至傾家蕩產，燒頭灼臂以表虔誠，這種種荒謬行為，讓韓愈義憤填膺。「這種禍國殃民的蠢事，還要再做多久？」韓愈忿忿不平的說道，立刻拿起毛筆，在奏摺上寫下了〈諫迎佛骨表〉。

奏摺中指出，在佛教還沒傳入之時，君主長壽，百姓安樂，但自從佛教進入中土，君主大多數早死，而虔誠如梁武帝者，三次捨身佛寺，最後竟落得餓死的下場，足證「佛不可事」。接著又指出迎佛骨的流弊，弄得是「百姓焚頂燒指，解衣散錢，老少奔波，棄其業次。」所以，韓愈在奏摺最後還加上了佛骨只不過是「枯朽之骨」，應該「投諸水火，永絕根本」等字句。韓愈把奏摺呈了上去，自知大禍臨頭，但為了國家及人民，自己雖死又何足惜！

「大膽！韓愈真是太狂妄了，給朕抓來處死。」憲宗看了奏摺，立刻大發雷霆，幸賴宰相裴度從旁勸說，韓愈死罪得免，但活罪難逃，被貶為潮州（今廣東潮陽）刺史。

「唉！長安已遠在天邊。」韓愈引領北望，高聳的秦嶺已在雲霧瀰漫中，再也不見來時路，這一路上崎嶇難行，積雪盈膝，潮州還遠在千里之外，何時才能走到呢？

正當韓愈萬念俱灰，韓愈最愛的姪孫韓湘，竟意外的趕來送別，韓愈緊握韓湘的手，無言以對，感傷的提筆寫了一首詩給韓湘：

一封朝奏九重天，夕貶潮州路八千：
欲為聖明除弊事，肯將衰朽惜殘年？
雲橫秦嶺家何在？雪擁藍關馬不前；
知汝遠來應有意，好收吾骨漳江邊。

這首詩的前四句，說明他遭貶的原因，後四句敘述眼前的情景，言簡意賅，情景交融，是一首膾炙人口的好詩。

韓愈拖著疲憊的身軀，終於到了潮州。不出所料，潮州是個偏遠落後的地方，百姓生活艱苦，而且還有鱷魚為患。韓愈第一次聽到鱷魚，對於百姓們描述的鱷魚凶相十分震驚。為了除害，韓愈下令，在江邊放下豬、羊各一隻，又寫了一篇〈祭鱷魚文〉，希望鱷魚有靈，享用祭品後趕快離開。

說也奇怪，鱷魚真的不見了，大家都認為是〈祭鱷魚文〉寫得太好，感動了鱷魚。當然，這篇文章也就傳誦千古了。除了驅逐鱷魚，韓愈也釋放奴婢，興辦學校，使潮州文風大盛。兩年後韓愈重回長安，陸續做過兵部侍郎、吏部侍郎、京兆尹等官職，西元八二四年去世，享年五十七歲。

韓愈一生居官從未如意，他最大的成就是在文學方面，尤其是散文。由於魏晉南北朝以來，文章偏重形式，以華麗的詞藻鋪飾，反而忽略充實的內容，讓韓愈大為感嘆。他主張恢復古文的優良傳統，以樸實簡潔的字句，表達文章的涵義。所以，韓愈的散文充滿感情，文字精練，氣勢磅礡，感人肺腑。韓愈被後人列入「唐宋八大家」之首，也被稱做是「文起八代之衰」的不朽作家。

柳宗元山水寄情

西元八〇五年八月，大唐首都長安發生政變，掌握兵權的宦官俱文珍強迫唐順宗退位，擁立太子李純即位，是為憲宗。叛軍將領導改革的大臣王叔文賜死，柳宗元、劉禹錫等八人，也分別被貶斥到偏遠的州郡。

柳宗元字子厚，西元七七三年生於河東（今山西），因此人稱河東先生。他四歲便能背誦古賦，加以勤讀詩書，二十一歲便考中進士，二十九歲做了監察御史。柳宗元思想敏銳，言詞精闢，受到許多人的賞識，認為他必是國家的棟梁之材，而他也以此自勉。但是，當時的朝政腐敗，外有藩鎮割據，內有宦官專權，唐德宗又貪財好貨，引得民怨四起。

柳宗元和主張革新的王叔文見狀，莫不憂心忡忡。王叔文原是太子東宮舍人，在德宗去世，太子李誦即位後，他立刻受到重用。他策畫了一連串的改革，減免賦稅、解放宮女，停止鹽鐵使按月進貢的制度，又把貶降在外的賢臣如陸贄、鄭慶餘等人召回京師，一時間大快人心，百姓相聚歡呼。主張改革的柳宗元積極參與新政的推行，當時是西元八〇五年年初。

可是，皇帝久病不癒，宦官聲勢又起，此時王叔文因母喪返鄉，宦官便乘機政變，將革新派一網打盡，柳宗元被貶為永州（今河南零陵）司馬。

從京城長安，來到蠻荒的永州，對滿懷抱負的柳宗元來說，自然是莫大的打擊。可是，他並未因此消沉，在往後的十年裡，他便在永州埋首寫作，把自己的理想、主張和日常生活的感受，寫成許多篇流傳千古的詩文。

柳宗元的詩以山水詩最出色，其中的〈江雪〉一詩，古今傳誦。

千山鳥飛絕，
萬徑人蹤滅；
孤舟簑笠翁，
獨釣寒江雪。

在哲學方面，柳宗元寫下了〈天說〉、〈天對〉、〈邦國語〉等作品。當他眼見藩鎮割據而禍國弄權，所以反對封建制度而寫下了〈封建篇〉。此外，柳宗元也寫了許多淺顯易懂的寓言故事，在精簡的文句中蘊含了深刻的意義，例如眾所熟知的〈黔之驢〉，還衍生出

「黔驢技窮」這句成語。

永州地處邊荒，沒有名山大川，但是山環水繞，倒也有些可遊之地，柳宗元以簡潔的筆法，描述出大自然的鬼斧神工，前後共有八篇，被後人稱為「永州八記」，是非常難得的作品。到了西元八一四年，柳宗元和好友劉禹錫，奉召回京。此番歷劫歸來，兩人重拾信心，想要報效國家。沒料到第二年年初，他們又被貶到更偏遠的南方，柳宗元為柳州刺史，劉禹錫為播州刺史。

消息傳來，柳宗元既為自己傷心，更替好友難過，因為，播州（今貴州遵義）是個蠻荒之域，交通困難，而劉禹錫老母在堂，怎麼禁得起這種折磨？幾經考量，重義氣的柳宗元決定上書皇帝，情願與劉禹錫對換，自己到播州去。「即使因而獲罪，也死而無憾！」柳宗元心中暗忖。

幸好御史中丞裴度向皇帝說明劉禹錫的困境，劉禹錫因此改派廣東連州刺史。柳宗元和劉禹錫一同離京赴任，來到衡陽分路，面對茫茫前途，不知何日再相聚？感傷之餘，柳宗元寫下：「二十年來萬事同，今朝歧路各西東，皇恩若許歸田去，晚歲當為田舍翁。」

「田舍翁！」劉禹錫淒苦的一笑：「你難道忘了我們的雄心壯志？唉！只盼今日之約真

能實現。」

分別之後，柳宗元雖然滿懷著對朝廷的失望和故友的思念，但他上任後仍不忘積極改革，消除弊端。柳宗元在柳州刺史任內，幫助許多貧苦百姓，贖回賣身的子女，也革除許多惡劣的風俗，他提倡教育，愛護百姓，為官清廉，受到當地人民的愛戴。

西元八一九年，四十七歲的柳宗元在任內病故，死後因貧困而無法辦理喪事，停柩八個月以後，全賴友人資助才得以歸葬故鄉，而柳州的百姓為了懷念他，修建了衣冠塚，供憑弔祭掃。

柳宗元一生滿懷理想，卻是有志難伸。可是，他在文學上的成就非凡，散文峭拔矯健，以嚴謹取勝；寓言精短卻能揭露深刻意涵；遊記刻畫入微，寓意深遠；而詩歌則是風格清新，語意深切。

柳宗元也是唐宋八大家之一，因與韓愈倡導古文運動，而合稱「韓柳」。

白居易造就西湖之美

這一天，十六歲的白居易，隨同一位長輩，拜訪長安名士顧況，白居易恭敬的呈上詩冊。看著眼前還帶有幾分稚氣的白居易，顧況漫不經心的隨手翻閱詩冊，當他注意到「白居易」這三個字，忍不住微微一笑，隨口說道：「白居易！這長安城米價昂貴，想要居住，恐怕並不容易啊！居易，居易，談何容易？」白居易佇立一旁，默不作聲。

但是當顧況翻閱到詩冊中的〈賦得古原草──送別〉時，順口念道：「離離原上草，一歲一枯榮；野火燒不盡，春風吹又生；遠芳侵古道，晴翠接荒城；又送王孫去，萋萋滿別情。」顧況立刻大聲稱讚：「這真是難得的佳作啊！」然後轉身對白居易說：「老弟有此才華，想在長安久居，應該還算容易，哈哈！」但是，因為連年農產歉收，米價高漲，白居易還是無法在長安久留，只好回老家苦讀，準備科舉考試。

白居易生於西元七七二年，自幼家貧，卻能勤奮好學，整天伏案苦讀，連手肘都磨出厚皮，頭上也長出白髮，終於在三十五歲時考中進士。兩年後殿試入選，官任校書郎，被派到盩厔（今陝西省周至縣）任縣尉。

縣尉的工作輕鬆，使白居易有較多閒暇時間，他在此時寫下了傳誦千古的〈長恨歌〉。

〈長恨歌〉是以唐玄宗和楊貴妃的故事為骨幹，糅合民間傳說，再加上白居易豐富的想像力，所創造出長達八百四十字的長篇抒情詩。詩中佳句連連，例如：「楊家有女初長成」、「天生麗質難自棄」、「回眸一笑百媚生」、「在天願作比翼鳥」、「在地願為連理枝」……。

白居易洋洋灑灑的描述這段淒美感情，讀來教人無不感動，因此〈長恨歌〉立刻在長安廣為流傳，有人把這首詩抄寫成卷，竟能賣到一篇一金而大發利市。

白居易的才華，也因這篇作品受到唐憲宗的賞識，被提拔為翰林學士，不久又調為諫議大夫，但白居易直言不諱、不善逢迎的個性，得罪了當權的宦官，被調為左贊善大夫。

左贊善大夫的職責是輔佐太子。可是，個性耿直的白居易，對於看不慣的事，依然是不吐不快。這一年，當朝宰相武元衡被暗殺，權臣李師道涉有重嫌，朝廷畏於他的威勢，卻不敢懲處，這使得白居易氣憤填膺，便上表請求嚴懲兇手。

白居易此舉惹下大禍，因為唐朝法律規定，官員只能就自己職務內的事發言，不可越職言事；白居易壞了規矩，皇帝大為不滿，白居易立刻被貶為江州司馬。

江州（今江西省九江市）背倚廬山，前臨大江，風景秀麗，白居易在這兒留下許多詩篇，其中最有名的，就是長詩〈琵琶行〉。

白居易

〈琵琶行〉的序文中，敘述了白居易在潯陽江邊送客時，聆聽到昔日長安知名歌女演奏琵琶的感受。這位歌女年老色衰，嫁為商人婦，流落江州，一如白居易遭貶的命運，因此寫下了「同是天涯淪落人，相逢何必曾相識」的詩句，其中有道不盡的哀怨。

這首詩最大的特色，是藉由文字來表達音樂的韻味，並且用豐富的比喻來強化，例如：「大弦嘈嘈如急雨，小弦切切如私語，嘈嘈切切錯雜彈，大珠小珠落玉盤。」〈琵琶行〉全篇六百一十六字，成為雅俗共賞，膾炙人口的詩篇。

三年後，白居易奉召回京，任司門員外郎，可惜朝中黨爭劇烈，白居易眼見朝政日非，皇帝年幼無知，於是自請外調杭州刺史。

素有「上有天堂，下有蘇杭」美譽的杭州，優美的景點不只西湖一處，但如果不是白居易，西湖絕無法成為焦點而獨領風騷。當時杭州水利失修，百姓連飲水都有困難，白居易親自勘察地形，決定濱湖築堤蓄水，沿堤植柳，湖中遍種荷花，不僅解決了灌溉飲水的困境，更造就出千百年來的西湖美景。後來，人們便把這段湖堤稱為「白堤」，以紀念白居易。當白居易將離開杭州時，人們還紛紛提著酒來為白居易送行呢！

離開杭州後，白居易又歷任秘書監、刑部侍郎等職，到了晚年退居洛陽香山，自號「香山居士」，七十五歲時去世。

白居易留下兩千八百多首詩篇，八百多篇散文，他的作品通俗易懂，內容多為抨擊時政，關懷民情，所以能廣為流傳，甚至遠達日本、韓國。他的詩集《白氏長慶集》，是日本平安時代貴族必讀的書，一時蔚為風尚，堪稱是大唐文化的榮耀之一。

李商隱此情成追憶

一彎新月掛上屋簷，李商隱獨坐窗前，回想起和佳人浪漫的相逢情景，心中真希望身上能有一雙彩翼，可以立刻飛到她身邊！於是，李商隱寫下：

昨夜星辰昨夜風，
畫樓西畔桂堂東，
身無彩鳳雙飛翼，
心有靈犀一點通。

這首令人低迴讚歎的詩篇，不久就傳遍了長安，節度使王茂元賞識李商隱的才華，在他的玉成下，李商隱果真迎娶心儀已久的佳人，成了王茂元的女婿。這段美滿的姻緣，讓洋溢在幸福中的李商隱，寫下許多浪漫的情詩。可是，也正因為這段婚姻，注定了他一生坎坷的命運。

李商隱生於西元八一三年的懷州河內（今河南省泌陽縣），他自幼聰穎過人，十幾歲便能寫文章，當時鎮守河陽的令狐楚十分欣賞他。

令狐楚曾對自己的兩個兒子說：「此人將來必成大器，你們要跟他學。」沒想到，這令狐綯、令狐綯兄弟，卻是心胸狹窄的人。當李商隱被推薦為進士，次年又投入王茂元幕下，還成了王茂元的女婿，這番際遇讓令狐兩兄弟恨得咬牙切齒。

原來在西元九世紀，正是唐朝黨爭最劇烈的時期。朝中大臣，分為「牛黨」和「李黨」兩派，派系分明，互相鬥爭。

提拔李商隱的令狐父子是「牛黨」中人，而李商隱的岳父王茂元卻是「李黨」的重要人物。令狐兄弟指責李商隱忘恩負義，李商隱心懷坦蕩，本來不想辯駁，但這令狐兄弟兩人一連做了十年宰相，處處為難李商隱，讓他一路走來更覺辛酸。

李商隱婚後第二年，再到長安應考。卻因「牛黨」排擠而落榜，不得已重回涇州。沮喪之餘，他登上安定城樓，舉目四望，只見曠野無邊，不禁想到自己的際遇，空懷壯志，卻永無出頭之日，再想到「牛黨」對他的

攻訐，更令他悲從中來。

李商隱即使誠懇的以詩、信向令狐兄弟解釋，仍是起不了作用。心灰意冷時，唯有妻子的溫柔體貼，才能撫平他心中的傷痛。

可是，悲慘的事發生了，西元八五一年，妻子因病去世，讓李商隱悲痛不已；更不幸的是，他迫於生計，不得不離開稚女幼子，而追隨東川節度使柳仲郢深入蜀地（今四川）。蜀道艱難，李商隱身心備受煎熬，最後終於到達了梓州（四川三台），成為柳仲郢的書記。

秋風瑟瑟，細雨綿綿，李商隱聽著窗外雨聲，憶起從前妻小的音容笑貌，如今一切已成空。

一時之間，他百感交集，寫下了這一首〈夜雨寄北〉：

君問歸期未有期，
巴山夜雨漲秋池，
何當共剪西窗燭，
卻話巴山夜雨時。

這首詩充滿離愁與思念，全詩明白清晰卻又曲折深婉，讀來餘味無窮。

三年後，李商隱重返長安，可是厄運似乎緊跟著他，他只能做著像縣尉類的地方屬官。

李商隱在晚年寫下了〈風雨〉：

淒涼寶劍篇，
羈泊欲窮年。
黃葉仍風雨，
青樓自管弦，
新知遭薄俗，
舊好隔良緣，
心斷新豐酒，
銷愁斗幾千？

這正是他長年沉淪漂泊的寫照，他將自己一生懷才不遇的無奈之情，與形單影隻的孤寂，表達無遺。這首詩是李商隱漂泊異鄉的作品，全詩充滿了掙扎絕望的無奈，令人讀來無不感嘆。不久以後，李商隱在旅途中去世，年僅四十六歲。

李商隱的情詩深情動人，留下了不少佳句如：

此情可待成追憶，
只是當時已惘然。

李商隱

相見時難別亦難。
春蠶到死絲方盡，
蠟炬成灰淚始乾。

李商隱是個偉大的詩人，他擅長律詩、絕句，所做的詠史詩，大都託古諷今，而許多首無題詩，更是意境朦朧，幽遠縹緲，讀來令人盪氣迴腸難以忘懷，至今仍被大家廣為傳誦。

佛教的三武之禍

「祥雲繚繞間，一個頭戴光環的金人從天而降，一手指天，一手指地……」這是東漢明帝的夢境。

「陛下夢見的應該是西方佛祖，祂就是一手指天，一手指地，也許想藉皇上來度化中土眾生吧！」大臣試著替皇帝解夢。於是，明帝派蔡愔前往西域取佛經，蔡愔歷經千辛萬苦，終於以白馬馱經而返。東漢明帝還在洛陽建立「白馬寺」，這是中國的第一座佛寺，當時為西元第一世紀。

佛教傳入中國後，成為民間普遍的信仰。到了魏晉南北朝，由於政治紊亂，社會動盪不安，人心惶惶，加重了對佛教的依賴。甚至連鮮卑族所建的北魏，都請來西域高僧在少林寺傳授佛法，少林寺從此名聞天下，後來還成為武學的一大宗派。

佛教盛行後，出現大規模建造佛寺、開鑿佛窟雕像等工程，締造出像雲岡石窟和龍門石刻的不朽鉅作，這些依山而建的佛像高達數十公尺，氣勢磅礴，連佛指上都可以站著幾十個人，但這樣耗費國力、荒廢農事的作法，使得收成大減，人民更加窮困。

有識之士向北魏太武帝進諫，認為這些工程耗費財力，弄得民不聊生，恐怕並不是佛祖所樂見的。

果然不久，陝西發生民變，太武帝率兵平亂時，竟發現廟裡私藏武器，還偷偷釀酒。「沒想到佛門清淨之地，竟成了賊窩，給我殺！」太武帝一聲令下，誅殺僧眾、毀了佛經與寺廟，這時是西元四四六年，是佛教史上的第一次滅佛事件。

到了六世紀時，江南的漢人政權：梁朝武帝提倡佛教，使佛教在中國進入全盛時期。都城建康城內有佛寺五百多間，唐朝詩人杜牧的形容是：「南朝四百八十寺，多少樓台煙雨中。」可見當時佛寺之多。

佛寺一多，僧尼就多，梁武帝自己曾多次不顧朝政，剃度捨身出家，最後竟導致國破家亡，並未受到佛祖庇祐。

梁武帝的例子，讓後來的執政者對佛教信

仰有了警惕。北朝周武帝時，佛寺有一萬多間，和尚尼姑兩百多萬人，他們既不繳稅也不服勞役，成了地方上的特權階級，老百姓生活辛苦，有人受不了苛捐雜稅之苦，乾脆也躲進佛寺享受特權。

個性果斷的周武帝下令禁止佛教，並沒收佛寺土地，還搗毀寺中銅像製成兵器，出家人被迫還俗耕作，這時是西元五六七年。

周武帝未滿二十歲便以政變的方式坐上龍椅，執政後生活簡樸，甚至焚毀宮殿，希望能締造不凡的成就。周武帝出外征戰時身先士卒，關心將士們的生活起居，如果有人犯錯，則毫不留情的以軍令嚴處，大家對皇上又敬又怕。周武帝的個性讓他斷然「滅佛」，讓佛教再次受重創。

數十年後，李淵建立唐朝統一天下。回溯李淵起兵時，曾得到道士幫助，讓李淵心存感激，加上道教始祖老子也姓李，所以道教幾乎成了唐朝國

教，佛教的發展自然相形見絀。

唐太宗死後，高宗繼位，國家大權落到皇后武則天的手裡。她野心勃勃的想篡位，於是，開始大力提倡佛教，一心擺脫李唐所尊的道教，甚至自稱是彌勒佛轉世。

武則天是中國唯一的女皇帝，在她執政期間，佛教十分興盛。之後的皇帝也一樣，憲宗時為了迎奉釋迦牟尼的佛指舍利，不惜耗竭國庫，全國也陷入宗教的狂熱，有人甚至傾家蕩產的布施，這種瘋狂的情景，促使韓愈寫了〈諫迎佛骨表〉呈給憲宗皇帝，雖然惹得皇帝大怒，但韓愈所言不假；到了唐武宗在位時，「廢佛」的理念已經深植人心了。

由於唐武宗早就對佛教不滿，自己虔誠信仰道教，終於在西元九世紀中，下令拆毀上萬間佛寺，數十萬僧尼被迫還俗，佛教徒稱為「會昌法難」。

歷史上三次滅佛的事件，總稱「三武之禍」，帶給佛教嚴重的打擊。但由於佛教悲天憫人、勸人為善的情懷，還是能得到信徒的認同；再加上佛教逐漸由出世的修行，轉為入世對人文的關懷，也深刻的打動人心而獲得肯定。

如今，僧眾們以各項慈善事業，積極參與國家社會的發展，並結合中國的傳統文化，使佛教成為當今最重要的宗教之一。

東丹王耶律倍

國勢鼎盛的大唐帝國，在西元九〇七年結束了，朱溫篡位為帝，改國號「梁」，史稱「後梁」，開啟歷史上紛亂的「五代」。這時候，中國北方興起一支強大的游牧民族，那就是驍勇善戰的契丹。

契丹人世居在遼河上游，是典型的部落政治，其中出現了一位傑出的首領——耶律阿保機。

耶律阿保機成功的統合各部落，還重用漢人當謀臣，為契丹制定典章制度，提振農牧發展，並興文教，立下建國根基。碰巧此時中原天下大亂，正好讓耶律阿保機有了稱帝建國的機會，於是，他在西元九一六年，也就是五代後梁時期，建「契丹國」自立。

十年後，契丹國勢穩固，耶律阿保機以長子耶律倍為先鋒，次子耶律德光為大元帥，向東邊的渤海國進攻。經過十天激戰，耶律倍派遣使者，趕來向父王報告：「啟稟陛下，由於我軍奮勇進攻，敵方難以招架，如今渤海國國王已經出降，微臣特別前來報告此次大捷！」

「想不到吾兒如此善戰，果真是帝王之才啊！」耶律阿保機得意極了，他積極的培養耶律倍，希望他將來能承繼帝位，開創一番成就。於是，他將渤海國改名「東丹」，耶律倍則封為「東丹王」。

耶律阿保機眼中勇猛善戰的耶律倍，其實並不是個只知征戰的莽夫，他對讀書甚有興趣，繪畫也有不俗的表現，稱得上是個文武全才。雖然自幼生長在契丹，過著游牧生活，但他對中原文化涉獵甚廣，而且一直存有以文化治國的理想。

父親對這個胸懷大志的兒子十分滿意；倒是弟弟耶律德光對此頗不以為然，經常輕蔑的表示：「自古以來，只有向外征戰，降伏眾人、收服眾土，才能促使國家強大，皇兄只知讀書作畫，未免也太消極了吧！」

耶律倍不想和弟弟爭辯，他只想盡好自己的本分。關於治理東丹，他希望能把這裡變成一塊樂土，讓人民過著安居樂業的日子，減少征戰之苦。

耶律倍在臨海的山上，建造一座「望海台」，一方面可以隔海遙望祖國，一方面可以沉澱思緒專心讀書；耶律倍對未來充滿希望，期待把憧憬化為真實。

不過，國內傳來的噩耗擾亂了一切，耶律阿保機去世，耶律倍必須返國奔喪，不料卻引發一場皇位爭奪戰。

此時，耶律德光在國內早已掌握兵權，雖然還有一些老臣忠於耶律倍，可是形勢比人強，耶律倍還是得讓出皇位繼承權，黯然返回

東丹。

躲開國內的紛擾，耶律倍寄情讀書作畫，希望就此與世無爭，可是，野心勃勃的弟弟並不想放過他。「只要皇兄還在，我就有芒刺在背之感！」耶律德光為了權勢，已經不顧手足之情了。

耶律德光派出使者來到東丹，宣達皇帝的聖旨：「跪下接旨，大皇帝特向皇兄致意，東丹地處荒寒，不如契丹國內安樂，皇兄獨處於此，實非友愛兄弟之道，希遷居南京遼陽，即刻啟程不得有誤！」耶律倍接下聖旨，卻有不祥的預感。

回到遼陽後，耶律倍受到弟弟嚴密的監控，他唯恐動輒得咎，事事小心謹慎，生活恐懼又苦悶。心存慈悲的耶律倍不想跟弟弟一較長短，他希望一切平安無事。這時候，「五代」之一的「後唐」皇帝派人來見耶律倍，向他提出邀請：「殿下，陛下久聞您才華出眾，又知

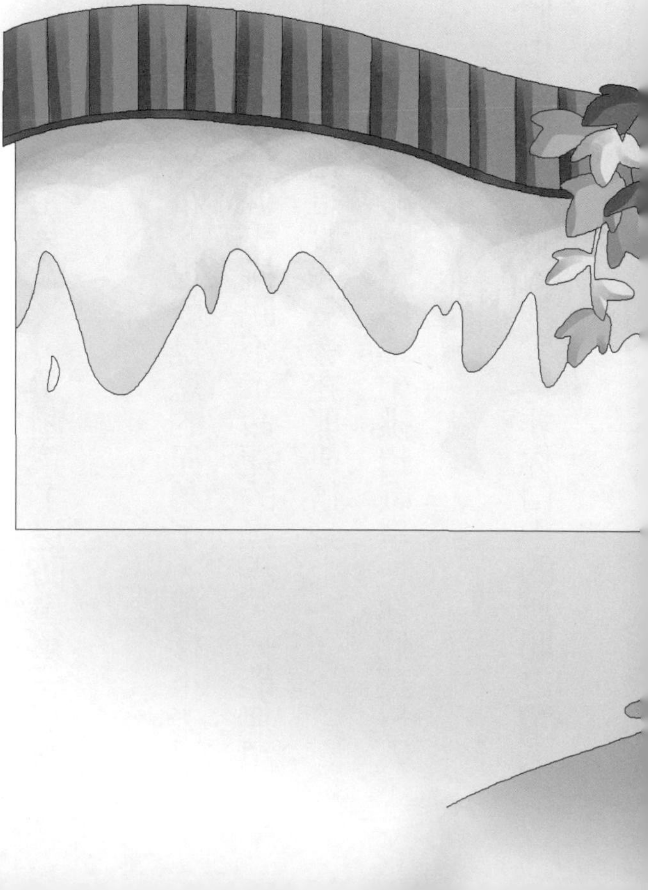

您仰慕中華文化，更佩服您讓國的度量，歡迎您前往中國一訪。」

耶律倍懷著一絲惆悵和希望，心想既然在家鄉難以施展抱負，不如遠離這個傷心地。契丹王子耶律倍決定接受後唐的接待，還受封為「渤海郡開國公」，又取了中國姓名：李贊華。

耶律倍果真在後唐展開新生活。他鍾情於讀書、寫詩、作畫，留下許多不朽的作品。可惜三年後，後唐明宗一過世，唐明宗的養子李從珂奪得了帝位，卻招來唐明宗女婿石敬瑭的妒忌，中原立刻陷入戰亂。

為了增強聲勢，石敬瑭竟然甘拜契丹的皇帝耶律德光為義父，還割讓了邊防重鎮「燕雲十六州」，為的就是換取耶律德光的大軍相助。

「殿下，他們家族的皇位之爭，已經牽連到契丹皇帝，也就是您的兄弟了，這樣下去恐怕對您不利啊！」部下的分析，讓耶律倍萬念俱灰，他似乎擺脫不了命運的操弄，只能無語問蒼天！李從珂得知耶律德光對石敬瑭大力相助，便把這股怨氣發在耶律倍身上。

「我國待你不薄，讓你在此安享餘年，你卻恩將仇報，讓你弟弟挑起戰爭，你們契丹人真沒一個好東西！」

「不！我們雖是馬背上的民族，但是我們也重情意、講道理，絕非你口中的無恥之輩。

是你自己先奪帝位，又無力制止石敬瑭勾結外人，這和我有何相關？」基於民族尊嚴，耶律倍也顧不了風度，大聲和李從珂爭論。

兵敗無可挽回的李從珂，將自己陷入一片火海，耶律倍來不及逃出，只得隨著烈焰化為灰燼，結束悲涼的一生。

耶律倍是契丹族中傑出的文人和畫家，他才情縱橫，卻不善於處理詭譎多變的政治，最後在時代的悲劇中犧牲。

石敬瑭爭權奪利，不惜以卑微的「兒皇帝」自居，受盡後人的唾罵。令人欣慰的是，耶律德光死後，皇位竟傳給耶律倍的兒子，他將父親追謚為「讓國皇帝」，遺骸遷葬到他生前最鍾愛的望海台附近，名為「顯陵」，對長眠於此的耶律倍而言，也算是一種安慰吧！

李後主往事知多少

春暖花開的四月天，微風徐徐吹來，令人陶醉，皇宮裡花團錦簇，春意盎然。愛好樂曲的南唐皇帝李煜，正在專注聆聽皇后娥皇所譜寫的新曲，娥皇一曲彈罷，李煜立刻讚不絕口。

皇后娥皇周氏是江南著名的美女。她自幼通曉詩書、能歌善舞，又會譜曲填詞、揮毫書畫，可說是才貌雙全，因此十九歲一進宮，便深得南唐國主李煜的寵愛。

而南唐君主李煜也是才華洋溢，琴棋書畫無所不精，時常伴著娥皇在宮中填詞作畫或譜曲編舞，兩人的感情如膠似漆，他們的愛好更帶動了宮內譜曲奏樂的風氣，李煜唯獨對處理朝政興趣缺缺。

無奈天妒紅顏，兩人神仙眷侶的生活只維持十年，就因娥皇的一場重病而終了。為了醫治娥皇，李煜遍訪名醫，但娥皇就是不見好轉，李煜常在病榻前親自照顧，使娥皇非常感動。

有一天，李煜又前去探望娥皇，遇見一位美麗的少女。

原來那是娥皇的妹妹。當初娥皇進宮時，相差十四歲的妹妹才五歲，如今已經亭亭玉

立，琴棋書畫不輸姊姊。娥皇自知將不久人世，有意把妹妹託付給夫君。

娥皇去世後，妹妹便繼承了后位。後人便稱娥皇「大周后」，妹妹則是「小周后」。

對李煜而言，小周后減輕他失去娥皇的痛苦；而小周后的才華，更成為李煜文藝創作的靈感。此時外界的情勢十分險惡，這段大唐滅亡後的紛亂時期，天下四分五裂，握有兵權的軍人據地建國，史稱「五代十國」。而李煜所統治的「南唐」只有江蘇、安徽一帶，可說是不堪一擊。

而且，從趙匡胤建立宋朝以來，一統天下勢在必行。趙匡胤運籌帷幄、練兵操演，陸續消滅了十國中幾個較弱的政權，南唐自然也深受威脅。

李煜並不是雄才大略的君主，他愛的是琴棋書畫、文藝創作；對於惱人枯燥的國事幾乎不屑一顧，導致國勢岌岌可危。可是李煜沉醉在日日笙歌的生活，難以自

拔。

李煜喜歡音樂，小周后擅長譜曲，兩人時常在花前月下，互相研究音律，並由小周后隨樂起舞。李煜如此逃避現實的享樂，宮廷裡也跟著興起一股愛樂熱潮。宮女們有人精於彈奏琵琶，有人擅長歌舞，還有人以筆墨功夫來博得李煜的青睞，更有人為了吸引君王注意，每天在頭髮上別一朵香花，引來蝴蝶翩翩飛舞，李煜果然受到吸引而前來。

李煜宮內的佳麗眾多，其中最特別的，是一個外族少女，她的五官輪廓深，長長的睫毛蓋著一雙明眸，大家都叫她「窅娘」。

窅娘深邃的目光流露出一股神秘，非常吸引人，但要在眾多佳麗中脫穎而出並不容易，窅娘苦練舞技，希望有朝一日能凸顯自己，博得君王的恩寵。

窅娘決定設計一曲「步步生蓮」的舞蹈，以凌波仙子的美姿，從金蓮中若隱若現，展現高超的舞技。但人工打造的金蓮面積有限，窅娘身處其中，想要站穩已經很困難了，還要再表現曼妙舞姿，更是難上加難。

當窅娘踮著腳尖練習，發現重心不穩；而彎著身子練舞，舞姿笨拙又不優美。窅娘左思右想，終於發現要以腳尖跳舞，就必須先穩定腳部的力量，才能無所顧忌的翩然起舞。於是，窅娘用布在腳上一層層的包纏固定，一直綁到腿部，如此一來，就可以踮著腳尖站穩並婆娑起舞。

窅娘夜以繼日的苦練，終於成功的呈現在君王面前，深深打動了李煜。「這麼輕盈的舞步，彷彿只有天上能夠！」李煜由衷的讚歎著。窅娘的舞步一時蔚為風氣，宮人爭相學習「足尖舞」，有人說這是西方芭蕾舞的開端；也有人說這是後來中國婦女們纏足陋習的開始。

宮內歌舞昇平，但宋朝的威逼一日勝過一日，李煜的進貢絲毫不能減緩趙匡胤一統天下的雄心。沒多久，宋軍攻破了南唐的都城金陵，李煜這位亡國之君成了俘虜，被遣送到宋朝的首都汴京。

成為囚犯的李煜傷心之餘，寫下不少傳誦後世的作品。可是宋太祖趙匡胤對李煜很不滿，看到他寫了一些傷痛亡國的作品，更是心生厭惡：「國家沒了，自己成了階下囚，還怨天恨地，難道想復國雪恥，跟我大宋開戰嗎？」

尤其當李煜寫下〈虞美人〉：「春花秋月何時了，往事知多少，小樓昨夜又東風，故國不堪回首月明中，雕欄玉砌應猶在，只是朱顏改，問君能有幾多愁，恰似一江春水向東流。」一盪氣迴腸的文句，讓宋太宗（趙匡胤之弟）看了以後大為震怒：「哼！這個不知死活的傢伙，居然還敢緬懷過去，來人啊！把毒酒拿去給他喝下。」

宋太宗的聖旨，讓李煜命喪黃泉，年僅四十一歲，後人稱李煜為「李後主」。雖然他在政治上的表現乏善可陳，卻是中國文學史上不可多得的人才。

「夜宴圖」暗藏玄機

「夜宴圖」，是長約三三六公分的一幅長卷式名畫，畫中雍容華貴的氣息深深吸引觀眾，而這幅名畫的誕生，本身就是一則曲折有趣的故事。

「夜宴圖」的主角韓熙載是山東益都人，從小好讀書享有文名。也曾考中進士。他追隨在「後唐」朝為官的父親，結交洛陽城裡不少的達官貴人。這時正值紛亂的五代十國時期，韓熙載的父親在政變中遇害，韓熙載也倉皇投奔另一個政權：「南唐」。

建康（今南京）是南唐的都城，開國皇帝烈主本來是吳國的將軍，稱帝後優遇南下的中原世族，韓熙載早有才名，因此被授為祕書郎，輔佐太子李璟。三年後，烈主去世，李璟繼位，是為南唐中主，韓熙載依然受到倚重，官至光政殿學士。

這時中原局勢改變，周世宗早有揮兵南下的念頭，統一了北方以後，大軍與建康城隔江相望，南唐深感威脅。不久之後，宋太祖趙匡胤代周興起，南唐更是朝不保夕。

韓熙載早就看出南唐局勢的危急。李璟剛即位，便急切的向李璟進言，要加強兵力，才能穩定大局。

但是，懦弱的李璟不想做也做不到，只想用物質金錢來討好如狼似虎的強鄰，求得一時苟安。宋太祖才一登基，李璟隨即奉上絹帛兩萬匹、白銀萬兩。

此後，李璟不斷的進貢金銀器物、絲帛土產，來討好宋太祖。可是，看到鄰國一個個被宋朝消滅，他心裡更加恐懼，尤其是宋太祖進攻揚州時，宋軍日夜在建康附近演習操練，吶喊和鼓聲不絕於耳，李璟嚇得日夜難安。

後來，李璟決定遷都到豫章（今江西南昌）讓太子李煜留守建康。韓熙載立刻上奏：「陛下！宋軍並未攻打我們，如此倉促離開，豈不被天下恥笑？」可是不論怎麼勸諫，都改變不了國君逃命的心態，後來李璟在豫章病歿，命太子李煜繼位，以韓熙載為相，擔任輔佐治國的重任。

夜已三更，韓熙載回想起當初烈主的「寬刑罰，推恩信」、「節儉愛民」，據江淮三十餘州，極可能大有所為。那時朝野同心，是何等的氣勢！當時他官職雖低，卻也有恢弘大志，希望一舉光復中原。可是李璟繼位後，江南富饒的生活已銷蝕了群臣的鬥志，國勢大不如前。韓熙載這個從中原南下的世族，受盡排擠，如今雖受重用官拜宰相，卻不知能為國家做些什麼？

新皇帝李煜在詩詞、音律上才華橫溢，對朝政卻一竅不通，性情懦弱多疑，又重生活享受，而圍繞身邊的人沒有一個棟梁之才，卻任其干預政事。

因此，韓熙載決定辭去宰相一職，遠離官場是非，但卻惹得李煜心裡很不高興。於是，李煜身邊的人便趁機挑撥：「韓熙載是南下的北人，當然不肯替陛下效力嘍！說不定，他早就偷偷的暗通北朝了。」

後主李煜曾經以私通北朝的罪名，毒殺了南唐僅有的大將林仁肇，讓韓熙載非常恐懼。此後，他改變作風，把憂國憂民的熱情寄託在聲色歌舞中，裝出醉生夢死的模樣。

多疑的李煜懷疑韓熙載故意以逸樂頹靡作掩護，他靈機一動，派遣宮廷畫師潛入韓家，把韓熙載的居家情況畫出來。

宮廷畫師顧閎中化身為情報員，被指派執行這項艱難的任務，因為既不能暴露

身分和意圖，又不能在韓家現場寫生，只能靠著將情節觀察和記憶，回家後再加以描繪。可是，在那燈燭輝煌，樂聲舞影的廳堂，有那麼多賓客和事物，該如何挑選最具代表性的情境入畫，達到皇帝的要求呢？

不過，顧閎中卓越的畫技及藝術造詣，使這幅《韓熙載夜宴圖》栩栩如生。不但主題掌握得宜，連背景和陳設都畫得很精緻。這幅畫不僅有極高的藝術評價，對研究古代音樂、舞蹈和工藝，都極具參考價值。

《韓熙載夜宴圖》中分成聽琴、觀舞、休憩、賞樂與調笑五段，各段既獨立又渾然一體。畫卷自右向左展開，首先出現的是坐在床榻上的韓熙載、弟子及侍女，三人的神情向左看。接著出現的五人姿態不一，全都在注視彈奏琵琶的女子，而左邊屏風邊又露出一位探頭傾聽的女子。圖面將人物的內心表現在動態中，生動而傳神。其中最成功的設計，在於韓熙載的形象塑造，不論韓熙載姿態如何，總是心事重重的模樣，把他內心糾纏的情節和矛盾，畫得淋漓盡致。而顧閎中竟以情報員的身分造就了這幅名畫，真令人拍案叫絕！

黃袍加身奪天下

「黃色」在中國古代是非常尊貴的顏色，這是皇帝的專用。普通人如果不小心用到黃色，可是會大禍臨頭的。五代時期的郭威，因為一件黃袍當上皇帝，而他的孫子，卻因為另外一件黃袍而失去帝位。

西元九四八年，才做了一年皇帝的劉知遠身患重病，臨終之前，把年幼的太子託付給郭威、楊邠、史弘肇幾位大臣。

這幾人當中，只有郭威算得上是心思縝密、沉著冷靜，楊邠和史弘肇都是驕悍跋扈的人，因為忌憚郭威，暫時不敢胡作非為。可是，太子承祐剛剛繼承皇位，是為「後漢隱帝」。他正值貪玩的年紀，對國家大事根本不想用心，讓郭威頭痛不已。

兩年後，北方的強敵遼國大舉進攻，郭威奉命率軍征討。出發的前一夜，郭威徹夜難眠，不是擔心這次遠征的生死安危，而是憂心年輕氣盛的小皇帝，在他離開之後，不知道又會做出什麼荒唐事。

「哎！皇帝年紀輕輕不懂事，倒還可以原諒；最可惡的是手握軍權的大臣，根本不把皇帝放在眼裡。國家的前途，真是令人擔憂啊！」郭威喃喃自語的說著。他回想起有一次，眾人在朝廷議論國事，史弘肇竟然蠻橫無禮的對皇帝說：「想要治國安邦，有我們這些帶兵打仗的就足夠了，其他的人，根本是些一無用處的書呆子，要他們何用！」對於這種荒謬的論調，皇帝竟然無言以對，也無所表示，不僅讓大臣們心寒，郭威也忍不住搖頭嘆息。

第二天清晨，郭威向隱帝拜別，誠懇的說道：「啟奏陛下，太后追隨先帝多年，見多識廣，聖上可以多聽聽太后的意見，親賢良、遠小人，只要君臣一心，國家自可富強，老臣也就放心多了。」

「知道啦！」小皇帝隨口應了一句，自顧自的玩耍起來。

郭威一向行事謹慎嚴肅，這次離京，皇帝頓時感覺輕鬆了不少，他決定痛快的玩樂一番，在花園裡大擺酒宴，宮裡的樂工、舞伎、繪工全部出動，從黃昏玩到深夜還樂此不疲。

「嗯！音樂奏得好。來人哪！每個樂工

賞賜一條玉帶，其他的人各賜錦袍一件。」隱帝醉醺醺的說道。

如雷的掌聲夾帶著歡呼聲，把歡樂的氣氛帶到最高潮。可是，當史弘肇聽到這個消息時，他氣憤的立刻下令逮捕那些樂工。

「將士們在前方苦戰，以性命和敵軍相搏，他們得不到錦袍玉帶，你們這批跳梁小丑算什麼，居然敢用錦袍玉帶？」史弘肇大聲斥責。

「可是，大人，這些都是陛下賞賜的，又不是我們要來的。」樂工憤憤不平的回應。

「哼！如果不是我們這些老臣，陛下這皇帝寶座還坐得住嗎？今天竟然做出這種糊塗事，來人！錦袍玉帶剝下，把他們統統趕出去。」史弘肇的說法固然不錯，但是他驕橫囂張的處理方式，很快便傳到皇帝耳中，再加上一些小人

趁機挑撥，隱帝氣得火冒三丈，決心剷除這些權臣。

第二天，楊邠和史弘肇趾高氣昂的進宮，絲毫沒察覺異樣。這時，預先埋伏的殺手突然發動攻擊，楊、史兩人當場被殺。皇帝跟前最得寵的武德使李業，下令將楊邠、史弘肇家族滿門抄斬，甚至把郭威留在汴京的家人也一網打盡。

「什麼？你把郭威的家屬也殺了？」小皇帝不解的問，心裡浮現一絲不安。

「陛下，這群人犯上忤逆，應該嚴懲。」李業陰狠的回答。

「可是，郭威征戰在外，並沒有參與這件事，他本身並沒錯呀。」

「郭威和他們往來密切，算得上是同夥。而且，微臣還有一計！」李業鬼鬼祟祟的露出笑容，少不更事的小皇帝只能被牽著鼻子走。

於是，皇帝派出特使郭崇威，假意到前線探視郭威，其實是想伺機剷除郭威。郭威早就得知家人被殺的消息，想到自己幾十年來忠心耿耿，竟然落得如此下場，不由得淚流滿面。他暫且壓抑住滿腔怒火和憂傷，恭敬的接見郭崇威。

「陛下已經不信任我了，我也不想苟且偷生，你殺了我吧！讓我和家人在地下相聚。」郭威看出皇帝的用意，便感傷的說著。

「大人！您的忠心大家有目共睹，是皇帝太過糊塗，我們應該回到汴京城，把是非曲直弄個明白。」郭崇威雙膝一跪，幾乎泣不成聲。

「對！殺回汴京。」在場的將士們立刻回應。

想到朝廷裡奸小當道，而皇帝又是如此胡作非為，加上失去家人的悲痛，郭威忽然產生一股力量。「也罷！就讓我做個真正的好皇帝，為百姓謀福吧！」

郭威大軍返回的消息震驚了汴京，將士們把撕裂的黃旗披在郭威身上，大家齊聲高呼萬歲。至於隱帝則被亂民所殺，太后只好下令由郭威監國。

第二年年初，太后又下詔，讓郭威登上皇位。郭威成為正式的皇帝，改國號為「周」，被稱為「後周太祖」，時為西元九五一年。他是唐末五代亂世中最有治績的一位皇帝。

十年過去了，太祖皇帝郭威死了，繼承皇位的世宗皇帝也死了，留下孤兒寡婦，受命輔佐六歲小皇帝的，就是手握重兵的殿前都檢點趙匡胤。

趙匡胤的父親是太祖皇帝麾下的一員猛將。趙匡胤從小耳濡目染，也練就一身好功夫，世宗皇帝繼位後，他成了獨當一面的大將，跟著皇帝東征西討，建立不少汗馬功勞。

「哎！可惜皇帝去世得太早了。」想起三十九歲英年早逝的世宗皇帝，趙匡胤忍不住一陣感傷。

趙匡胤轉身入內，在床下取出一個錦盒，小心翼翼的取出一片木板，上面有「檢點作天子」五個字。

這片木板是當時還在世的世宗皇帝發現的。世宗皇帝拿到木板時，喃喃自語的說道：「這是什麼意思？難道天意要奪我的帝位嗎？」世宗皇帝左思右想，決定撤換原來的殿前都檢點張永德，改由趙匡胤接替。

「你是朕最信任的人，以後就由你來掌管禁軍，朕相信你忠心耿耿，絕對不會謀反。」皇帝說完，順手將木板也交給趙匡胤。

「多謝陛下抬愛，我一定肝腦塗地，效死盡忠。」趙匡胤淚流滿面的說道，更使得皇帝對他深信不疑。但是，趙匡胤心中卻暗忖：「現在我成了殿前都檢點，將來會不會像木板所寫，成為真命天子呢？」

當時的人非常相信這種挖掘出來的木板或石頭，認為上面所顯示的字跡，就是天意的指示。趙匡胤收起木板，對自己的未來也不免產生迷惑憧憬。

一陣腳步聲打斷趙匡胤的沉思，原來是弟弟光義來了。「大哥，皇帝年幼，將士們都想擁立您做皇帝……」

「噓！」趙匡胤立刻以手勢打斷弟弟的話。「說話得小心哪！即使咱們大權在握，也不能搶著做皇帝呀！以後的人把我們看成是篡奪帝位的奸臣，那多不划算啊！」

「嗯！大哥教訓的是，這件事我們再從長計議。」

「哈……」兄弟倆心照不宣的大笑起來。

不久以後，契丹人大舉入侵，皇帝和大臣都束手無策，只好派趙匡胤率領禁軍出征應戰。

大軍出發後的第一天便發生怪事，一個士兵說他看見天上出現兩個太陽。

「莫非是新皇帝要出現了？」眾人立刻議論紛紛。

隨後又有一個人也附議，說他看到同樣的現象，消息立刻傳遍軍中，大家七嘴八舌的討論，對於出征作戰的信心反而淡薄了不少。

第三天，大軍來到陳橋驛。光義匆忙走進軍帳，悄聲對趙匡胤說：「大哥，關於兩個太陽的傳說，是你安排的嗎？」

趙匡胤並不回答，只是問道：「長途跋涉，將士們的體能狀況怎麼樣？」

「現在大家的心思飄忽不定，他們都說，皇帝年幼、朝廷無主，為國殺敵，這辛苦有誰知道？不如先立你為皇帝。」光義急切的說著。

趙匡胤沉著的思考了一會兒，接著下令召集所有軍士。就在這時，忽然有人拿出一件黃袍，強行給趙匡胤穿上，眾人紛紛跪下，大喊：「吾皇萬歲！萬萬歲！」

趙匡胤將身上的黃袍拉扯平整，揮手止住將士們的喧鬧，高聲說道：「各位擁立我當皇帝，如今已是欲罷不能的情勢了，既然這樣，大家都要聽我的指示，不然，我抵死也不肯穿這件黃袍。」

「是！請陛下吩咐，我們一定遵守。」

「好！第一，太后、皇帝和公卿大臣，必須尊重。第二，返回京師汴京時，大家要遵守紀律，絕不可以像過去改朝換代時，軍隊在京城大肆搶奪。只要你們肯守法，回去之後我必定重賞。」趙匡胤明確的頒布命令，使汴京城的百姓免去一場浩劫，倒真是功德無量。

趙匡胤即位後，改國號為「宋」。為了防止「黃袍加身」的故事再度上演，他特別重用文臣，嚴禁武人干政。但是，這種重文輕武的結果，反而使得宋朝國力積弱不振，最後終於被女真族所滅。

畢昇小人物狂想曲

隆冬深夜，家家戶戶已經進入夢鄉，只有「萬卷堂書坊」旁一間小平房內，畢昇依然手握刻刀，聚精會神的在刻字。

畢昇生長在貧苦的人家，從小跟著父親學習刻字的技術，長大以後，就在汴京的「萬卷堂書坊」做刻字工人。這時正值北宋初年，國內政治清明，汴京（今開封）是京師，正是人文薈萃的地方，印書的書坊家家生意興隆，而「萬卷堂書坊」又是城裡規模最大的一家，生意自然應接不暇。

當時印書的方式，使用沿自唐朝的「雕板印刷」，是先將書上的文字寫在半透明的紙上，把紙反貼在木板上，然後由刻字工人逐字雕刻。木板刻好以後沾上油墨印刷，再把一頁頁成品裝訂成冊。這種方法需要大批人力，工人必須耗費不少時間精神，專注在刻字上，稍一不慎出了差錯，可能整張木板都毀了。所以，印書坊裡的每個工人都埋頭苦幹，絲毫大意不得。

畢昇看著自己辛苦雕刻的板，印刷成一頁頁的書本，心裡有說不出的喜悅，對於像他這樣的小人物來說，這已經是一種成就了；不過，書一印完，畢昇看著一塊塊板被棄置一旁，甚至拿去當柴燒，心裡不免難過好一陣子。

「所有的心血最後都化為灰燼，真是太可惜了，如果能夠重複使用，那該有多好啊！」畢昇心裡盤算著。畢昇苦思了許久，一直想不出什麼好辦法。直到有一天，他看到小女兒正在聚精會神的玩玩具——七巧板。

「這個怎麼玩？」「爹，這裡有七塊不同形狀的木板，可以拼出不同的形狀啊！」畢昇忽然靈機一動。「文章不也是一樣的道理嗎？不同的字組成不同的句子，拆開後就變成一個個單字，只要能做出一個個活字，就可以組合句子文章了。」

於是，每天書坊工作之餘，畢昇開始雕刻一個個單字。花了好長的一段時間，終於完成足夠的常用國字。第二天，畢昇興奮的去見「萬卷堂書坊」老闆。

「嗯！聽起來是個不錯的辦法。」老闆聽完畢昇的計畫，顯得極有興趣，但是也提出新的問題：「漢字

這麼多，要如何找出該用的字？而且，一個個活字拼組的版面，難免凹凸不平，那就無法印刷了，你說是嗎？」

「這些問題我早就想過了，這幾千個活字，依照字音來分類，順序排放在字盤中，選字的時候並不困難。至於版面不平的問題，我也想出了對策。」畢昇拿出一塊形同雕板大小的鐵盤，均勻的撒上松香脂、蠟和紙灰，製成特定的藥劑，把鐵盤放在炭火上一烤，松脂就溶化了，再從字盤中挑出要用的活字，依序放入盤中，排滿以後，用一個平板在活字上面輕輕一壓，藉著盤底融化後的松脂作襯底，將版面壓得平平整整，等到松脂離火冷卻變硬，就成為一塊漂亮的雕板。

畢昇在板上塗了油墨，蓋上紙張，立刻印出一頁字跡工整的文章，而且不費吹灰之力，馬上又印出第二張。「您看，印刷完畢，只要用火一烤，松脂融化了，這些活字就可以取下來再使用，不必刻了一次又一次，實在是太浪費了。」畢昇得意的說。

「很好，現在就多印幾張試試吧！」老闆說道。

印刷順利的進行著。但是到了晚上，突然出現意外的狀況，一名工人慌慌張張的跑進來說：「師傅，您看，這字跡的筆畫怎麼變粗了呢？」畢昇趕忙拿起兩張紙一比對，筆畫果然是越來越粗了。「這是什麼原因呢？」

畢昇苦思了一夜，終於找出原因。原來，因為木材做成的活字使用過久，吸收油墨中的水氣而膨脹，使得字形越來越粗。「看來以木材做活字似乎是有問題的。」畢昇費了好一番功夫才有此成果，現在遭遇打擊，真有說不出的沮喪，但一時之間又想不出其他的質材可以取代。「鋼、鐵等金屬不會吸收水氣，但實在太硬了，怎麼可能刻成一個個活字呢？」畢昇用心的思索，幾乎到了廢寢忘食的地步。

有一天，妻子體貼的端來一碗粥，柔聲說道：「別想了，先吃點東西吧！」畢昇看到擺在面前的陶碗，突

然大叫一聲：「哈！有了。」妻子嚇了一大跳：「你在說什麼啊？」畢昇興高采烈的指著陶碗：「就是它！陶土正可以做成活字。」

畢昇有了新的計畫，立刻到窯場買回膠泥，調理成軟硬適中的方塊，刻上一個個不同形狀的活字，放進窯裡燒烤固定其形，經過不斷的改進，終於成為堅硬不變形的活字。

畢昇在北宋仁宗慶曆年間（約西元一〇四五年左右）發明活字印刷，不僅節約人力，而且提升了印刷的速度和質量，堪稱為世界第一。可惜這項成就在當時並沒有受到重視，他在艱困中過完一生，甚至沒有多少人知道其名，若不是沈括在《夢溪筆談》裡提到畢昇的成就，恐怕畢昇的名字早就被世人遺忘了。

畢昇死後，有人繼續研究活字印刷，例如元朝的王楨，首創轉輪排字盤，便於揀字和選字，他還著有《造活字印書法》一書，是講述活字印刷最具代表性的文獻；明孝宗弘志年間（約西元一四八八年），開始使用銅活字印刷；到了清朝的萬卷百科全書《古今圖書集成》，是銅活字印刷中最具規模的一項成果。可惜，中國人發明的印刷術，一直未能外傳加以推廣，反倒是畢昇之後約四百年的日耳曼人古騰堡，用活字印刷術印出第一部《聖經》，而被列為世界之最。此後，歐洲大力推廣印刷術，成為推廣學術文明的利器。

王安石的「三不足」

望著天邊的一抹紅暈，又是一天即將結束，王安石無心賞景，卻是一聲長嘆。因為，還有太多的公務沒有處理，還有更多的人事糾紛未能了結，但時間的腳步不曾停歇，這叫他怎不心急如焚呢！

這時正是北宋神宗熙寧年間，宋朝建國正好一百年。可是，當初太祖立下「重文輕武」的基本國策，如今各種弊害一一浮現，尤其是與邊患西夏、遼國的征戰不休，不只威脅到國防安全，也讓龐大的軍費支出，成了朝政上極為棘手的難題。

「我們要養兵，還要付給對方『歲幣』乞和，這豈是長久之計？」王安石經常是憂心忡忡。

王安石出生在撫州臨川（今江西省），堪稱書香世家，父親王益是個地方小官，雖然頗獲鄰里稱揚，但因他的個性耿介，不善逢迎攀附，所以官運一直不順，必須經常遷徙。王安石自幼飽讀詩書，在跟隨父親四處奔波的過程中，他深刻的體會到民間疾苦，因此培養起他憂國憂民的情操，以及日後戮力奉獻的責任感。

「家父為人剛正不阿，雖然懷才不遇，但他一番理想值得我們借鏡。」王安石經常以此自勉。不過，沒有強勢的背景庇蔭，王安石想要有所作為，可說是難上加難。

王安石在仁宗慶曆年間因為進士及第進入政壇，當時他不過二十出頭。雖然無法身居要職，卻能精研時事，洞悉國家局勢。「朝廷裡文官人數過多，先帝真宗年間不過九千七百多人，如今卻高達一萬七千多人，數十年間增加了一倍，財政如何負擔得起！」「這是因為本朝的科舉名額有增無減，較之唐朝進士科僅錄取數十人，本朝是歲取數百；而且，科考及第後立即任官，待遇還較前朝為優，當然形成財政負擔。」「是啊！王大人有所不知，這其中還有一些人是靠著祖先的恩蔭而任官，他們多半是世家子弟，說難聽一點兒，就是無所事事的公子哥兒，何談報效國家！」王安石和一批年輕的官員一邊談論，一邊嘆息，大家都覺得是有志難伸。

除了文官的問題，還有冗兵的問題。

因為宋朝採用募兵制度，軍中充斥著老弱殘兵，徒增軍費支出，難以發揮戰鬥力；加上每遇災荒發生，政府就以招募兵員為賑災的手段，搞得軍隊素質更加低落，士氣不振且軍紀不佳。「本朝立國以來便是外患不斷，增加兵員人數是唯一可行之計。」朝中老臣總是這麼表示。「人數增加了，戰鬥力可曾增加？」王安石不禁疑惑。

「這正是問題的所在。王大人請看，太祖開國年間禁軍人數不到二十萬，區區數十年間，如今已高達八十多萬，養兵費用占了財政總收入的十分之七，這問題如何能解？」王安石的部下依據統計資料加以分析。王安石沉默不語，他覺得與其愁眉不展，不如真正拿出對策，一一解決困境。於是，他上書仁宗皇帝，提出「變更天下弊法」的主張，可惜皇帝並未採納他的「萬言書」，王安石徒嘆奈何！

到了神宗即位之後，王安石被徵召為翰林學士，與神宗論政談及變法，深受皇帝嘉許，就在熙寧二年（西元一〇六九），王安石以參知政事（副宰相）一職主持變法，史稱「熙寧

新政」。

王安石首先設置「制置三司條例司」，負責擬定新法及制定全國預算。以「青苗法」借款給農民，協助農事的進行，使其免受富豪借貸的剝削。行「免役法」，將人民依貧富分成五等，按等輸免役錢，沒有差役的官戶、單丁戶則出「助役錢」，免去百姓的徭役之苦。新法中又設計出「均輸法」，設立發運使處理上供中央的物品，使轉運有無，既節省了運輸費用，還可以平衡物價。又有「方田均稅法」，按畝徵田納稅，平均百姓負擔，並且穩定稅收。

在軍事方面，新法以「保甲法」將人民組織起來，練武習戰以防邊患，平日還可防備盜賊。「保馬法」規定人民可以代替政府飼養戰馬，得以減免賦稅。並在各地設立軍器監，從事武器的改良製造。

王安石也注意到人才的培育，他更改了科舉的內容，廢考詩賦而改考經義策論。以「太學三舍法」對太學生嚴加考核，落實學校教育。

「新法一定會得到眾人支持。」王安石信心滿滿的自忖著。不過，由於王安石本人年輕氣盛，不擅與當時素有盛名的司馬光、歐陽修等老臣相處，他的一番作為，反而引來這批老臣的抵制，王安石根本始料未及。

「哼！別仗恃著聖上的支持就自以為是，國家大政豈是三言兩語就解決得了的！」「是啊！他完全不聽人言，任何建議都不採納，簡直自以為是！」這批老臣的批評固然不乏意氣用事，但王安石慢上無禮、好名欲進的態度卻也是事實。於是，王安石引用呂惠卿等一批新人，被視為「新黨」，而司馬光等人則以「舊黨」敵之，形成嚴重的黨爭。

熙寧七年（西元一〇七四），舊黨聯名向神宗皇帝控訴王安石的新政禍國，王安石遭免職流放，雖然次年復職，但王安石的意氣已被消磨，鎮日鬱鬱寡歡。第二年，王安石再遭罷黜，從此以後，他只能歸隱山林，再也無法發揮影響力，而新法逐漸遭廢，到了哲宗的時代，由於司馬光位居相職，「熙寧新政」正式終結。

王安石在西元一〇八六年悵然離世，時人以「三不足」稱許他的壯志未酬，即是「天變不足畏、祖宗不足法、人言不足恤」；後人評「熙寧新政」多能切中時弊，但王安石個性剛愎自大，以致新法立意雖佳，卻是改革不成，黨派間互相傾軋，反而折損國力，實在遺憾。

沈括的「夢幻幾何」

深夜的延州城（今陝西延安）裡一片寂靜，剛到任不久的知州沈括獨坐在案前，捧著一個陶罐，兩眼凝視著罐中色黑又黏稠的東西，他自言自語的說：「產於延水河邊，可以燃燒，有濃煙……對了！《唐書》上記載的，應該就是這個東西，名為『石蠟』，又叫做『石脂水』。不過，我認為稱為『石油』，這個名字才更貼切！」沈括提筆寫下『石油』兩字。這是史書上首次出現『石油』這個名詞，也就是沿用至今、且通行於世的一種能源——石油。

西元一〇三一年，沈括出生在風景秀麗的杭州，自小資質聰穎，對世間事物充滿好奇，大家都知道他是個聰明的孩子，便一致鼓勵他好好讀書，將來才能飛黃騰達。

隨著年齡增長，沈括的興趣更廣泛了，天文、地理、醫學、算術，都是他研究的對象。後來，他進入政壇發展，算是沒辜負父母師長的期望。沈括曾經奉派延州，不得不遠離家鄉，而延州的荒涼貧窮，讓他時常在夢中憶起自幼生長的江南。沈括對妻子描述夢中情景，幽幽說道：「在一個小山谷中，有一座美麗的花園，小溪蜿蜒而過，四處繁花似錦，我徜徉其中，遠離塵囂，專心寫作。啊！多希望這個美夢能實現。」

一年後，沈括回到宋朝的京師汴京城。當時的宰相王安石為了達到富國強兵的目的，決心實行新政，講求科學治事的沈括，自然受到王安石的重用。

這正是北宋神宗當政期間，宋朝的國勢不振，面對北方的強敵：契丹族所建的遼國，君臣可說是毫無對策，只能以大量的絹帛和銀兩，去討好遼國以避免戰爭。可是，貪得無饜的遼國，反而提出更無理的要求，沈括就是在這種進退維艱的困窘下，接受出使遼國的任務。

沈括知道這趟任務的困難，可是他並不畏懼退縮，反而滿懷信心的告訴隨從：「目前我方雖然處於劣勢，但這只是暫時的，我相信在王大人的治理下，我國國力必定大增，將來一定可以打敗遼國，重振我大宋國威。所以，我們要利用這次機會，繪製一份詳細的地圖，提供給王大人，

作為日後出兵遼國的參考。」

沈括立即著手展開籌備工作，他花了許多心思蒐集前人的資料，設計出新的弩狀測量儀，又創立「取飛鳥之數」的計算方法，來測量兩點之間的直線距離。一切妥當後，沈括便踏上漫長而艱苦的旅程。

沈括利用白天視線較佳的時刻觀測地形，夜晚時則整理白天的記錄，再把數據描繪在圖紙上。為了求得精確，他首度採用「分率法」，也就是現在我們所使用的「比例尺」。

沈括到達遼京後，一向自視甚高的遼國君臣，竟然收斂起傲氣和殺氣，客客氣氣的接待沈括，也沒有提出割地賠款的要求；因為，他們被沈括的豐富學識和智慧所折服，

根本不敢狂妄囂張。

沈括圓滿的完成任務，回到汴京後，被皇帝任為翰林學士。沈括呈上他精心繪製的地圖——「使契丹圖抄」，本以為可以引起一番熱烈回響，沒想到皇帝看了看資料，卻搖搖頭說：「這上面盡是些密密麻麻的曲線和符號，實在很難看懂。」沈括詳細的解說一遍，皇帝和大臣仍舊是看得一頭霧水，聽得似懂非懂。沈括有些灰心，他決定要改善地圖的製作。他心裡思索著：「如果不改變呈現的方式，他人如何能懂？這麼珍貴的資料，豈不是白白糟蹋了！」

突然，他看到擺在案上的盆景，花盆裡有山有樹，景象逼真極了。

「嗯！就是這個方法，把地圖上的山、河、城市等換成實際的模型，看起來就清楚多了。但是一定要比例正確，不能有誤差才行。」於是，沈括依照自己所繪的地圖，在木板上製成模型，這便是世界上第一座立體地理模型。

立體模型受到皇帝的讚賞，可惜卻沒有建功的機會了，因為王安石變法失敗而被免職，當初支持新政改革的人都受到牽連，沈括也因此被貶到潤州（今江蘇省鎮江市），遠離了京師。

這時的沈括已經五十八歲了，他心灰意冷的來到潤州，一個意外的驚喜卻正等著他。

在春暖花開的某一天，沈括信步走到城外，來到一個幽靜的山谷，沈括被眼前的景致驚得呆了。「啊！這不正和我夢中的情景一模一樣嗎？」他毫不猶豫的買下這塊地，修建了一座小小的花園，取名為「夢溪園」。

沈括陶醉在美景中，決定把自己一生的研究心得寫下來，留給後人作為參考。於是，他開始忙碌的整理資料，甚至把好友天文學家衛樸、石匠李春、木工俞皓、發明活字印刷的畢昇等人，連同自己的研究報告，一併詳載在書中，這本書就是《夢溪筆談》，共三十卷，其中涵蓋數學、天文、氣象、地圖、地理、物理、化學、冶金、水利、建築、生物、農學、醫學各領域中的學理知識，是一本了不起的科學巨著。

沈括首次發現地磁偏角的現象，確認水具有侵蝕力和沖積的作用，這些理論的證實，比歐洲人要早上好幾百年，後人不得不欽佩沈括的智慧和研究精神。他在夢溪園中完成《夢溪筆談》這本書，不僅使自己的美夢成真，還贏得後世的稱譽。沈括在西元一〇九五年逝世，被英國博士李約瑟稱為「中國整部科學史中最卓越的人物」。

宋徽宗的成仙夢

趙佶是宋神宗的兒子，從小就受到長輩們的寵愛；因為他聰明伶俐，還寫得一手漂亮的字畫，除了喜歡書畫之外，他更注重生活享受，尤其是當時貴族們所流行的踢球遊戲，趙佶更是樂此不疲。許多遊手好閒的貴族子弟，都成了他的好朋友。他的皇帝父親勸過他：「兒啊！你身為皇室子孫，行為要端正，讀書更要認真。」不過，趙佶是完全不理會，依然享受他的美好日子。不久，父親去世了，哥哥繼承王位，趙佶被封為端王，端王府成了汴京城內最豪華的住宅。

不久意外發生了，皇帝哥哥突然去世，由趙佶繼承王位，他就是荒唐的宋徽宗。過去的那些玩伴，立刻成為朝廷的大官，而他最信任的一個太監童貫，也成為最有權勢的人。

當了皇帝的趙佶，日子過得更快活了；可是，他也有個新煩惱。「唉！快樂的日子總是會結束的，如果能長生不老，那該有多好！朕聽說京城有一個道士，已經活了好幾百歲了，大家都說他是活神仙，應該找他來問問。」童貫立刻在一旁附議。

白髮飄飄的道士林靈素被召進皇宮。「你今年幾歲？」皇帝問。「我也記不清了。」林靈素故作神秘的摸摸鬍子，接著說：「大概有兩百多歲吧！」「啊！那不就成了神仙嗎？」

皇帝羨慕極了。「兩百多歲對我們道士來說是很普通的。聖上只要虔誠的信教，吃下我們的仙丹，一樣可以長生不老。」

於是，就在林靈素的指揮下，皇帝在城內修建了一座大花園，園中種植著奇花異草，又搭建高聳的假山，布置得就像仙境一般。當然，其中還設有一座道觀。皇帝每天都在那裡修行，並且自封為「教主道君皇帝」，花園則命名為「艮嶽」，林靈素被封為「通真達靈先生」，其他道士也得到豐富的賞賜。

「皇帝是怎麼回事啊！一心崇奉道教，這叫普天之下的佛教徒作何感想？而且，北方的金國隨時準備發動戰爭，我們怎麼應付呢？」「是啊！整天只忙著修行，為了運送『艮嶽』的花草，江南的百姓都成了貪官污吏敲詐的對象，可說是民怨沸騰。」「皇帝還派人強抓百姓充當工役去運送花木，修建花園，老臣認為大勢不妙啊！」大臣們在朝中一邊談論著，一邊忍不住嘆氣連連。

大家說的沒錯，為了替皇帝募集奇花異石，各地衙役在百姓家中大肆搜尋，只要是看中的，就用黃布一蓋，立刻屬於皇家財產，任誰也不得侵犯。更離譜的竟是，當這些花石要被運走時，為了對皇帝表示尊敬，東西不

能從百姓的家門進出，而必須把門窗圍牆都拆光，堂而皇之的進行搬運，只聽見一片哀號抱怨，人民的怨聲載道可想而知。「大膽！保持肅靜，這些是聖上的御用之物，誰敢不從？」官員一陣斥喝，四周立刻安靜下來。其實，官員的日子也不好過，他們必須小心翼翼的護衛著這些花草樹木，在北運的途中萬一有個枯萎閃失，那可就惹禍上身啦！

就在這個時候，北方的金國派軍大舉進攻，前線傳來一次次戰敗的消息，朝野一片人心惶惶。

「真是煩死了，這些討厭

的報告不斷的打擾朕，朕怎能專心修練成仙呢？」皇帝憤怒的說道。「啟奏聖上，您可以把王位傳給太子，讓他去操煩國家大事，您自己做太上皇，不就可以安心的修行了嗎？」林靈素建議。「哈！好辦法，朕就來當個輕鬆無事的太上皇吧！」宋徽宗如釋重負，立即著手進行。

趙佶匆忙的把皇位傳給兒子趙桓，他就是北宋的最後一任君主宋欽宗。趙佶仍舊做著成仙夢，渾然不知大禍當頭。不久，金兵已經渡過黃河，兵臨京城附近了。「父王！父王！金兵已經攻到城下了，怎麼辦呢？」年輕的皇帝緊張得口齒不清，趕忙跑到道觀來找父皇。趙佶這才慌張的張大嘴巴，嚇得說不出話來。「聖上不要緊張，我有個弟子會使用『六甲仙法』，練成神兵天將，一定可以打敗金國的。」林靈素突發奇想。

結果，林靈素招募京師裡的無賴流氓七千七百七十人，搜括了一大筆錢財，打開城門準備迎戰，但是還沒碰到敵軍，大夥兒就一哄而散，大批的金兵，立刻攻占了京師。

這時是西元一一二七年，也就是宋欽宗靖康二年，勝利的金國軍隊俘虜了趙佶父子，還有其他的皇族大臣共三千多人，搜括了無數的金銀財寶，汴京城遭到空前的破壞，北宋也滅亡了，史稱「靖康之禍」。

趙佶到了金國，被封為「昏德公」，又被送到冰天雪地的韓州（今東北黑龍江附近），必須自己種田、織布，過著艱苦的生活。一向養尊處優，奢侈豪華慣了的趙佶，哪兒受得了這種痛苦。五年後，他寂寞淒涼的死在異鄉，徒留笑罵在人間。

宋徽宗趙佶是個失敗的皇帝，卻是一位很有成就的藝術家，他擅畫花鳥，栩栩如生；書法被稱為「瘦金體」，風格獨特，宋徽宗失了江山，卻留下許多不朽的作品，成為我國藝術史上的瑰寶。

清明上河圖芳踪何處

「清明上河圖」被稱為「千古大觀，人間異寶」，作者是北宋的張擇端。張擇端中年以後才開始學畫，特別擅長「界畫」。「界畫」是用界尺作畫，線條和距離可以掌握得更準確。

在「清明上河圖」中，張擇端就是用界畫法，效果極好。畫中有五百多個人物、五十多匹騾馬、二十多部馬車、轎子和船隻，還有無數的房屋宮室。為避免人物過多而使畫面呆滯，張擇端特別設計了好幾場互動場景，使畫面變得更活潑。

「清明上河圖」長五二五公分，寬二五・五公分，是一幅長卷。描繪北宋汴京城和汴河兩岸清明時的景象。全畫可分郊外、汴河、街市三部分。只見郊外阡陌縱橫，薄霧疏林，掩映著幾家農舍。大道上有人牽著幾隻馱貨的毛驢，一頂插著柳枝的轎子，伴隨騎馬的僕人，好像掃墓歸來，點出此時正是清明時節。

第二段描繪當時商業、交通中心的汴河。一艘艘滿載貨物的船隻，旌旗招展，船夫有的拉縴，有的搖櫓，逼真得彷彿人聲鼎沸就在耳邊。而橫跨汴河兩岸的虹橋，是汴京城水路交通的會合點。橋的那一邊，茶樓酒肆裡，有人憑窗遠望，有的即席閒談，流露熱鬧又閒暇的生活情趣。

第三段是畫繁華的市街，高大的城樓兩邊，各式的店鋪林立，販賣著布匹、香料和百貨。大街上，形形色色的行人絡繹不絕，神情細膩逼真，將車水馬龍的情景，凸顯得更加熱鬧了。

「清明上河圖」詳細記錄汴京城的富庶繁華，也顯示民間的庶民畫正在成長。在我國繪畫史上，從隋唐、五代以來的佛像畫、人物畫、仕女畫，到北宋時的文人山水畫，幾乎很少描寫現實生活裡的風物，所以被譏為不食人間煙火。而這些庶民畫家想要表現的，則是生活的真實片段，「清明上河圖」的出現，正是帶動庶民藝術的發展。

「清明上河圖」的確實年代已無法考證，從畫中宋徽宗趙佶的題字看來，可以確定它

曾貴為皇室的珍藏品。北宋滅亡後，又流落到北方民間，直到蒙古人統一中國，它又進了元朝的皇宮。後來在一場火災中，被裱畫工匠偷換出宮，從此下落不明。

十六世紀中期，明朝的權臣嚴嵩當政，有人獻給他這幅畫。西元一五六五年，嚴嵩因兒子犯罪被抄家，這幅「清明上河圖」又被沒收入宮廷，成為皇帝的珍藏。

清兵入關後，它三度流落民間，輾轉傳到湖廣總督畢沅手中，後來畢沅被抄家，此圖又再進入宮廷，成為國庫珍藏。

民國建立後，滿清末代皇帝溥儀私帶此畫出宮，最後不得不繳給國民政府。一千多年來，這幅畫經歷無數次的滄桑與劫難，多次進出皇宮，三度流落民間，經歷之奇，在古今名畫當中可說絕無僅有，這也是造成它有許多摹本的原因之一。

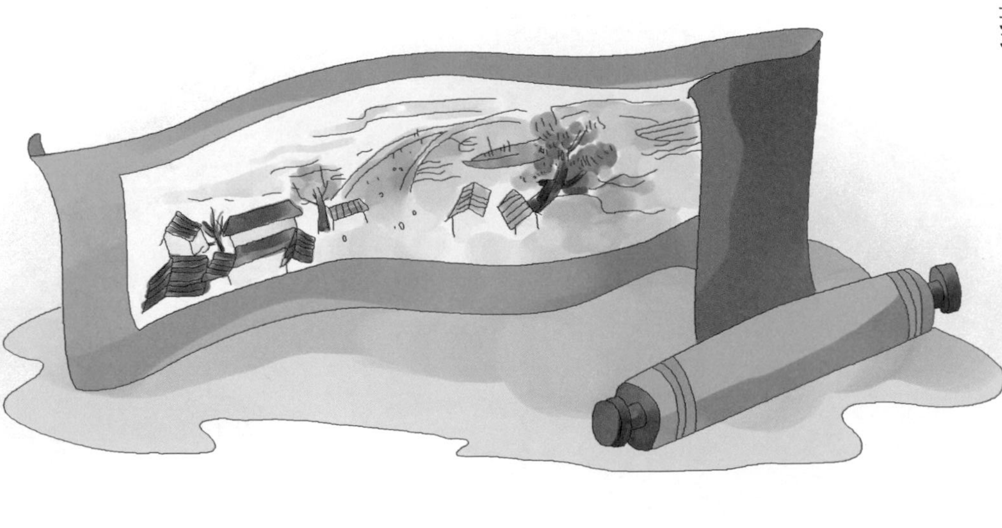

「清明上河圖」仿作的摹本眾多，真偽難辨。僅是收藏在世界各大博物館和私人珍藏的，就有四十多幅。

有一位研究此畫多年的日本人，在東京一家骨董店內，看到一幅很像「清明上河圖」的古畫，便買回家。經過仔細比對，發現正是「清明上河圖」的一部分，於是他繼續搜購了六幅，連接起來一看，果真是「清明上河圖」。可惜的是，獨缺最精采的「虹橋」那一段。原來，骨董店老闆不知道這是一幅長卷圖，為了可以多賣點錢，所以把畫卷裁開來分段出售，結果卻毀了一幅名畫，令人心疼不已。

直到今天，「清明上河圖」仍是世界各國收藏家徵逐的對象。有人說，真本早已毀於戰亂，故宮博物院收藏的是清代的摹本，但這些摹本都出自名家手筆，藝術和歷史價值也很珍貴。當人們欣賞「清明上河圖」時，不妨想想這幅畫的古往今來，曲折離奇中更顯得撲朔迷離！

岳飛壯志未酬

中國大陸西湖的美，處處令人驚豔，諸如：柳浪聞鶯、花港觀魚、曲院風荷、斷橋殘雪……，但惟獨忠烈千秋的「岳王廟」，最讓人盪氣迴腸，而那副膾炙人口的名聯：

青山有幸埋忠骨，

白鐵無辜鑄佞人。

道盡後人對這齣歷史悲劇的憤怒和無奈。

「岳王廟」是為了紀念南宋的抗金英雄岳飛而建。在西元一一二七年，當大宋皇帝徽宗、欽宗父子，連同皇族朝臣等數千人，一起遭金兵俘虜北去時，欽宗的弟弟康王趙構僥倖的逃過一劫。於是，朝野簇擁他在南方即位，他就是宋高宗。

宋高宗宣布定都臨安，即今天的杭州，從此偏安江南，後人稱此政權為「南宋」。而徽宗時代的名將岳飛、韓世忠等人，都忠心耿耿的繼續為高宗效力。

宋朝的建國者趙匡胤，為了杜絕將帥專權、割據天下的局面再現，從立國之初就以「重文輕武」為基本國策，結果導致宋朝積弱不振，環伺於外的契丹人、女真人，都形成宋朝的嚴重威脅，而岳飛便是出生在這種烽火連天的亂世中。

岳飛二十歲從軍，在對抗金人的戰役中屢建奇功，他所率領的「岳家軍」，個個英勇善戰，讓金兵聞之喪膽。

當宋高宗在臨安過著安逸享樂的日子時，岳飛正率領「岳家軍」在中原與金人苦戰，已陸續收復了襄陽、郢州等軍事要地。不過，岳飛的戰功越高，皇帝的心裡卻是越不安定。

岳飛的志向是光復中原、迎回徽宗和欽宗父子。但心存苟且的宋高宗，卻懼怕一旦父兄歸來，他這皇帝的寶座就不

保了。就在這種心態下，岳飛成了皇帝的眼中釘，而主和派的秦檜，卻受到重用。

到了紹興五年，宋徽宗不堪金人折磨而死在異域，宋高宗聞訊雖然悲傷；但是兄長欽宗仍在，依舊對他形成威脅，所以更堅定了他對金人求和的信念，他一再的對群臣表示：「不和，則梓宮（徽宗的靈柩）不可還。」

「陛下所言甚是，不僅攸關榮辱，更是聖上關心天下蒼生的慈愛之心啊！真叫臣等敬佩不已。」秦檜卑躬屈膝的在一旁附和，果真符合宋高宗的心意，因為他根本不想跟金人開戰。而偏偏從次年開始，岳飛屢次上書請求北伐消滅金人，面見高宗時，又暢論北伐之急，字字句句聽在高宗耳裡，真是難以忍耐！可卻又說不出阻止岳飛的堂皇理由，只能在心裡暗罵：「可惡！你一心救回皇帝，難道是要朕早日退位？」於是，高宗不僅起用主和派的秦檜操縱一切，並且對岳飛暗存殺機。

岳飛並未察覺皇帝的心態，當然也想不到，行蹤神秘的秦檜能夠安全的從金人手中逃回，根本就是因為他已經成了金人使喚的奸細。

岳飛屢建戰功，朱仙鎮大捷使岳家軍士氣大振，因為朱仙鎮距離過去的都城汴京，只有四十五里，只要繼續奮鬥，即可光復中原；但萬萬沒想到，皇帝在一天之內，連下十二道金牌要求岳飛率大軍班師回朝。

岳飛必須親赴朝廷面見皇帝，他悲痛的說道：「十年之力，廢於一旦。」沒想到自己的命運正逐步走向險途。

岳飛被解除軍權，他乾脆辭官回家。午夜夢迴時，他仍憂心國家大事，但此刻卻無法為國效命，心中真是「長使英雄淚滿襟」。

儘管岳飛已辭官歸鄉，但秦檜一幫人並未放過他，他們想盡辦法，用嚴刑逼使岳飛的部將捏造出岳飛謀反的情節。

西元一一四一年，岳飛和兒子岳雲一起被捕，岳飛即使受盡酷刑，仍不肯招認叛國謀反，岳母在其背上所刺的「盡忠報國」四個字，使審判官都為之動容。但最後秦檜以「莫須有」定下岳飛的罪，宋高宗則下令將岳飛賜死，岳雲斬首，這時岳飛只有三十九歲。

岳飛的冤案直到孝宗即位才獲平反，寧宗時則追封岳飛為「鄂王」。岳飛忠貞愛國的精神，永傳於世而不朽。殘害岳飛的奸臣秦檜夫婦，則被後人立像長跪岳飛墓前，至於宋高宗

的苟且媚外，一直令眾人所不齒。林升所寫的這首〈西湖〉，正是在諷刺宋高宗歌舞昇平、醉生夢死的醜態：

山外青山樓外樓，
西湖歌舞幾時休，
暖風薰得遊人醉，
直把杭州作汴州。

如今西湖風光依舊，遙想起岳飛所言：

文臣不愛錢，
武臣不惜死，
天下太平矣。

岳飛忠貞不屈的氣節，彷彿永遠迴盪在西湖的碧波萬頃間。

黃道婆身懷絕技

黃道婆出身於松江府的烏泥涇鎮（今上海郊區）一個貧苦的農家，當時正值南宋末年，朝政腐敗，民不聊生，黃道婆的家鄉遭逢天災肆虐，愁眉不展的父親為了不讓黃道婆餓死，只好狠下心，把年方十二歲的黃道婆賣給別人當童養媳。

黃道婆嫁入夫家後的生活痛苦不堪，丈夫年輕氣盛，動不動就對她拳打腳踢，婆婆把她當成奴僕般使喚，還不時辱罵毒打，黃道婆簡直過著非人的生活。

此時，更不幸的消息傳來，黃道婆的父母去世了，她哭腫了雙眼，心想，今後還有哪兒可以投靠？心裡的苦楚還能向誰哭訴呢？

日子一天天過去，這一天，她又遭受丈夫的打罵及婆婆的冷言冷語，甚至把她關進柴房不准吃飯，她再也無法忍受了，當晚她把柴房的屋頂捅出個大洞逃了出去，頭也不回拚命的往前跑。

黃道婆跑得上氣不接下氣，不知何去何從，仔細一瞧，發覺自己來到黃浦江邊，原來打算跳江尋死，卻發現江邊正有艘停泊的大船，她屈身躲進船艙，心想，就讓這艘船開啟她的另一條生路吧！

隨著風浪顛簸，黃道婆來到海南島南端的崖州（今廣東省海南黎族自治區）。她流落異鄉無依無靠，心中十分淒苦，好在民風淳樸的黎族人非常善良，他們熱情的接納她。而黃道婆也坦誠的說出自己的遭遇，大家同情她的不幸，都願意幫她。此後，黃道婆便和黎族人融洽的相處在一起了。

黃道婆原本就對編織很有興趣，記得母親以前常稱讚她有一雙巧手。自嫁到夫家後，整天忙得沒時間研究編織技巧，現在她發現黎族人編織和紡織的技術很高明，所織的布匹質地精良，花色又美，真可說是巧奪天工。

「這些圖案的設計真是好看啊！」黃道婆由衷的讚美。

「我們這裡盛產棉花，家家婦女都懂編織，再加上祖傳的一些技巧，所以個個都是紡織高手，你要不要也學兩手呢？」黎族婦人毫不吝嗇的將所知教給黃道婆。

黃道婆虛心的向他們請益，

並與漢族的技術融合，使自己的技巧更加純熟。

黃道婆在崖州一住就是二十多年，她逐漸成為當地的紡織高手，沒想到這偏遠的崖州，竟成為她的第二故鄉。

夜闌人靜時，黃道婆仰望滿天星斗，思鄉之情油然而生。「即使人事全非，那兒畢竟是我生長的地方，總該回去看看吧！」黃道婆心裡想著。就在西元一二九五年，黃道婆依依不捨的向黎族友人們告別，攜帶著黎族的紡織工具，坐船回到烏泥涇。

黃道婆回到烏泥涇後，才知道夫家因為家道中落，不知遷往何處。「唉！也罷，我不必再陷入回憶，應該要振作起來，積極走出自己的路。」黃道婆心裡想著。

這時候，長江流域的棉花栽種已十分普遍，但傳統紡織技術卻非常落後，黃道婆決定把

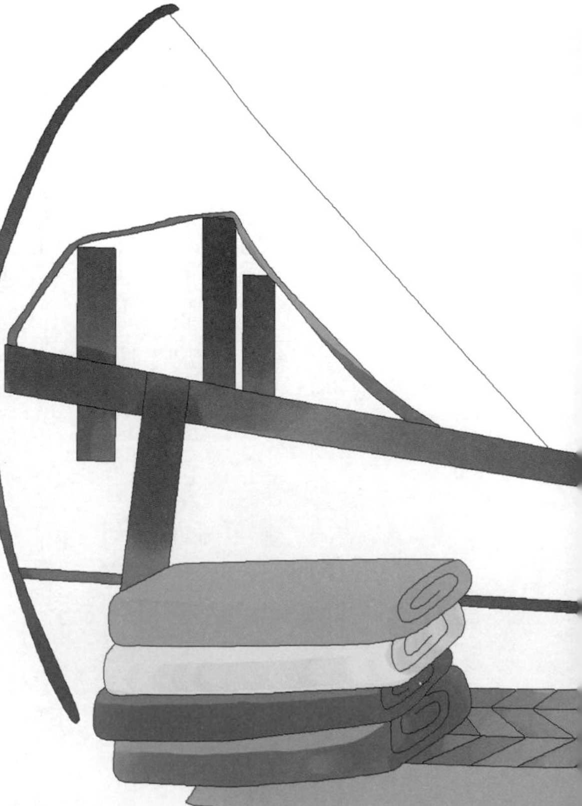

在崖州所學的技巧，毫不保留的傳授給故鄉的鄉親們。

「大家來瞧瞧，這叫做『軋車』，是我從崖州帶來的工具。當這兩個大木軸轉動時，就可以把棉花裡的棉籽給擠出來，比用手去挑剝棉籽方便多了！」黃道婆仔細示範。

「你們再看看，這是我改良後的竹弓，可以彈鬆更多的棉花，而且質地也比較均勻細緻，大家可以試試看。」黃道婆把竹弓的尺寸由原來一尺增加到四尺；把線弦改成繩弦，增加彈棉時的張力，可說是事半功倍。

在紡紗的工具方面，黃道婆也有一套改良之道，因而提高了紡紗效率，也節省了人力，大家都對她稱讚有加。更令婦女們欽佩的，是黃道婆從黎族所學的織造技術，結合自己的經驗和心得，發展出一套「錯紗配色、綜線織花」的技巧，並且熱心的向眾人解說傳授，使烏泥涇出產的被、褥、巾等棉織品，得以享譽全國。顧客不遠千里的前來選購，因為烏泥涇的棉絲織品，不僅質地細緻、色澤鮮麗、圖案更是生動，使「烏泥涇被」聲名大噪，大家的經濟獲得改善，不少家庭因而致富，這全都得感謝黃道婆無私的貢獻。

黃道婆返回家鄉之後三年便去世了，但上海、松江一帶，已成為全國著名的織造業中心，贏得「衣被天下」的美譽。

人們為了感懷黃道婆的貢獻，特別在她的家鄉立廟紀念，稱之為「棉祠」。

當地的人們也編了一首琅琅上口的歌謠，來紀念黃道婆：「黃婆婆，黃婆婆，教我紗，教我布，二只筒子，兩匹布。」

元朝農學家王禎在著作《農書》中，詳載黃道婆的故事，並附圖說明她所改良的各種紡織工具。大家無不欽佩黃道婆平凡中的偉大。

成吉思汗一代天驕

浩瀚無垠的沙漠，處處潛伏著危機，卻培養了蒙古民族堅強的生命力，他們被稱為「馬背上的民族」。因為，蒙古男兒擅長騎射，從小就被訓練出馳騁奔騰的好功夫。

要在如此艱困的環境下求生存，不經過幾番廝殺，似乎是難成其事。所以，蒙古各部族之間分崩離析，恩怨糾纏難以終了。

鐵木真出身於乞顏部，父親也速該是該部首領，行事風格強悍，頗有一番作為，不幸遭到仇家暗算，留下年僅九歲的鐵木真，孤兒寡母的生活立刻陷入絕境。

「孩子，你父親一死，昔日部下眾叛親離，無人顧及我們母子安危，以後你要挺起肩膀，像個男子漢。」母親的教誨，讓鐵木真有了超齡的成熟，他隨著母親四處漂泊，艱苦度日，期間還一度被仇家擄獲，把他五花大綁的羞辱了一番，好在鐵木真機警靈敏，利用機會逃回家裡，帶著母親趁夜遷居他處。

「難道我們就這樣偷偷摸摸、遮遮掩掩的過一輩子嗎？」鐵木真時常捫心自問。胸懷大志的他決定闖出一番成就。

經過一番整合調度，乞顏部的聲勢大增，西元一一八九年，鐵木真被部眾擁戴即汗位，這一年他才二十七歲。

鐵木真並未因此自滿，因為，蒙古的部族太多了，並非人人順從，如果想要真正稱霸，絕非一朝一夕可成。鐵木真經過將近二十年的征戰，終於在西元一二〇六年成為全蒙古的大汗，得到「成吉思汗」的尊號，稱譽他有海洋般浩瀚強勁的力量。此時，蒙古汗國正式建立，鐵木真成了蒙古族的共主。

和蒙古族勢均力敵的西夏和金國，也是馬背上的民族，他們雄踞中國北方的疆域，對漢民族形成極大的威脅，也是成吉思汗競爭的對手。於是，成吉思汗派了三個兒子朮赤、窩闊台、察合台展開軍事征討，至於他自己，則把目標指向更遠的花剌子模。

「好大的膽子，竟敢殺害我蒙古使者、商隊，豈能輕易放過他們！」成吉思汗一聲令下，大軍便向中亞的花剌子模進討。蒙古鐵騎大破敵軍四十多萬，長驅直入殺進今天的俄羅斯境內，堪稱是威震八方。

西元一二二七年，成吉思汗結束遠征，從中亞返回蒙古，途經西夏王國，又獲得西夏的臣服，這是蒙古在軍事行動上另一項重大的成就。不過，終生奔馳在戰場上的成吉思汗真的太疲憊了，他在該年病逝，年僅六十六歲，心裡還有許多未完成的志業，只好留待子孫去發揮。

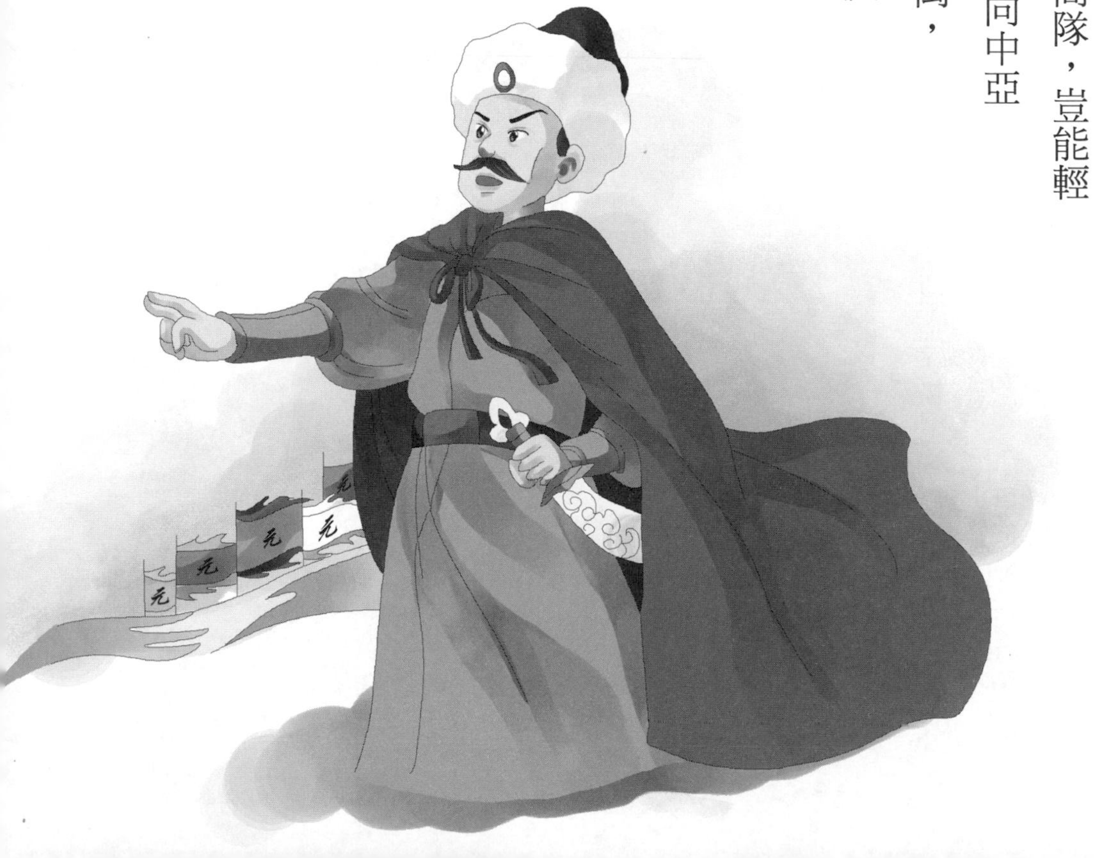

耶律楚材淚不輕彈

黃沙漫天，蒙古大軍在成吉思汗的指揮下，一步步向西前進，這是蒙古族的第一次大規模遠征，耶律楚材隨軍跟在成吉思汗身旁。

耶律楚材出身於契丹的貴族世家，據說耶律楚材出生時，父親為他算過命，說他長大後會為他國效命，所以就以「楚材晉用」的成語來為他取名。

契丹人曾在十世紀時建立強大的遼國，但最後遭女真所滅；建立金國的女真族由於國內人才不足，便沿用遼國的朝臣，而楚材的父親耶律履，就在這種情況下擔任金國的副丞相。

楚材三歲時，父親去世，母親肩負起照顧和教導的責任，使楚材不僅博覽群書，並且成為虔誠的佛教徒，而以「湛然居士」自稱。

少年時代的楚材相貌堂堂，他身高八尺，大約一八四公分，又留著飄然的長鬚，可說是英姿煥發。楚材二十五歲時已在朝為官，但次年國家被蒙古所滅，只能徒嘆造化弄人。

蒙古的英明領袖成吉思汗，久聞楚材大名，便下令召見他。成吉思汗的部下卻擔心耶律楚材身為亡國之臣，恐怕會深藏復仇陰謀。

「製造弓箭尚需能工巧匠，我將治理天下，難道不需治天下之匠嗎？」從成吉思汗的回答中，不難看出他對耶律楚材的器重，也使得楚材投效蒙古後，對成吉思汗一直忠心耿耿。此後，成吉思汗不再直呼楚材的姓名，而以蒙語「吾圖撒合里」（長鬍鬚的男子）的外號稱呼楚材，足見雙方之間的親密。

蒙古人精於放牧卻不懂農事，每次攻城掠地，就以強烈的軍事鎮壓來統治該地，老百姓苦不堪言；更有不少官員中飽私囊，使蒙古的府庫反倒是空無存糧，這讓成吉思汗十分氣憤。

大臣別迭便建議將中原夷平，改為放牧之地，以補府庫的不足。耶律楚材立刻反對：「天下如此廣大，中原寶藏如此富饒，怎可盡毀之？如要長治久安，務必使百姓都能安居樂業，國家再抽取稅金以充府庫，問題自然迎刃而解。」

耶律楚材一番憂國憂民的見解，立刻得到成吉思汗的認同。事後成吉思汗曾多次稱耶律楚材是天賜之寶，治國大政應該交給他。

成吉思汗死後，其子窩闊台繼位為大汗，他重用耶律楚材，楚材得到大汗的重視，更是忠心耿耿的報效朝廷。他曾對窩闊台說：「蒙古號稱是馬背上的民族，我們可以得天下於馬上，但卻不能治天下於馬上。」所以，耶律楚材為窩闊台制定了典章制度、朝廷儀制，讓大汗的統治更能彰顯威勢。耶律楚材不僅是個虔誠的佛教徒，他更以孔孟文化的護衛者自居。

蒙古大軍本來是以軍事征戰一統天下，但自從窩闊台聽了楚材的建議後，便誠心的接納中華文化，甚至派人尋訪孔子的後代子孫，並給予封爵以安定人心。

耶律楚材向窩闊台提出許多長治久安的治國原則，例如獎勵農桑、興修水利、明定賞罰、確立名分、大封功臣、科舉取士、安排俸祿等等，窩闊台都依言實行。

以科舉考試而言，許多被蒙古族俘虜的漢人儒生也可以應考，成績優異者可免除終生為奴的命運，政府也因此得到許多優秀的人才，可說是一舉兩得。耶律楚材希望窩闊台成為一代明君，除了提出治國良策外，他還約束窩闊台狂飲大醉的習慣，窩闊台從善如流，把酒量減至每日三杯。

當時有個皇后所信任的西域人奧都剌合蠻，提出「包稅」的方式，就是由他承包收稅工作，並嚴懲逃漏稅者，這樣

就可以把每年的稅收提高兩倍。窩闊台非常心動，但楚材卻認為，一旦稅收大權全交給他，難保此人不會因而貪污，趁機向人民勒索。談到激動處，楚材甚至流下眼淚。

「俗話說男兒有淚不輕彈，如今你這可真是為百姓而哭啊！」窩闊台被楚材的憂國憂民情操感動了。

「包稅」的方式因而被擱置，但窩闊台死後，暫由皇后攝政，奧都剌合蠻大權在握，耶律楚材備受冷落。楚材護衛著百姓與大局，在朝廷多次與奧都剌合蠻展開激辯，皇后不止一次想要除掉楚材，但因楚材是成吉思汗時代的老臣而作罷。

然而，就在窩闊台過世不到三年，年僅五十五歲的耶律楚材也去世了。一些在當時不受重用的大臣，便向皇后詆毀楚材貪污，於是皇后下令徹查楚材的家產。

經過蒐證，發現耶律楚材家中只有樂器十多件和一些文物書畫，絲毫沒有貪污斂財的跡象，甚至還可稱之為清廉自持，皇后這才明白真相。

西元一二四六年定宗貴由即位，奧都剌合蠻失勢被殺，大家才發現私吞國家財產的就是他！

耶律楚材死時蒙古人悲不可遏，和林市（約今庫倫一帶）因而罷市，日日不聞樂聲，各地儒生前往祭弔者不計其數。蒙古定宗即位後，又追封耶律楚材為太師、廣寧王，永為人民紀念。

忽必烈策馬中原

「暖風薰得遊人醉，直把杭州作汴州。」這是後人諷刺南宋君臣安於逸樂，政權局限江南的苟且模樣。朝廷上下藉著歌舞昇平的假象，忽略了北方興起的蒙古汗國，正虎視眈眈的威脅著南宋。

在一代天驕成吉思汗的統領下，蒙古各部落完成統合，並且展開大規模的西征，兵力直驅俄羅斯，展現前所未有的軍事威力，足以震撼歐亞。

身為成吉思汗的後代子孫，忽必烈自小就有不凡的表現，他的父親拖雷是成吉思汗的幼子。忽必烈在征戰中成長，培養出一番過人的膽識。

成吉思汗去世後由窩闊台、貴由、蒙哥相繼即位，鋒芒畢露的忽必烈受命執掌兵權，繼續在戰場上一展雄風。

不過，忽必烈和一般的領導者有所不同，除了廝殺較量，他更希望有朝一日能大有為於天下。所以，他虛心的請教海雲禪師：「佛祖法力無邊，師父可知這佛法中教人如何安定天下？」「我佛慈悲，貧僧不知如何安天下，還望施主尋求賢者，愛護芸芸眾生。」

其實，忽必烈並不崇信佛教，他只是自幼受到漢文化的薰陶，想突破以往蒙古族好戰嗜殺的治理方式。於是他網羅四方賢士，想以漢族文化治理國土，心裡也對中原文化十分仰慕。

功勳彪炳的忽必烈，逐漸嶄露頭角，卻招致蒙哥大汗的猜忌，再加上一些小人佞臣趁機挑撥，逐漸影響蒙哥對忽必烈的信任，最後竟以結黨營私的罪名解除忽必烈的軍權。

「可惡！大汗身為兄長，竟連親弟弟都猜疑，豈不讓外人見笑。」忽必烈想起和蒙哥本是同根生，現在卻不念手足之情，不由得一陣心寒，再對照各朝各代的權力相傾，只能感嘆道：「權力地位會改變一個人，這是亙古不變的道理啊！」忽必烈忍下這口氣，把妻子兒女送往汗廷當

人質，換取蒙哥的信任，只盼來日大展鴻圖。

在蒙哥眼中，忽必烈確實是個人才，尤其是目前急於對南宋用兵，這馳騁沙場的重責大任非忽必烈莫屬，所以忽必烈重掌兵權，集中火力對付飄搖欲墜的南宋政權。

西元一二五九年，蒙哥突然暴斃在征宋的戰役中，忽必烈立刻班師回朝，想要繼承汗位，因為幼弟阿里不哥也意圖爭搶，兄弟相殘的戲碼再度上演。

四年多以後，忽必烈取得決定性的勝利，正式繼承汗位，建元「中統」。到了一二七一年，忽必烈宣布定都北京，並採取《易經》裡「大哉乾元」的文義，將國號訂為「元」，他就是元世祖。

忽必烈結束唐末以來，多國政權並存的局面，而且疆域遼闊，甚至超越漢、唐；再加上之前拔都和旭烈兀的兩次西征，蒙古鐵騎所向披靡，歐洲人竟以「黃禍」稱之，可見他們對於蒙古大軍的畏懼。

不過，忽必烈的種族歧視政策，是元朝政治發展的一大挫敗。「漢人即使文化淵博，但地位是絕不可以和我們相提並論的。」忽必烈明確的指示，把全國人民分成蒙古人、色目人（西域各民族）、漢人（原來受金國統治的漢人）、南人（南宋遺民）四個階層。政權都集中在蒙古貴族手上，重要的官職也由他們擔當，連科舉考試都和漢人、南人分開發榜，差別

待遇有如天壤之別。

除了社會上充斥著不公，蒙古朝廷也逐漸腐化。忽必烈所信任的回回人阿合馬大權獨攬，公然貪贓枉法，中傷這個新建立的王朝；而習於征戰的忽必烈，則依舊熱中於向外發展，意圖用武力去降伏他國，於是遠征日本、安南、緬甸和爪哇。可惜，一次次軍事行動只是徒增傷亡，造成財政的負擔，最後無不以失敗告終。

忽必烈在西元一二九四年病逝，之後的蒙古族再也沒出現像他這般英明領袖，加以汗位繼承紛爭不斷，以至於在三十六年間換了八個皇帝，紛擾動盪不難想見。蒙古所建立的元朝和境外的四大汗國，堪稱是中國歷史上版圖最大的朝代，而三次西征所造成的東西文化交流，其影響更是深遠，中國的火藥、印刷術、指南針和紙幣西傳到歐洲，使歐洲發生鉅變，這大概是忽必烈始料未及的吧！

郭守敬縱橫天地

眼見火光沖天，耳聽吶喊廝殺，郭守敬心裡忐忑不安，對芸芸眾生更起憐憫之心，這已經是他第二次面對國破家亡的慘狀。幾十年前，南宋政權覆亡，郭守敬和其他漢人境遇相同，從此落入異族的統治；不同的是，由於他深具學識素養，得到元世祖忽必烈的賞識，從此在朝為官，還成為蒙古朝廷裡深受倚重的大臣。「蒙古人實施種族歧視政策，天下處處充斥著不公，像我這般幾人能夠。」郭守敬心裡思索著，他不敢有一絲一毫驕狂，只是對人民產生深深的憐憫。

郭守敬出生在南宋末年，家族堪稱書香世家，所以他自小就博覽群書，對天文學特別有興趣。

這時候的北方是女真族的金國政權，但之後被蒙古所滅，郭守敬被忽必烈擄至汗廷，朝廷先是借重他在地理方面的專長，命他巡視地方，了解農田水利設施。

郭守敬辦事的態度負責認真，凡事巨細靡遺的做紀錄，對於擅長騎射卻不善理政的蒙古人而言，郭守敬的細膩令人感佩，忽必烈對他十分器重，郭守敬也善盡職守，向忽必烈報告疏濬河道的工程計畫。「中國以農立國，而農業的發展仰賴充足的水源，古訓曰民以食為天，若能穩定農業、糧食無虞，天下自可平安無事。」

於是，就在今天的甘肅、寧夏一帶，秦漢時期所建的引水渠道早已不堪使用，郭守敬一一加以規畫，並且增加了閘門、水壩等設施，使大小八十多條渠道充分發揮功能，造就出良田萬頃，得到許多百姓的讚揚。

到了元世祖至元二十年（西元一二七五），郭守敬又受命於黃淮平原的探勘，為了翔實的畫出地形圖再做比較，郭守敬以海平面做標準，比較北京和開封的地形高低，這就是地理學中「海拔」觀念的應用，在當時是相當先進的科技。

元代立都大都（今北京），和過去漢、唐時期的長安相距甚遠，至於前朝北宋的都城汴京（今開封），則因戰亂而殘破不堪，南宋

的都城杭州遠在江南，物資難以北達，這時候，郭守敬提出修築南北走向大運河的規畫。「聽來可行！朕會下令各部會全力配合。」忽必烈對郭守敬的計畫向來十分支持。於是，僅僅一年半的施工時間，這條貫通中國南北的大動脈——京杭大運河「通惠河」完成了，總長約一百六十里，從此以後南糧北運不成問題，連北京城裡的民生用水也獲得改善，忽必烈的決策的確英明，而郭守敬更是最大的功臣。

「郭守敬是個不可多得的人才，把他調去修訂曆法。」忽必烈一聲令下，郭守敬立刻轉換跑道，從「工部」到了新設的「太史局」，和王恂等人負責新曆的制定。

「曆之本在於測驗，而測驗之器莫先於儀表。」這是郭守敬的基本觀念。他不想抄襲前人曆法，或是拼湊歷代成果，而準備重新制定出一套可以行之久遠又無謬誤的曆法。

為了進行前置作業，郭守敬和工匠一起研究出二十多種天文儀器，例如舉世聞名的「簡儀」，用來測量天體的座標位置，其中還標示著赤道的位置，精確度相當高超，歐洲人直到三百多年後，才有類似的儀器發明。

由郭守敬編製的《授時曆》在至元十八年（西元一二八一）公布，一直沿用到十七世紀中葉，是中國使用最久的一部曆法，其中提到一年的時間是三百六十五日又五時四十九分十二秒，數百年之後科學界公布地球繞日公轉一周的時間，和《授時曆》只相差二十六秒，郭守敬的智慧由此可見。

在編製曆法的同時，郭守敬和王恂研究球面三角法的計算，以及小數、函數的應用，對數學領域的發展也極有貢獻，這些是曆法之外的另一些成就。

郭守敬通貫天文地理，是蒙古歧視漢人政策下的特例，可惜忽必烈死後，朝廷裡汗位繼承的紛爭不斷，影響到整個政局的發展，最後朱元璋揭開民族革命的大旗，把蒙古王廷逼向漠北，最後一任皇帝順帝在動亂中挾持著郭守敬北走，從此不知所終。

朱元璋功過難定

「死後原知萬事空，但悲不見九州同，王師北定中原日，家祭勿忘告乃翁。」這是南宋愛國詞人陸游傳誦一時的作品，表達中原百姓對宋朝政權被異族蒙古取代，所表現出的懊惱和悲痛。

明太祖朱元璋借助這種沛然的民氣，在元朝末年揭竿起義，揮師北上，驅逐蒙古人，開創了六百年的大明王朝。

朱元璋是個充滿爭議的人物，有人稱他為英雄，也有人認為他是暴君。他是安徽鳳陽人氏，自幼家境清貧，十七歲那年，旱災、蝗蟲與瘟疫接連而至，父母和哥哥在幾天內相繼過世，家裡窮得連下葬的錢都沒有，村子裡的人大多逃荒離去，剩下的人只好靠樹皮、草根度日。這種日子捱了半年，朱元璋走投無路，到皇覺寺受戒當了和尚，目的只想有口飯吃。一個月後，寺裡的米也吃光了，朱元璋只好托缽沿路乞討，四年後又重返皇覺寺。

四處遊蕩的這段日子，朱元璋增加了見識，也結交許多朋友，最重要的是，他參加一個秘密的反元組織——明教。明教發源於波斯，以「彌勒佛下凡轉世，作人間的明王」為號召。這時，各地教徒反元復宋，風起雲湧，西元一三五二年，郭子興自稱「節制元帥」，占

領了濠州。

他們的軍隊用紅布包頭，以燒香為信號，百姓們都稱之為「香軍」。

朱元璋雖然入了教，可是並沒有參加「香軍」，災荒過後，皇覺寺裡的情況好轉，朱元璋又過了三年暮鼓晨鐘的日子。就在這時，他收到一位「香軍」朋友託送的信，偏偏蒙古大軍正在四處搜查可疑分子，朱元璋雖然把信燒了，事跡卻已敗露，他心裡害怕徬徨，不知如何是好，就在神壇前禱告擲筊，請求神明指示。

朱元璋問：「可以逃走嗎？」第二次問：「可以留在寺裡嗎？」兩問皆顯示不吉。第三次則問：「去投效香軍嗎？」出現大吉的指示。朱元璋便投奔郭子興，成了「香軍」裡的十夫長，這時是西元一三五二年，他只有二十五歲。

朱元璋十分精明強幹，不久就獲得郭子興的賞識，把義女馬氏許配給他，她就是賢而有智的「大腳皇后」，朱元璋後來登基建國，她成為皇帝的好幫手。

朱元璋二十五歲時加入反元的行列，四十一歲稱帝建國，十六年間知人善用，戰無不勝。

當郭子興死後，朱元璋自成一軍，消滅各地的割據勢力，然後養精蓄銳，西元一三六七年命徐達為大元帥領兵北伐，第二年攻破元都北京，元順帝倉皇出逃，朱元璋便在這一年於南京稱帝，是為明太祖，大明王朝正式建立。

朱元璋建國以後，創立十二承宣布政使司，分理全國民政，又實施軍民分籍，寓兵於民。他自豪的說：「朕養兵百萬不費國家一文錢。」此外，有鑑於元朝官府的腐敗，朱元璋希望建立簡約、有效又廉潔的政府。由於他出身貧賤，對貪官污吏、土豪劣紳深惡痛絕，為了嚴懲貪官污吏，明太祖在各地衙門旁樹立「皮廠廟」，就是將貪贓枉法的官員剝皮充草，懸在廟內以為警惕。手法雖然殘酷，卻達到弊絕風清的效果。明朝開國初期，在君臣一心的勵精圖治下，頗有一番新氣象。可惜到了洪武十三年，發生了胡惟庸案，情況完全改變。

胡惟庸是個善於揣摩上意的小人，他謹慎取得朱元璋的寵信，兩年多左丞相任內，大權獨攬而招權納賄、營私舞弊，又下毒害死了開國功臣劉基，甚至勾結一批心懷不軌的人，密謀叛亂，還聯絡日本及蒙古做外應。在洪武十三年，這件謀反案被揭發，當時有八十多人被殺，後來兩次擴大究辦，牽連被殺的高達三萬多人。兩年後，又發生了藍玉案。藍玉是開國元勳，結果也因謀叛被殺，株連多達兩萬人。朱元璋為了鞏固統治，還打死親姪兒、毒死外甥，就連當年立下大功的徐達、常遇春先後暴斃，也都傳言是他下的毒手。

朱元璋藉著誅殺功臣以立君威，將百官視為奴僕，動輒施以「廷杖」，在眾目睽睽下對大臣用刑，甚至血濺當場，朝臣人人自危、噤若寒蟬。

胡惟庸案後，朱元璋廢除丞相，集大權於一身，成為最專制的君主。他對臣子實施嚴刑峻罰，廣封各皇子為藩王，完全是為了自身至高無上的地位。沒想到廢了丞相，卻開啟宦官弄權之禍，明朝後期宦官違法亂紀的情況，簡直是令人髮指！

朱元璋在世時大封皇子為王，不料他兩眼一閉，骨肉相殘的「靖難」殺得是一片血腥，朱元璋的第四子朱棣起兵爭搶帝位，悽慘的景況是朱元璋怎麼也想不到的！

如果從社會演化的角度觀察，朱元璋的種種措施不只影響了明朝一代。因為，從傳統的農業社會走向商業型態，中國的宋明之際正是關鍵時刻。西歐歷經封建保守的「黑暗時代」，從威尼斯、荷蘭、英國到法國，百餘年後終於國富民強，走向工業化；反觀中國到北宋時，商業和手工業趨向發達，的確具備發展商業社會的雛形。可惜朱元璋開國之初，採取極端保守的經濟政策，強力抑制商人，規定商賈之家不得穿紬紗、禁止金銀交易、嚴禁人民出海，並屢興大獄後，中產之家大多破產，只能固守著農業維生。

朱元璋以人民溫飽為理想，家給人足是他小時候的夢想，現在則是他保持千秋萬世事業的基石。可是，以中國有限的農地，供給無限增加的人口，又如何能行之長遠呢？一國的發展局限於農業，又怎能國富兵強？

朱元璋的眼光短淺，未能替大局做長遠的規畫，數百年後羸弱的國力，在面對洋人挾持著船堅砲利的陣仗時，飽受欺凌的結局也就不難想見了。

但若從個人的生活評析，朱元璋以帝王之尊，竟能力倡勤儉，不使子孫沾染奢侈惡習，的確很不容易。根據記載，朱元璋

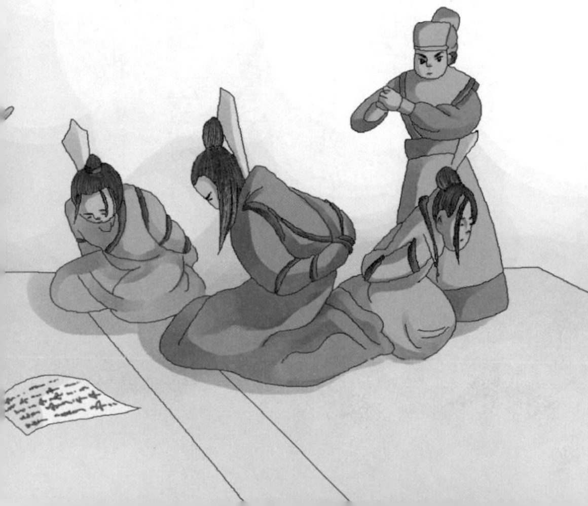

執政期間的士大夫多不置產業，退休後更要簡樸度日，一旦在家宴客，僅備數盤菜餚。民間百姓衣著樸素，如果有人穿戴華麗，大家便當他是怪物。朱元璋影響所及，實在非常深遠，他的功與過，實難一語道盡。

明成祖靖難奪位

一陣急促的馬蹄聲傳來，鞍上的人趕到燕王府：「王爺，萬歲爺駕崩……」燕王聞訊放聲哭號，想立即前去奔喪。「王爺且慢，萬歲爺遺旨叮囑諸王留守各地，以防有人趁機造反。」

這時是西元一三九八年，明太祖朱元璋去世，由太孫朱允炆繼承帝位，他就是惠帝。朱元璋有二十六個兒子，燕王朱棣排行第四，在諸子中最是驍勇善戰。朱元璋先立長子朱標為太子，但朱標早逝，他的兒子允炆被立為皇太孫。

可是，飽讀詩書的允炆體弱多病，個性優柔寡斷，更讓朱元璋難以放心。本想改立老四朱棣，但轉念一想，這樣該如何對老二、老三交代呢？不免又會造成骨肉相殘、兄弟鬩牆的悲劇；朱元璋為此日日煩憂，但他仍認為基於血緣感情，老四會以皇叔的身分輔佐允炆，但萬萬沒想到，朱棣早已起了奪位之心。

燕王朱棣被封在北平，朱元璋委以鎮守北疆的重任。他不負眾望，讓逃竄回漠北的蒙古人不敢侵擾，更於洪武二十三年，親率大軍遠征，贏得漂亮的勝仗。加上朱棣的相貌堂堂，氣宇非凡，頗受朝臣敬重，和「望之不似人君」的允炆相比，支持燕王的人不在少數，甚至連宮廷裡的太監都心向燕王，暗中為他通風報信。尤其自太子朱標、老二朱樉、老三朱棡相繼去世後，燕王的聲勢更是如日中天。

允炆即位為惠帝，他明白燕王的威脅，但總拿不定主意，直到身邊的大臣一再提醒，他才決定「削藩」，就是削奪諸王的封地和封號，如此一來，不少親王被捕或被殺，造成宮廷裡不小的震撼。但對於燕王，惠帝卻不敢輕舉妄動，他無奈的表示：「朕沒有抓到燕王謀反的真憑實據，怎可魯莽將其逮捕？」

相較於惠帝的仁慈，朱棣可就果斷多了。他老謀深算的認為，惠帝削藩的動作是在逼他乖乖就範，才不可能會輕易放過他。所以，朱棣決定先發制人，他義正辭嚴的表示：「聖上溫良賢德，想必受了奸人蠱惑，才會做出傷害骨肉至親的傻事。所以我要以『靖難之師』的名義，清除聖上身邊的亂臣賊子。」

於是朱棣正式起兵，經過四年苦戰，攻入南京，惠帝失蹤，燕王即位為明成祖，次年改元永樂，史稱「靖難之變」。

明成祖希望能承繼父業，擴展父親打下的局面。他五次率軍北征，鞏固邊防以立國威，使外族不敢來犯。同時注重內政修為，成祖明白的詔示群臣，如果能做到家給人足、斯民小康，天下就能太平。於是一一實施開墾荒地、疏濬河道、督民耕作等政策，又編纂了《永樂大典》。在成祖嚴格的要求下，無人膽敢懈怠，致使永樂年間政治安定、經濟繁榮達於鼎盛。

燕王時代的封地北平，一直教成祖念念不忘，他下令修建宮殿，並在永樂十九年正式遷都北平，改稱「北京」，權力中心就是「紫禁城」（今天的故宮）。

成祖的治國魄力的確遠勝於惠帝，但仁德忠厚卻遠遠不及。尤其他對付異己手段之狠，實在令人驚駭心寒。一代宗師方孝孺的慘劇，就是其中

一例。

方孝孺是朱元璋時代的朝臣，一心輔佐惠帝治國，他認為朱棣篡奪帝位的行為是不忠不孝，即使朱棣即位掌權，方孝孺還是不肯認君效忠。明成祖原先敬重方孝孺的才學蓋世，願意忍著氣，請他執筆即位的詔書，沒料到固執的方孝孺竟寫下：「燕賊篡位」四個大字。明成祖暴跳如雷：「大膽狂徒！不知死活。」於是誅殺方家十族親友學生，一門忠烈魂飛魄散。類似的案例不勝枚舉，大家都噤若寒蟬，再也沒人膽敢抗旨。

除了用嚴刑以立君威，成祖更成立「東廠」，讓太監四處偵測臣民以防謀反。可是這些

太監往往濫用職權，以酷刑逼供後再誅殺異己，所以大家一聽到東廠，都嚇得打哆嗦，生怕惹來橫禍。

朱元璋對太監本有嚴格規定，不准太監讀書識字、不得干預政治，違者論斬。但是到了明成祖時，他卻重用太監，因為靖難之役的成功，多虧了太監在南京皇城通報消息；所以除了以太監主持「東廠」，成祖還先後派遣太監出使國外，其中最有名的，就是鄭和下西洋。

鄭和先後七次出使南洋、印度洋一帶，致使南洋三十多國使者前來朝貢，聲勢可說是盛況空前。可惜，永樂二十二年，明成祖死於北征回朝的途中，得年六十四歲，中國的海外經營，不久便告終止。

鄭和七下西洋

鄭和，字三保，原本姓馬，後來明成祖賜姓為「鄭」，才改名為鄭和。他出生在雲南一個回教家庭，由於從小聽父親講述海外各地的奇風異俗，讓他對航海探險充滿憧憬。

鄭和十二歲時，就入宮成為燕王朱棣府裡的一名小太監，之後接受儒家教育，堪稱是飽讀詩書。後來，朱棣起兵發動「靖難」，趕走南京皇宮裡的惠帝，登上皇帝寶座，是為明成祖。

明成祖是個雄才大略的君主，他親率大軍五次遠征漠北，肅清邊患，可是，即使大明朝的國威遠播，南海諸國卻都不來朝貢，這讓明成祖十分不滿：「看來朕必須派人前去宣揚國威，讓他們知道大明朝的聲勢！」於是，西元一四〇五年時，明成祖便派鄭和出使南洋。

根據考古學家和歷史學家的推測，鄭和的船隊總數大約有兩百艘，整個船隊的功能分成八個種類，如糧船、馬船、戰船、坐船等等。

以糧船來說，長度將近八十公尺，寬則約三十五公尺，因為船隻要載運整個船隊約兩萬人一個多月的生活所需，所以重達三千五百噸左右；而且，為了讓船員們攝取均衡的營養，鄭和在船上裝載了許多綠豆，以便隨時可以孵育出新鮮的豆芽菜。近代醫學研究證明，歐洲人從事航海事業時，因為沒讓船員吃到足夠的蔬果，結果缺乏維生素C而容易感染敗血症。鄭和又安排了隨船醫生，負責診治各種科別，以應付數萬人不同的生理狀況，鄭和思慮之周密由此可見。

鄭和本人身高九尺（超過一九〇公分），他眉目分明、齒如編貝、聲音洪亮、行如虎步，極具領導的威儀。他所乘坐的寶船負責發號施令，約一百二十五公尺長，四十公尺寬，面積大過國際標準的足球場；如果和西元一四九二年哥倫布航向美洲新大陸的

「聖瑪莉號」相比，哥倫布的船只有二十五公尺長，真可說是小巫見大巫呢！

鄭和七次遠航的足跡遍及南洋、印度洋，最遠到達非洲東岸的肯亞，共三十多個國家，統稱為「西洋」，期間的第四次，他從東非帶回一隻形狀奇特的動物，讓眾人大開眼界：「這和傳說中的麒麟太像了！」其實，這隻「麒麟」就是今天我們所熟悉的長頸鹿。

鄭和不但為明朝宣揚國威，也奠定了華僑在南洋發展的基礎。今天的印尼、泰國和馬來西亞等國，還保存著像「三保公廟」之類的建築物，以紀念鄭和。

鄭和不只是個偉大的航海家，他還具有組織統馭的才能，為了順利出航，他在事前做了將近三年的規劃。首先，他在造船工程上投注了三千名人力，以兩年的時間，造出禁得起暴風雨考驗的兩百六十艘船。這間造船廠的面積高達六十多萬平方公尺，是當時全亞洲最大的

造船廠。

為了讓繁複的造船流程進行順利，船廠的生產和庫存管理記錄得巨細靡遺，許多零件和工具都有編號，甚至還會刻上製造者的姓名，以便於日後的追查，才能確保品質的優良；至於工具和所有材料的領用，也都必須詳加登記，才不會發生混亂的冒領狀況，這真具備當今生產線的規模和制度，令人嘆為觀止。

一望無際的大海存有無限希望，卻也隱含無數危機，鄭和船隊以木板製成「牽星板」，在夜晚觀測星象以求定位，這正是最早的衛星定位系統。又因為航行於海上，因方位的變化而無法靠太陽測定時辰，鄭和特別在船上設置海上沙漏——「銅壺沙漏」。這個沙漏分成日、月、星三種，除了測量時間外，還能測航程。根據沙漏的時間刻度，加上士兵在船上測量海速，兩者相加取平均數，就可以測出當時的航海速度，其先進令人折服不已。

明成祖逝世後，由宣宗繼位，鄭和仍盡忠職守，西元一四三三年是他最後一次出使，當時他已經六十二歲了。兩年後鄭和去世，不久，明朝政府便以「海禁」政策停止遠洋事業，往後的海上霸權，便成就在歐洲國家手中。

明孝宗藏身地窖

明憲宗是個生性懦弱的人，處理國家大事的能力不強，倒是常夢想著長生不老。於是，一群道士便在宮中替他調製仙丹，趁機多撈幾筆。這一天，當皇帝正準備服用仙丹時，一名太監神色驚慌的跑來報告：「萬歲爺，不好了，皇太子……」「太子怎麼了？快說！」「皇太子升天了。」太監才一說完，皇帝便傷心的流下眼淚，決定前去看個究竟，而站在一旁的萬貴妃卻冷笑不語，氣氛變得好詭異。

東宮裡一片哀悽，皇太子直挺挺的躺在床上，他的母親，也就是另外一位貴妃，則是泣不成聲的跪在床邊。「太子生的是什麼病？太醫有沒有來看過？」皇帝厲聲問道。「太子昨天回宮後就直喊肚子疼，夜裡發燒後便不省人事，今天就……就過去了。」「太醫怎麼說？」皇帝繼續逼問。「太醫說，太子是吃了……」太子的母親不敢再往下說，只是滿臉畏懼的看著萬貴妃，眼淚流個不停。

皇帝失魂落魄的回宮，不發一語的坐在椅子上，不禁回憶起過去的時光。記得那時候，自己還是太子，

既年幼又膽怯，面對一波波慘烈的宮廷派系鬥爭，他不僅無力招架，而且也不知如何應付，整天擔驚受怕的度日。當時，只有一位宮女像大姊姊般呵護著他，陪他度過這段艱辛的歲月。等到自己繼承皇位之後，立刻對這個宮女加以獎勵。於是，她就成了人人畏懼，權力不可一世的「萬貴妃」。

「太子是怎麼死的，你心裡明白嗎？他可是你唯一的兒子，難道不去查個水落石出？」太后直接逼問明憲宗。「太子是……生病死的。」皇帝囁嚅著回答。「哼！虧你還說得出口，太子明明就是萬貴妃下毒害死的，到了這個節骨眼，你還護著她。你又不是不知道，萬貴妃自己不能生育，而且生性狠毒善嫉，她根本容不下皇太子的存在，非把他置於死地不可。再這樣下去，皇帝你甭想有兒子了，將來又有誰能繼承咱們大明朝的江山

啊！」太后悲痛的邊說邊掉眼淚。

望著悲痛逾恆的太后，皇帝不知如何是好，他實在狠不下心制裁萬貴妃，但又失去寶貝的兒子，心裡的傷痛真是難以形容，容顏也一天天憔悴下去。讓大家擔心不已，忠心的太監實在於心不忍。有一天，一個年長的老太監鼓起勇氣，低聲對皇帝說：「萬歲爺，您不必如此憂愁，您還有一位皇子呢！」「什麼？」皇帝幾乎不敢相信。

「沒錯！這是上天保佑，小皇子已經五歲了，現在在安樂堂。他的母親姓紀，當年因為得罪萬貴妃，被趕到冷宮安樂堂，萬歲爺，您還記得嗎？」「啊！」皇帝從回憶中猛然驚醒，著急的問：「你為甚麼不早點兒告訴朕？」「萬歲爺，不是奴才多嘴，請您想想，這事兒如果早被別人知道，把秘密洩漏出去，小皇子還能活到今天嗎？為了安全起見，小皇子一直都躲在地窨裡。」「地窨？這怎麼行，我要馬上去看他。」皇帝急得站起來就走。

安樂堂是個暗無天日的地方，這裡住著的是年老的宮女、失寵的嬪妃。她們沒有親人，沒有希望，每天寂寞的過日子；可是，西元一四七〇年誕生的小皇子，給安樂堂帶來無限希望，大家盡心盡力的照顧他，希望他快快長大，早點兒見到父親，將來才能繼承皇位。

這一天，皇帝終於來到安樂堂，看到跪拜在地的小皇子母子。由於長期生活在地窨中，他們顯得面色蒼白，又有些瘦弱；不過，小皇子看起來倒是聰明乖巧，皇帝親熱的把他擁入懷中，一旁的人不禁感動得熱淚盈眶。

小皇子的母親立刻被封為紀淑妃，當然引起萬貴妃極大的不滿。「哼！莫名其妙又冒出個皇子，簡直是跟我過不去！將來這個小鬼要是做了皇帝，他母親不就變成太后了嗎？我還得跟她磕頭請安呢！這口氣我可嚥不下，說什麼我也不能讓他當太子。」萬貴妃在心裡惡狠狠的罵著。對於萬貴妃的百般阻撓，皇帝只有嘆氣的份兒，實在拿不定主意，要不要為了把小皇子立為太子而得罪萬貴妃。這些事輾轉傳到紀淑妃的耳中，她立刻謹慎的思考，為了兒子的未來着想，紀淑妃拿定主意，決定犧牲自己。

「孩子，你漸漸長大，要知道如何保護自己，媽媽不能永遠照顧你，懂嗎？還有，將來你是大明朝的皇帝，所以，現在你要用功讀書，將來才能做個仁君，讓百姓們過好日子。」紀淑妃握著小皇子的手，眼裡泛著淚光，繼續說：「你要孝敬父親，聽太后的話，但是千萬別相信萬貴妃，尤其是不可以吃她拿給你的東西，你一定要記住。」第二天，宮女發現紀淑妃自殺身亡，一個月後，小皇子被封為太子，萬貴妃再也無力阻攔。

太子一天天長大，頗具英明之姿，萬貴妃年老體衰，開始對太子示好，她心裡想著：「也罷！反正他的母親已死，倒是減輕了對我的威脅。」這一天，萬貴妃特別前來東宮探視，並且準備熱騰騰的甜食，親手端到太子面前。可是，太子卻說：「我娘說過，絕對不能吃你給的東西，你快拿走。」萬貴妃震驚之餘，難堪、羞憤、絕望，一時全湧向心頭，她氣得暈了過去，再也沒有能力荼毒後宮。太子在十八歲時繼承帝位，果然沒有辜負母親的期望，成為百姓愛戴的好皇帝，他就是明孝宗。

明孝宗朱祐樘年號「弘治」，他是明朝繼太祖、成祖之後，難得一見的好皇帝。他為政寬容，勤政愛民，明修制度，禮遇儒臣，被稱為「弘治中興」；更特別的是，為了防止後宮爭寵相殘的憾事重演，明孝宗只設皇后一人，而無任何嬪妃，如此清心寡欲的作法，使得宦官也難以從中干權攬政，一時間政治風氣清明，人心為之大快！只可惜明孝宗在位僅只十八年，就以三十六歲的英年離開人世，而把大明政權交給唯一的兒子明武宗，他就是歷史上著名的昏君正德皇帝。

李時珍上山採藥

明朝武宗年間，李時珍生於湖廣蘄州，父親和祖父都是當地的名醫，深受鄉里敬重，李時珍耳濡目染，對病理和醫學興趣濃厚。又因自幼體弱多病，久而久之，也略懂一些醫藥知識。

李時珍十四歲時考取秀才，父親欣喜之餘，期望他能更上層樓繼續參加科舉，但是李時珍志在學醫，厭惡呆板的八股文。

「孩子！咱們家已經兩代行醫，你既然考取秀才，為什麼不繼續參加鄉試呢？」

「爹，古人說不為良相，就為良醫。兒子自知做不成良相，不如做個良醫濟世，這不是更好嗎？」但拗不過父親苦勸，李時珍無奈的參加鄉試，不幸三次都落榜，父親只好放手讓他學醫。

既然心意已定，李時珍足足有十年的時間在家鑽研醫書，除了家傳醫術之外，他也專心研究各家醫書，並且把研究的心得用於臨床實驗，再分析各家著述的得失，加以取捨改正，所以他的醫術愈來愈高明，因而名聞遠近。

這時候，楚王慕名請他來為自己治病。在群醫束手無策下，年紀輕輕的李時珍醫好了楚王的宿疾，楚王高興的邀請李時珍留在王府。這段時間，李時珍博覽王府的藏書，不僅開展眼界，對醫藥方面的了解也更深入了。在楚王的舉薦下，李時珍來到繁華的北京城。

「兒啊！在太醫院可不能出錯，凡事千萬要謹慎。」母親的一番話，讓李時珍更添離愁，他恭敬的回覆：「母親放心，孩兒會多加小心。而且很快就會返鄉服侍您。」李時珍其實並不想在京城裡做官，他只希望能做個救人濟世的醫生。

一年後，李時珍辭官回家，因為他實在不喜歡官場上逢迎應酬的惡習，寧可到各

地行醫治病，上山採藥。李時珍在診斷醫學方面下了不少苦功，他根據自己的臨床經驗，結合前人成就，寫下不少著作。如《脈學考證》、《奇經八脈》等。

行醫多年後，李時珍感受到用藥的困難。因為藥材種類龐雜，分辨困難，一般醫者師徒相傳，但單憑經驗，對藥性藥理若稍有失誤，就會造成嚴重的後果。尤其是李時珍在京城時，喜歡走訪藥材市場。李時珍發現，在京城看得到各地的藥材，不過許多罕見藥材卻沒有統一的說明，有些商人還會口若懸河誇大藥材的藥效。若不是行家，不只花冤枉錢，還可能會買錯藥呢！李時珍心想：難道就沒有一本書，可以將所有藥材做正確詳盡的總整理嗎？這個想法在他心裡慢慢醞釀成形。此外，李時珍又發現一個有趣的現象。

李時珍問藥鋪老闆：「我看每家店裡的老師傅，都說店裡有什麼祖傳秘方，這是真的嗎？」

藥鋪老闆笑著說：「那倒不假，能在京城開藥鋪，沒幾樣真本事哪行呢？有些病痛還就那麼一家藥鋪能醫得好，這不是祖傳秘方是什麼？」

李時珍搖搖頭說：「可是我認為，既然是有效的方子，就該公諸於世，造福更多人。」「救人活命雖是功德一件，但是，咱們也得賺錢維生啊！如果秘方全公開了，那以後還有誰來這鋪裡買藥呢？」李時珍和藥鋪老闆的一番對話，讓他決定寫一本讓後世有所依循的醫書，那就是《本草綱目》的初步構思。

原來自秦漢以來，歷代都有關於本草方面的著作，藥物的種類不斷有所增補，共收錄了一千多種，以數量而言，可說是很豐富了；但是經李時珍研究發現，其中的說明缺漏甚多，而且錯誤不少，比如把兩種不同的藥物混為一談，也有把一種藥物說成是兩種。更嚴重的，是把有毒的水銀說成無毒，很多人誤以為服用水銀可以成仙，不知多少人因而枉死。李時珍深知這些錯誤會帶來治療上的嚴重後果，因此他決定著手編寫《本草綱目》。

李時珍一共參考八百多種書籍，耗費三十年才完成《本草綱目》，為求謹慎精準，又經過三次的修正才算完稿。

西元一五九六年，也就是明神宗萬曆年間，《本草綱目》在李時珍去世之後才付梓，此後不斷再版，又傳到日本，成為當時日本醫學院的教科書。《本草綱目》全書有一百九十多萬字，載錄藥方一萬多種，並附有一千多幅的插圖。而每種藥名的下面還備有綱要，說明各種藥物的氣味和主治，再依序敘述其形態、產地、採集方式、製造過程、使用方法等，可說是「博而不繁，詳而有要」。更難能可貴的是，李時珍對於許多藥材的敘述，非常具有科學根據，時至今日，科學家以最進步的方式做實驗，證明李時珍的描述都是正確無誤的。如杜仲可降血壓、貝母可止咳化痰、銀杏能增加免疫力等等皆是。

本書還有一個特色，就是對於水、火、土、金、草、穀、菜、果、木、服器、蟲、鱗、介（殼）、禽、獸、人共十六部進行更仔細的分類，這種先進的分類方式，比起歐洲學者林奈對植物的分類，還早了兩百多年。

到了十七、八世紀，《本草綱

目》被譯成德、英、法、俄等多國文字，連生物學家達爾文都讚不絕口，也讓李時珍在世界醫學史上奠定不朽的地位。

張居正人亡政息

寒冬裡，強勁的北風中，十多個蒙古鐵騎，疾馳過冰雪覆蓋的草原，直奔向明朝北方的重鎮大同府。

大廳上，王崇古疑惑的望著報告的軍官：「俺答的孫子把漢那吉要來投降，這件事關係重大，先好好接待這位貴客，我立刻奏報朝廷。」

急報傳到京師，引起朝臣激烈的辯論。因為，俺答是蒙古族的大酋長，非常強悍善戰，曾經幾度率軍入侵，兵臨京城。有人主張應將把漢那吉立即正法，以宣張國威，震嚇蒙古；可是也有人畏懼俺答，主張將把漢那吉送回，表示安撫。

這時，只有東閣大學士張居正獨排眾議，對穆宗皇帝說：「為今之計，首先要嚴守九邊，使俺答無可乘之機。所以，先對把漢那吉等人厚賞官爵，斷絕俺答入侵的藉口，再伺機送歸，如此北方可安。」皇帝接受他的建議。張居正這番話，使西北邊境化征戰為祥和，帶給漢、蒙人民幾十年的太平日子。

張居正本名張白圭，自幼聰敏好學，十二歲就中了秀才。荊州的知府李士翺召見他，幫他改名為張居正，勉勵他努力上進，將來若身「居」高位時，不忘廉明清「正」。

後來，張居正到京城參加會試，考中進士，三年後畢業，被選授為翰林院庶吉士，被任命為翰林院編修，開始他一生不平凡的政治生涯。

翰林院負責修史、著作、圖書等事務，也是朝廷培養人才的地方。編修的工作沒有繁雜公務，也不必擔負重責大任，是人人羨慕的輕鬆職位。但對以天下為己任的張居正來說，耗在翰林院根本是蹉跎歲月，有志難伸！這時候，明朝經歷武宗、世宗六十年的荒唐統治，早已由盛轉衰，可說是內有宦官干政，外有強敵為患。張居正做了七年編修，想要報效國家卻苦無機會，失望之餘，決定辭官回鄉。

張居正在家種了半畝竹子，每天閉戶讀書。春去秋來，六年過去了。有一天，張居正的父親對他說：「過去，我見你讀書有成，相信必能光宗耀祖，想不到如今你灰心喪志，將來還有什麼指望？」看著父親悲戚的神情，張居正只好又進京城，這次做的官是國子監司業。

西元一五六六年，世宗去世，新皇帝穆宗任命張居正為吏部左侍郎兼文淵閣大學士，張居正從此進入內閣參與大政。

「內閣」是明朝新設的官署通稱，明太祖朱元璋廢除丞相後，自己親統六部，設大學士為顧問。成祖時，以六部主管加大學士榮銜，參加政務，而首席資深大學士為「首輔」，等於丞相的職權，是朝廷權力的中樞。

懷著滿腔熱忱，張居正呈給穆宗一封「陳六事疏」，勸皇帝重振綱紀、革新朝政、整飭武備。雖然得到皇帝的嘉許，可是在因循敷衍的朝廷風氣中，改革的建議竟然石沉大海。張居正發現，如果沒有皇帝的信任，沒有完整的權力，改革只是無法實現的空談。

西元一五七二年夏天，穆宗皇帝突然去世，十歲的小皇帝神宗繼位。掌權的司禮監太監馮保策動太后下詔，罷免了內閣首席大學士高拱，張居正一躍而成首輔，多年的等待，

終於有了一展抱負的機會！

到達權力高峰的張居正更戒慎恐懼。因為他要面對的，是個百廢待舉的國家，萬鈞重擔正等著他扛起。

為了鞏固自己的權力，他首先擔任小皇帝的師傅，進而取得兩位太后的信任，又籠絡位高權重的司禮監太監馮保，免除後顧之憂。

從明神宗萬曆元年到萬曆十年張居正去世前，前後整整十年，可稱為是張居正的時代。張居正對內賞罰嚴明，一改過去徇私遷就的壞風氣。並革新驛站制度，使中央與地方的信息流通無阻。財政方面，他丈量全國田畝，消除往日土豪劣紳的弊端，又施行「一條鞭法」，把繁複的賦稅與徭役合一，既增加稅收，又減輕百姓負擔。

萬曆五年，黃河氾濫成災，中原一片汪洋，張居正派人專責治理，兩年後，黃河與淮河同時治好，張居正把水退後的荒地分配給災民，並且免除他們三年的賦稅，造福蒼生無數。

明朝的外患主要來自北方，蒙古人被朱元璋趕離中原後，雖然放棄了「大元皇帝」的尊號，但仍舊是明朝最大的威脅。

於是張居正大修長城，西北用王崇古、北方用戚繼光、東北用李成梁，終於使得邊患暫息。

張居正用十年的時間，把一個積弱不振的政府，改造得風紀肅然，國富民強，這在中國歷史上是空前的成就。

可是，張居正的改革得罪了許多官僚士紳。在他當政時，這批人對他無可奈何。可是，張居正一死，這些人立刻群起反撲，他們羅織許多罪名，在皇帝面前對張居正大肆撻伐。糊塗的神宗皇帝對張居正由敬畏轉而厭惡，竟相信這些讒言，撤回追封張居正的官爵。

第二年，張家被抄家充公，家屬發配充軍，張居正的兒子被迫自殺。而明朝的命運也急轉直下，數十年後被滿清滅亡。

張居正是明朝了不起的政治家，史家常以諸葛亮和王安石與他相比。其實，諸葛亮雖有小成，卻處於蜀漢小國；王安石有理想卻實行不力，唯有張居正兩者兼備，成果斐然。只可惜明神宗是個二十多年不曾上朝理政的昏君，張居正人亡政息，徒留遺憾在人間！

徐光啟種甘薯

明世宗晚期，朝政腐敗，天下又剛歷經饑荒，人民三餐不繼，朝廷卻無法提出一套濟貧興農的政策。

曾在八股文當道的科舉中連續落榜五次，第六次才考中的徐光啟，對得來不易的仕途卻不積極經營，他最關心的是一般貧苦大眾，最用心的則是國計民生。

一大清早便來到菜園耕種的徐光啟，花了許多心思研究農作物的耕種方式，以及培育各類新品種。他與眾不同的耕種方法，使他這塊菜圃在鄰里間特別出名，大家都喜歡來這兒瞧瞧，好奇的問：「咦？這是什麼？」

「這種作物的來頭可大了，呂宋人把它當作寶貝，本來不准外傳，後來有個水手把它的藤蔓絞纏在船隻的繩索裡，才傳到中國。」徐光啟所說的農作物，就是「甘薯」。甘薯本是美洲印地安人的主食之一，因為哥倫布發現美洲，甘薯因此傳到西班牙，再傳到亞洲殖民地呂宋島（菲律賓），而徐光啟則把它引進中國栽種。

徐光啟帶大家到菜園裡，只見他撥開綠葉，挖出泥土裡的塊根，笑著分給眾人回家嘗嘗看。於是，滋味甜美的甘薯很快就成為大家的新寵。由於甘薯容易栽種，營養價值又高，農民們高興極了。

徐光啟還替甘薯寫了篇文章，說明它具有十三項優點，例如繁殖快速、深藏土中不受蟲害等等。

經由徐光啟的推廣，甘薯很快普及全國各地，在災荒中挽救了不少人的性命。這也使徐光啟與甘薯結下不解之緣，儘管多年後他高居大學士，還是有人暱稱他為「甘薯學士」呢！

徐光啟從小聰慧過人，善於獨立思考，他喜歡觀察事物，研究其中道理，主張學問要實用，能利國利民，強國富民。

徐光啟生於上海，二十歲時進縣學，成了生員。這時為了謀生，他先後在廣東、廣西教過私塾，在來往奔波中，他的見聞和學識更豐富。三十五歲參加鄉試，高中第一名。這時候，他結識了第

一位來華傳教的耶穌會教士——義大利人利瑪竇。

利瑪竇是一位學問淵博的人，他不僅通曉中國語言，還了解許多儒家典籍。徐光啟跟著他學習西方的數學、天文、曆法等知識；最後皈依天主教，成為中國首位入教的讀書人。

西元一六〇四年，徐光啟到北京參加會試，考中進士，分發在翰林院為官。當時，北方的戰事吃緊，徐光啟雖然只是個小官，卻上書皇帝自請練兵禦敵。無奈朝政腐敗，他空有報國之心卻無法如願，只好託病回鄉。

後來，明朝軍隊敗仗連連，明熹宗把他召回，他向皇帝建議鑄造自行設計的西洋大砲，卻遭到太監魏忠賢的攻擊，只好再度告病回家。七年之中，徐光啟在朝三進三出，只因奸臣當道，皇帝昏庸，致使他一事無成。

此時除了外患逼迫，天災也不斷，遮天蔽日的「蝗災」讓人民欲哭無淚。徐光啟來到鄉間，四處打聽如何防範蝗蟲。一個年逾古稀的老農，見這位來自京城的徐大人態度誠懇，便將治蟲之道傾囊相授。「老人家，既然這個方法有效，為何不上奏朝廷呢？」徐光啟不禁好奇的問道。老農猛搖頭：「像大人這樣的官員太少了，我哪敢向那些官老爺說什麼治蝗之法，豈不是討打自取其辱？」

徐光啟一聲長嘆，他決定盡己之力，把這些珍貴的民間秘方記錄下來，以造福更多的人。於是，徐光啟寫了一篇〈除蝗疏稿〉，詳載蝗蟲的生態和消滅方法，可惜這篇奏章並未引起朝廷的重視。

西元一六二八年，崇禎皇帝繼位，誅殺魏忠賢，徐光啟奉召回京任禮部尚書。第二年，「欽天監」監正張應侯推定五月初一日食，與徐光啟發生激烈的爭論。

「欽天監」是主管天象和曆法的重要機關，結果五月初一沒有發生日食。可是，徐光啟所預測的五月二日卻準時出現日食。

崇禎皇帝對「欽天監」的失誤非常震怒，但徐光啟卻委婉的提出見解：「陛下，欽天監依曆法推算並沒有錯誤。可是這套自元朝建立的曆法，早已有了誤差，所以不能怪他們，要根本解決，只有重修曆法。」崇禎皇帝接受他的意見，立即派徐光啟負責監修曆法。已是滿頭白髮的徐光啟又挑起了沉重的擔子。

這部名為《崇禎曆書》的曆法，共有一百二十多卷，由徐光啟主編，從思想方法到編輯體例都是由他規劃決定。他以淵博的中西天文學知識，與中國傳統曆法取長補短，使這套曆法更具有科學性，這也就是我們現在所用的「陰曆」。

崇禎皇帝為了獎勵他的功勞，擢升他為「文淵閣大學士」，使他有了實現富國利民抱負的機會，可惜為時已晚，當年十月，他病逝於北京，享年七十二歲。

徐光啟的才華是多方面的，他在數學、天文、曆法上成就非凡，可是他一生最重視的仍是民食所繫的農業，他先後花了幾十年的時間蒐集、考察、分析和研究，寫出了一部對人民非常實用的《農政全書》，全書五十多萬字，分六十卷。從墾田、種植、農事、水利到除蟲、救荒等十二類。而徐光啟與利瑪竇合作翻譯《幾何原本》、《泰西水法》、《測量法義》，著作了《測量異同》、《勾股義》，對西學的傳入有極大的貢獻。

近世由於天主教盛行，台灣有光啟社從事文教事業；上海的徐家匯大教堂是中國第一座西式教堂，這些名稱的由來都和徐光啟有關。因為，徐光啟病逝後歸葬故鄉上海，他的後人匯集於上海，使「徐家匯」變成今人慣用的地名，且是上海最繁華的地區之一。

魏忠賢稱「九千歲」

西元一六二一年，十六歲的朱由校成為明朝皇帝，他就是歷史上著名的糊塗皇帝明熹宗。

大太監魏忠賢一直是朱由校身邊最得寵的內侍，朱由校當皇帝，他也跟著風光起來，尤其是皇帝當著文武百官的面，公開稱讚他：「朕體會你一片忠心，特別恩准你恢復本姓魏，賜名忠賢，並且升為司禮監太監，提督東廠。」「謝主隆恩！奴婢將不惜肝腦塗地以報國家，報答皇上恩典。」魏忠賢誠敬的跪地叩拜，心裡不免洋洋得意。

抬頭仰望少不更事的皇帝，魏忠賢的嘴角泛起一絲冷笑，回想自己艱苦的過去，魏忠賢更是志得意滿。他生在京師附近的河間縣，自幼不學無術，喜歡四處遊蕩，沒事就找人喝酒賭錢，所以雙親過世不到幾年，他就把祖產吃喝敗盡，還拖了一身的債，為了躲避債主追趕，只好離開家鄉避居北京。

像他這麼一個不知長進的人，根本沒人願意收留他，魏忠賢被逼得走投無路，最後只好淨身進宮，改名李進忠。「總算有個落腳處，不必流落街頭了，將來我說不定能混出個名堂，享盡榮華富貴呢！」魏忠賢打起如意算盤。

說起明朝的太監膽敢耀武揚武，還真是其來有自。明太祖朱元璋建國以後，曾經明令不准太監干預朝政，還在宮裡豎起鐵牌，刻著「內臣不得干預政事，預者斬」的訓示。不過，到了太祖晚年，他自己也派內臣擔任收稅、出使的工作，只不過在太祖的嚴厲規範下，太監們只是奉命辦事，絲毫不敢專權囂張。

朱元璋的兒子明成祖繼位後，對太監另眼看待，經常委以重任，太監的權勢開始膨脹，好在明成祖雄才大略，在他英明的統領下，太監們還算安分不敢造次。

但自宣宗即位開始，太監不僅位高權重，還可以依照皇帝的旨意，用紅筆批閱大臣呈報的奏章，所謂秉筆太監，已經嚴重違背了太祖的規定。接下來的歷任皇帝大多昏庸荒怠，長期不問政務，太監因此攬權而橫行無忌，是歷史上極為特殊的現象。

例如：英宗時的太監王振，竟然公開毀去太祖設立的「內臣不得干預政事」牌，還以聖人「周公」自喻，皇帝糊裡糊塗的尊稱他為「先生」，大臣見了王振都得下跪，如此這般，教他不囂張也難！

憲宗時期的太監汪直得到皇帝專寵，更是威風凜凜，朝中大臣「只知有汪太監，不知有皇帝」的情況，真是荒唐至極！

武宗時代的劉瑾更是跋扈，不僅掌控朝政，還肆意陷害忠良，大臣要將一份奏章呈給劉瑾，另一份才呈給皇帝，劉瑾明目張膽的干政，得到「立皇帝」、「劉皇帝」的稱號。至於真正的明武宗，不過

是個只重享樂的「坐皇帝」和「朱皇帝」。

一想到這些前人的「豐功偉業」，魏忠賢的心裡蠢蠢欲動。不過，等他深入了解宮內的一切，他的野心便涼了一半。「想不到宮裡的太監有幾千人，他們全都是皇帝身邊的奴僕，想要出頭實在太難了！」看到一些老太監最後淒涼的死去，魏忠賢不免打了一個冷顫。

機警伶俐的魏忠賢擅於把握機會，他被派到皇太孫朱由校的母親，也就是太子妃的宮裡去掌廚，他小心謹慎的伺候，一心期盼出頭，這時候皇太孫只有兩歲，漫漫

長日還有得熬啊！

宮裡的日子時刻馬虎不得，因為，除了要伺候主子，還要與他人爭寵。更可怕的是，明爭暗鬥如影隨形，稍不留意則惹禍上身，魏忠賢提心吊膽的過日子，身心煎熬一言難盡！

激烈的黨爭之下，皇太子竟然在宮內遇刺，雖然保住性命，卻被嚇得精神恍惚，健康每下愈況。不久，太子妃因病過世，對太子形成另一個打擊，他整天魂不守舍的，幾乎忘了還有個兒子朱由校。

貴為皇太孫的朱由校失去母親，只剩一個得了失心瘋的父親，這時候，魏忠賢成了朱由校身邊最親近的人，他不僅侍奉皇太孫，還保護他伴他成長，在朱由校孤寂無依的幼年記憶中，魏忠賢是身邊最值得信賴的人。

魏忠賢終於等到出頭的日子，那就是當太子坐上龍椅，朱由校也由皇太孫升為太子。但短短二十幾天之後，父皇去世了，朱由校又升為皇帝，這下子，魏忠賢終於熬出頭了！

小皇帝對國家大事不感興趣，他喜歡在木工房裡做木雕。「聖上，您的手藝真是日有精進啊！不過，這兒有些大臣的奏章，您要不要先批閱一下？」魏忠賢抱著一疊奏章，故意挑這時候打擾皇帝，皇帝不勝其煩，頭也不抬的說：「快拿走！要辦你去辦。」魏忠賢狡猾的笑著，從此大權在握。

有了皇帝撐腰，魏忠賢更加放肆，不順從他的人都被處死，他還大模大樣的在皇帝面前騎馬招搖。此外，魏忠賢在宮裡成立上萬人的私人衛隊，許多大臣氣不過，聯名寫了一份訴狀，向皇帝說明魏忠賢的惡行。然而，皇帝絲毫不在意，魏忠賢是皇帝眼前的大紅人，那些告狀的忠臣最後都不得好死，往後再也沒人敢揭發他了。魏忠賢將不忠於他的人趕盡殺絕，成了人人懼怕的「九千歲」。

「哈哈！我比起這皇帝萬歲、萬萬歲，也不過只差一千歲，看誰還敢惹我！」

魏忠賢已經囂張得忘了他只是個太監，他要求各地官員為他立「生祠」，必須虔誠對著他的塑像膜拜，稍有不從一律處死；更離譜的是，連皇宮裡都設了「生祠」，皇帝還頒贈匾額，真是滑天下之大稽！

所幸，這個糊塗皇帝在西元一六二七年去世，繼任的明思宗對魏忠賢展開調查，魏忠賢知道自己罪無可赦，自殺結束罪孽的一生。但太監亂政已嚴重危害國家主權，明思宗欲振乏力，終於走上亡國的不歸路。

宋應星不圖仕進

這是個幸福的家庭，宋應昇、應星兩兄弟快樂的在花園裡玩耍，應星手中抓著一隻彩蝶，興高采烈的跑進客廳，嘴裡喊著：「娘，快看哪！好漂亮的蝴蝶。」話還沒說完，一腳踢到桌子，桌上的花瓶和茶壺掉在地上，摔得粉碎。

八歲的宋應星看到地上的碎片，突然起了好奇心，讓他幾乎忘記剛才所闖的禍。「娘，花瓶和茶壺是怎麼做的？為什麼會破呢？」

看著應星一臉天真，母親好氣又好笑，耐著性子回答：「都是泥土燒成的，怎麼會摔不破？」「娘，既然都是泥土做的，為什麼顏色不同？」應星又提出新的問題。

母親簡直被問倒了，想了一下又說：「你應該像哥哥一樣，專心讀書，別問東問西的。」

宋應昇是個謹慎用功的孩子，很得老師的稱讚。可是應星就不同了，除了讀書以外，他關心身邊的每件事物，常常提出許多奇奇怪怪的問題去煩父母、老師，但是所得到的答案卻是千篇一律：「孩子，別問那麼多了，去用功讀書吧，將來才能準備考試金榜題名啊！」

「哎！這些大人從不關心食衣住行的事，只知道強記八股文準備應試作官；如果人人都作官，那誰來做研究呢？」年少的應星心中有了疑惑。

應星的好奇心雖然很強，但並未影響他的讀書成績，兄弟倆都在明神宗萬曆年間高中舉人，這真是宋家的光榮。不過，兩人一塊兒遠赴京城參加皇帝所主持的進士考試時，卻不幸雙雙落榜。

應昇並不灰心，回鄉後繼續苦讀，終於在第五次應試時金榜題名，走上作官的坦途。

應星的人生目標不在作官，他滿懷信心的說：「古人說，人生有三件大事可做，第一是立德，這是聖賢才做得到的，我不敢好高騖遠；第二是立功，但是我做不了官，這項也不容易成功；所以，我想

做第三件事：立言，好好寫一本書。」

哥哥聽了微微一笑，隨口說道：「這談何容易！你什麼也不懂，怎麼寫書呢？」

宋應星不理會哥哥的訕笑，他決心編著一本有關食衣住行方面的書。可是，當他攤開紙筆，才寫下「民以食為天」五個字，就再也寫不下去了。哥哥說的沒錯，什麼都不懂，哪能寫書呢？

宋應星決定在仔細觀察事物之外，更要虛心求教。有一次，縣裡的寺廟正在大肆整修，宋應星決定前往一探究竟。

「師傅，蓋這麼高的房子，怎麼知道要用多少木材呢！」宋應星客氣的請教一位工匠。

「這個嘛！古書上早就記載了，我們只要按照書上的規定製作梁柱，尺寸不出錯，房子就可以蓋得堅固美觀了。」工匠說完便拿出一本舊書給宋應星觀賞。

「哇！古人的智慧真是了不起！」繼續往前走，宋應星到大殿後的廣場中央，看到已經擺著一口新鑄的大鐘。「原來鐘已經鑄好了。」宋應星驚嘆著。

「哈哈……這個小子什麼也不懂。」工人在一旁發出一陣哄笑，把宋應星搞糊塗了。他立即向一位年長的工匠請教。老工匠指指大鐘，很專業的說：「這只是個模子。我們先用石灰和細沙混合後做成內模，再把牛油和黃蠟塗在內模外面，凝固之後，就可以在蠟上刻出花紋和文字，瞧！就是你現在所看到的這個。」

「然後呢？」宋應星繼續問。

「再把泥炭粉一層層的塗抹上去，乾燥之後就是外模。等內、外模都固定了，再用小火加熱，兩層模之間的蠟就會融化流出來，中間的部分可以灌上銅汁，大鐘不就完成了嗎？流出來的蠟還可以收集起來下次再用呢！」

「哇！妙極了，是誰告訴您這些方法呢？」

「這些都是師徒相傳的秘方，可不能隨便告訴別人。年輕人，我是看你求知上進的心意頗強，才破例告訴你呵！」

宋應星深深覺得，祖先的智慧真是太了不起了。可是，這些寶貴的經驗未經後人記錄整理，將來如何能流傳於世呢？於是，他花了二十幾年的時間，走遍大江南北，收集無數資料，到了四十七歲那年，宋應星成為江西省分宜縣的一個小官，開始夜以繼日的埋首工作，整理收集的資料，終於完成十八卷的《天工開物》。

《天工開物》在明思宗崇禎十年（西元一六三七）出版，是我國最重要的科學書籍之一，曾經被譯成日、法、英文廣為流傳，其中有一百二十三幅插圖，詳細記載農產品的選種和種植技巧；在鑿井、曬鹽、製糖方面，也有巨細靡遺的說明；宋應星還是世界上第一個提出以銅、鋅合金製作「黃銅」的科學家，可見他對冶礦工程也頗有研究。此外，《天工開物》書中對車、船，甚至是火藥兵器的結構都有記錄，對軍事發展頗有貢獻，可惜當時明朝的國勢衰敗，根本無法應付關外的女真人，明思宗自縊殉國後，宋應星便棄官返鄉，終生未再出仕。

後人將《天工開物》視為記錄中國農業和手工業生產技術的百科全書，連日本學者都讚嘆說：「從此書便可窺

見中國技術發展的全貌。」十九世紀的法國，也以《中華帝國古今工業》的書名，將《天工開物》重新以法文詮釋。宋應星的成就絕非在朝為官所能比擬，他的人生哲學，是關心國計民生，而不求個人仕進，他曾經明白的指出：「滿朝文武只熱中追求功名利祿，對生活技能卻一竅不通，這批人根本不配看我的書！」一身傲骨的宋應星的確名留青史。

史可法終極戰將

史可法生於西元一六〇一年，老家是河南祥符，自小家境貧困，可是他讀書認真，個性耿直，是父老鄉親心目中的好孩子。史可法長大以後參加鄉試，當時的主考官，正是朝廷重臣左光斗，他看了史可法的文章大為激賞，立刻評下最高分，從此，史可法便尊稱左光斗為恩師。

「當今聖上放任閹宦亂政，我們這批老臣能做的有限。中興國家的責任，將來就在你們年輕人身上了。」這時正值明熹宗年間，大太監魏忠賢一手遮天，大權獨攬，公然以「九千歲」自居。左光斗等忠臣眼見朝政紊亂，卻只能徒嘆奈何，便時常勉勵史可法要以天下興亡為己任，千萬不可趨炎附勢，壞了讀書人的氣節。

左光斗從來不肯巴結得勢的宦官，甚至還鼓足勇氣，和楊璉等人聯名控告魏忠賢的二十多條罪狀；不過，糊塗的皇帝竟然相信魏忠賢的話，把左光斗這批人逮捕下獄。

左光斗在獄中受盡酷刑的折磨，他抵死不肯承認愧對國家，史可法急得四處奔走，最後決定親自到獄中去一探究竟。

於是，史可法化裝成打掃監獄的工人，還花錢買通了獄卒，終於見到恩師左光斗。

「老師！」史可法哭著跪倒，泣不成聲。因為，左光斗已經被打得形同殘廢，臉上更是血肉模糊，連眼睛都睜不開了。

「你來這裡做什麼？難道不怕被抓嗎？快走！」左光斗一聽是史可法的聲音，為了他的安全著想，急切的斥責。「不！老師，我不走，我要救你出去。」史可法哽咽著說。

「傻孩子，我是不可能活著離開這裡的，國家大事就交給你了，快走吧！」左光斗沉痛的表示，他想要揮揮手，無奈臂骨已斷，情急之下，另一隻手抓起地上的刑具，用力擲向史可法，強迫他遠離危險的牢獄。

左光斗慘死獄中，史可法悲痛逾恆，他決定繼承老師的遺志，把一生貢獻給國家。

昏庸的明熹宗當了七年皇帝，才二十三歲就駕崩了，之後由明

思宗繼位，他就是明朝最後一位君主。思宗崇禎元年（西元一六二八），史可法考取進士，這一年，陝北發生饑荒，連樹皮草根都沒了，災民以土石充飢，賣兒賣女的慘狀處處可聞。明思宗束手無策，饑民被逼得起兵造反，形成一股強大的勢力，這就是「流寇」。

史可法奉命敉平變亂，當他到達災區，不由得同情百姓的遭遇，卻又不能違抗朝廷的命令，國家至此，怎不令人痛心？更嚴重的問題是關外的女真人，已經在東北地區建國，國號「大金」，對明朝形成另一種威脅。

崇禎十七年（西元一六四四），流寇首領李自成攻陷北京，明思宗在煤山自縊身亡。

「老天爺真的要滅我大明朝嗎？我身為臣子該當如何？」史可法聞訊後痛哭。不久傳來更糟的消息：「大人！山海關守將吳三桂私自打開關門，女真人已經攻進來了。」

「什麼？吳三桂身為守關大將，怎可如此甘為降臣？」史可法大吃一驚。

「據說是因為李自成搶了吳三桂的愛妾，他才引女真人入關對付李自成的。咱們大明朝已經是凶多吉少了。」部下們個個愁眉不展。

史可法頹然跌坐，想不到他竟眼見國家滅亡而無對策。「不！我不能辜負恩師的遺志，一定有辦法挽回的。」史可法堅決

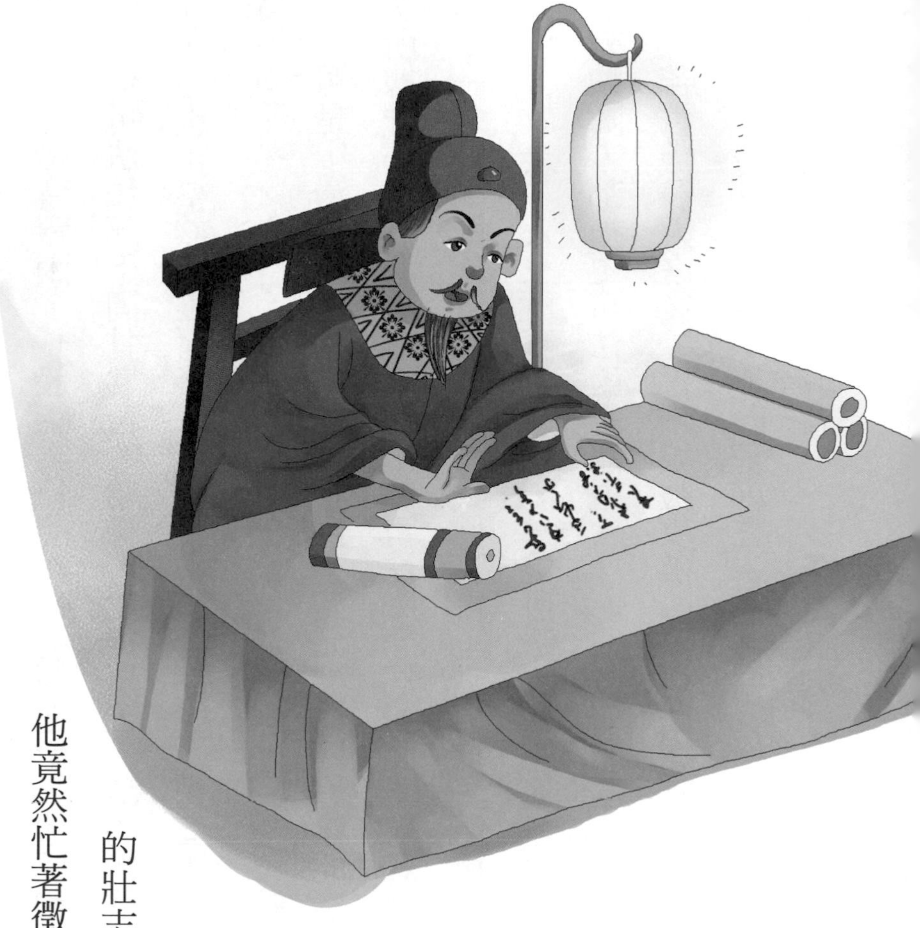

的說。

女真首領皇太極在位時，將國號由「金」改為「清」；順治皇帝登基後，女真人聲勢更是銳不可當。史可法不願對清廷降服，和一批大臣擁護思宗的堂兄朱由崧為皇帝，是為福王，定都南京，誓死抗清，史稱「南明」。

只可惜，福王並沒有雪恥復國的壯志，在這個危急存亡的關鍵時刻，他竟然忙著徵選美女入宮。

「唉！聖上的行徑固然令人痛心，但是我身為朝臣，只有盡忠職守，效死報國。」史可法勉勵自己。可是，和他有志一同的人並不多，許多大臣只知道玩弄權術，甚至花天酒地，苟且偷安。

「大人！您整日為國事操勞，該休息用點飯菜了。」部下端來熱騰騰的飯菜，史可法聞到香味，確實有些餓了，但是他不動筷子，先開口問：「將士們吃飽了嗎？」「是的，大家已用過乾糧。」「唉！把飯菜端下去，賞給那些傷兵吧！我也和大家一樣吃乾糧。」史可法知道此時物資艱困，一般士兵只能領些乾糧充飢，他要和大家共患難，不願獨享特權。

史可法和部下同甘共苦的精神，贏得眾人一致的愛戴，只要他一聲令下，無人不全力以赴。這也正是歷史上所記載的：史可法吃飯不備二菜、睡覺不解衣帶，全心全意的報效國家。

可是，清兵的攻勢太強了，到了西元一六四五年的春天，十萬清兵由多鐸率領，將史可法所據守的揚州城團團圍住，史可法率領居民將士，和清兵決一死戰。

「大人！城外清兵不退，我們又得不到支持，已經快撐不住了。」「不到最後關頭，絕不輕言放棄，大家再奮力迎戰。」史可法明知前途多舛，仍然堅持到底。期間多鐸五次派人前來勸降，都被史可法嚴辭逼退。

苦戰十多天之後，揚州城被攻破，史可法在將士的哭喊聲中拔刀自刎，鮮血染紅衣襟。這時候，清兵攻進來，抓到奄奄一息的史可法。「只要你肯投降，我立刻派人醫治你的傷勢，日後榮華富貴享用不盡。」多鐸佩服史可法的氣節才幹，誠懇的再度勸降。

史可法氣若游絲，堅決的表示不降，終於被殺，年僅四十四歲，衣冠塚便設在揚州城外的梅花嶺。史可法這種貧賤不能移、威武不能屈的精神，將永遠流芳百世。

崇禎皇帝自縊殉國

朱由檢在西元一六二七年繼承了兄長遺下的皇位，廟號思宗，年號崇禎，後人稱他為崇禎皇帝。這時他年僅十六歲，卻不得不擔當起國家興亡的重任。

思宗即位之初，就殺掉了禍國殃民的大太監魏忠賢，使人心大振，以為中興可期。可是，殺幾個壞人容易，面對嚴重的外患及內亂，思宗一錯再錯，終致身死國滅。

明朝自賢相張居正死後，皇帝昏庸，朝政日非，再加上天災不斷，國勢日衰，於是遼東的女真族首領努爾哈赤乘勢而起，明軍連連戰敗，遼東七十餘城也都淪陷了，京師為之震動，好在忠心的袁崇煥自請出關禦敵，才穩定遼東大局。

袁崇煥是萬曆四十七年的進士，他胸懷大志，被朝廷升為遼東兵備副使，負責監軍關外。他首先修築極堅固的寧遠城，然後逐步收復失土。

西元一六二六年，努爾哈赤進攻寧遠城，中彈負傷而死，其子皇太極即位，率大軍來犯，又被袁崇煥打敗，這就是著名的「寧錦大捷」，朝廷大肆封賞，但袁崇煥卻因為得罪了魏忠賢被逼辭職。明思宗即位以後，立即提拔袁崇煥，並親賜尚方寶劍，還當面告訴他：「莫負朕恩！」

袁崇煥走出宮門，回想被皇帝召見的恩寵，心中激動不已。「天子聖明，大明朝中興有望了！」但他絕對想不到，自己的一生竟毀在這位聖明的天子手中。

皇太極深知袁崇煥膽識過人，又對朝廷忠心耿耿，是女真族往後發展的最大阻力。於是，便想出一條除掉他的毒計。

西元一六二九年十月，皇太極親率大軍，避開寧錦前線，繞道內蒙古，從喜峰口入關，直逼北京。袁崇煥連夜率軍與金兵展開廝殺，從凌晨戰到傍晚，終於打退金兵，使北京轉危為安。可是，多疑的思宗卻聽信讒言，對袁崇煥完全失去信任。

袁崇煥自認為一心為國，行事端正，所以從不肯對太監們假以辭色，更別說是討好巴結了，因此得罪不少太監，皇太極洞悉這件事，立刻利用一個素來對袁崇煥不滿的楊太監成就其奸計。

楊太監在邊關一帶打探軍情，不幸被皇太極的軍士所捕，可是皇太極並不殺他，只是把他關在一處冷僻無人的軍營。

貪生怕死的楊太監，半夜聽到營帳外有了動靜，原來，竟是關內的口音，而且，這兩個人還自稱是袁崇煥的部下。楊太監豎起耳朵，想要聽個明白，但營外的人極為小心，說得輕聲細語，隱隱約約中，似乎只聽到

袁崇煥打算退兵，和皇太極合作，以謀取往後的榮華富貴。楊太監自認為發現了天大的秘密，恨不得立刻揭發袁崇煥的詭計。

說也奇怪，楊太監發現營外的說話聲逐漸消失，他試著自行鬆綁，竟掙脫束縛，他拔腿就跑，才一出營帳，正巧大樹下拴著一匹馬，他立刻跳上馬背，沒命似的往城內逃去。這時，皇太極得到報告，得知一切都在他的掌控之中，不由得哈哈大笑：「袁崇煥老命休矣！我終於可以除去這個眼中釘。」因為，這所有情節都是皇太極的安排，營外的密使、樹下的馬匹，都是欺騙楊太監的道具。

楊太監一回到紫禁城，立刻求見皇帝，把自己這一番經歷形容得英勇驚險，又大肆渲染袁崇煥的叛國行為，氣得明思宗是臉色鐵青。

生性多疑的明思宗，完全不顧及袁崇煥過往對國家的忠貞，立刻把他逮捕下獄。第二年，袁崇煥受盡嚴刑後被處死！這不僅是千古冤案，更讓邊關的將士心寒，忠貞的袁崇煥得此下場，還有誰肯為國家賣命？

袁崇煥死後，遼東大勢已去，國內又興起一波更可怕的內亂，那就是「流寇」。連年的天災人禍，明思宗並沒有安撫衣食無著的流民，反而增加賦稅，百姓怨聲載道，紛紛加入「流寇」的陣營，四處打家劫舍、殺人放火，國內更加動盪不安。

明思宗為了節省銀兩，開始縮編驛站，成千上萬的失業驛卒無處可去，更壯大了「流寇」的聲勢。國內情勢如此，遼東更是危急，皇太極進兵關內的雄心，似乎即將成為事實。明思宗枯坐內廷，他苦思對策，卻是心煩意亂，對於內外交迫的形勢，他除了怒氣沖天，大開殺戒，責罰大臣外，幾乎是束手無策；而大臣們動輒得咎，為求保命個個噤若寒蟬，每天出門上朝前，都得留下遺書與家人訣別，不知今日是否能活？全國陷入一片哀淒悲慘的情境中，大明王朝可說是危在旦夕！

「流寇」的大頭目李自成聲勢浩大，他以「不殺人」為號召，短短一年，跟隨群眾已有數十萬，西元一六四四年，李自成率大軍直攻北京，不到月餘便包圍北京城。

明思宗難逃亡國之君的命運，他內心有說不出的苦楚，但他忽略了因為自己不辨是非、不明事理而造成的錯誤，多少忠臣志士慘死在他的盛怒之下，多少冤獄永不得真相大白，他愧對國家而不自覺。最後，明思宗把心一橫，揮劍殺了妃子、公主，自己直奔煤山（今景山），以一條白綾結束輝煌又慘澹的一生。明朝終結在流寇的戰火下，各地飽受荼毒，留待清兵入關再重建江山。

努爾哈赤定江山

明神宗是明朝後期相當昏庸的皇帝，尤其自張居正去世後，所有改革隨之人亡政息，朝政也日益敗壞，而東北關外的女真族則於此時興起，其中的英明領袖就是努爾哈赤。

努爾哈赤出身於建州女真的一個貴族家庭，他的祖父和父親都是族中首領，本來臣服於明朝，可是，在一次部落之間的征戰中，兩人雙雙負傷去世，當時努爾哈赤只有二十多歲。

努爾哈赤自幼身強體壯，練就一身好功夫，騎馬射箭樣樣精通；而且，他還精通漢語，對漢人文化十分了解。父親早逝，族裡分崩離析，他並無機會施展，父親只留給他十三副盔甲，和一片狼藉的戰後景況。

努爾哈赤就靠著這些僅有的資產起家，他率領著一支百餘人的敢死隊南征北討，逐漸統一女真各部，這時他已經五十七歲了，憶及過往，自己這三十年來幾乎都在征戰中度過，努爾哈赤終於下了決定：「我這一生兵馬倥傯，也許時日不多了，總該有個名目吧！」於是，他在西元一六一六年即位稱汗，定國名為「金」，正式和明朝脫離藩屬關係。

兩年後，努爾哈赤率領著滿洲八旗的精兵兩萬人，正式向明朝宣戰，目標就是撫順城。

撫順之戰可說是大獲全勝，此役震驚關內，紫禁城裡的明神宗寢食難安，他召來兵部

侍郎楊鎬，商討如何對付關外女真。「啟奏陛下，目前我們兵力不足、武器不夠……」

「夠了！快滾！」明神宗情急之下，連下三道聖旨增加賦稅以籌軍餉，文武百官幾乎都亂了手腳。

「哈！大家不用怕，這楊鎬本來就是個文官，根本不善征戰，我們只要全力應戰，保證是戰無不捷、攻無不克。」努爾哈赤的分析十分精確，這楊鎬在戰場上是調度無方，手下個個聞風喪膽，雖然女真兵士僅只六萬，但是在努爾哈赤沉穩應變的指揮下，軍隊發揮了十足的戰鬥力，把明朝軍隊打得是落花流水。

僅僅五、六天的戰役，明軍元氣大傷，紫禁城裡一片愁雲慘霧；相較之下，努爾哈赤從此更具信心，他接連又拿下了遼東重鎮瀋陽城和遼陽城。西元一六二五年，金國定都瀋陽，成為明朝最大的威脅。

努爾哈赤一路長驅直下，遼河以東七十多座城池都被他攻占，金國人心振奮，形勢大有可為；反觀北京皇城裡的明熹宗，卻是一籌莫展，好在忠心的將領袁崇煥前來請命，願意死守寧遠城。

「沒想到我過關斬將數十載，竟然攻不下一座寧遠城！」努爾哈赤以十三萬大軍圍攻寧遠，卻敵不過膽識過人的袁崇煥。因為，原本士氣不振的大明軍隊，竟在袁崇煥的精神感召下誓死效忠，讓努爾哈赤徒嘆奈何。

西元一六二六年的夏天，努爾哈赤率軍猛攻，袁崇煥以西洋砲銃還擊，金國兵士傷亡慘重，努爾哈赤本人也遭砲火擊中，不得不下令撤退，返回瀋陽，這就是明史上著名的「寧遠大捷」。

「父王！您的傷勢要緊嗎？兒臣找人來為您醫治。」努爾哈赤的兒子皇太極心急如焚，顧不得前線

戰況危急，趕緊前來探望。

這時，只見努爾哈赤斜靠在榻前，語氣沮喪的回答：「我自二十五歲開始馳騁沙場，可說是身經百戰，不料一世英名將毀於寧遠城！」「不！您的英名永存，豈是這小小城池所能阻攔！兒臣將會攻下寧遠城，覆亡明朝。」皇太極激動的說道。不久，努爾哈赤傷勢惡化，幾天後便去世了，未曾一統的江山，以及進關入主中原的理想，只好交由皇太極去完成。

皇太極承繼努爾哈赤的事業，將「女真」改稱「滿洲」，在西元一六三六年正式定國名為「大清」，自己登基稱帝，而尊稱努爾哈赤為「清太祖」，正如其後的清高宗乾隆皇帝，在薩爾滸山為先祖努爾哈赤豎立的紀念碑中所言：「清朝的開國基業始於此次戰役。」努爾哈赤確實為大清朝一統江山，奠立數百年基業之石。

「八大山人」哭笑不得

西元一六四四年，明朝崇禎皇帝自縊身亡，滿清騎兵席捲中原，遷都北京，開始兩百多年大清朝的統治。許多心懷故國的人不肯為清朝效力，他們在言行或書畫作品上，表現出對滿清統治者的仇恨。著名的畫家「八大山人」朱耷，就是其中最特殊的一位。

朱耷是明太祖朱元璋第十七個兒子朱權的九世孫，世代封在江西南昌。朱耷出生時耳朵很大，父母給他取了「耷子」的乳名。朱耷八歲能作詩，又寫了一手好字，但他最喜歡的則是繪畫。

朱耷是皇親貴族，原本不必參加科舉考試，可是他仍高中金榜，可見資質聰慧過人。朱耷生活優渥受盡寵愛，大家都說他的大耳朵，就是一生榮華富貴的象徵。

但是明朝滅亡，一切都改變了。滿清入

關後不斷撲殺反清勢力，王府上下惶恐不安，朱耷的父親死了，讓他更覺無助。

西元一六四八年，清兵攻占南昌。朱耷在兵荒馬亂中帶著母親逃難，幾經波折，他們來到新建縣西邊的洪崖。

從富貴繁華的王府，來到窮鄉僻壤的小村莊，朱耷變得孤獨悲憤，每天都忙著畫畫寫字，不說一句話，母親擔心極了，只能默默流淚。

一個夏日午後，剃了光頭，一身僧衣的朱耷突然出現在母親面前，讓她大吃一驚。原來朱耷為了安全著想，改當和尚。「娘，我可不願剃了半邊頭，腦後拖著一條像豬尾巴似的長辮子，跟那批女真蠻人一樣，所以乾脆剃光頭做和尚，倒還俐落些。」此外，他還取了個法名，叫作「傳綮」。

看到母親驚惶的眼神，朱耷要母親別擔心，他只是為了自保才如此。從此，朱耷就以傳綮和尚的名字出現，他喜歡喝酒，許多市場小販常請他喝酒，他從不推辭，酒後就幫他們畫上一幅。可是，對那些投降清朝的官吏，即使是出大錢求他畫一塊石頭，他也絕不答

應。

有一天，臨川縣太爺胡亦堂硬把朱耷請到縣衙，擺上酒菜殷勤的款待，飯後命人拿出紙筆，陪著笑臉要討畫，誰知朱耷一口回絕，胡亦堂臉色大變，厲聲說道：「你不要敬酒不吃吃罰酒！」

朱耷若無其事的回答：「我和尚不懂什麼敬酒或罰酒，只是謝謝老爺的飯菜，和尚要告辭了。」

胡亦堂一聽，勃然大怒說：「少跟我裝瘋賣傻！咦？你不是明朝的小王爺嗎？朝廷正在追緝前明遺老，要不要我把您送去北京城啊？」聽了胡亦堂的話，朱耷一愣，突然狂笑起來，接著又哭又鬧，撕了僧袍，踉蹌的跑出縣衙。朱耷在大街上一路狂奔，引來許多看熱鬧的人，認識他的人以為他被嚇瘋了，都覺得很惋惜。

過了幾天，他寫了一個大大的「啞」字貼在家門口，從此不再跟任何人講話。三年後，朱耷回到南昌，在城南蓋了一所「青雲譜」道院，他換上道袍當了院主。有人問他，怎麼當過和尚又成了道士？只見他從容的說：「佛、道本是一家，出入佛與道之間，有何不可？」

朱耷在青雲譜道院將近三十年，平日習靜修真，畫藝進步神速。當時的社會日益安定富足，朱耷以賣畫維生，不愁生活，他在作畫之餘，還收了兩個弟子，後來都有不錯的成就。

然而，朱耷對女真人所建的清朝深惡痛絕，常藉詩文書畫來發洩內心的鬱悶。六十五歲時，他畫了一幅「牡丹孔雀圖」，畫幅上有塊搖搖欲墜的岩石，石下垂著幾枝竹葉和牡丹花。中央有兩隻蹲在危石上，禿毛又醜陋的孔雀，其中一隻的尾巴拖著三根像是清朝官員帽子上花翎似的羽毛，畫的上端則題了一首詩：

孔雀名花雨竹屏，
竹梢強半墨生成，
如何了得論三耳，
恰是逢春坐二更。

這幅畫非常諷刺，因為滿清以花翎來標示官階的高低，最高階是三根，稱為「三眼花翎」，畫裡的孔雀恰好是三根翎毛，明顯意指滿清高官。而詩中「三耳」指的是奴才，常人只有兩耳，奴才為了逢迎拍馬，要多一隻耳朵才夠用；而一般官員五更上朝，奴才們為了巴結皇帝，二更時就在宮外等候了，所以就是「坐二更」。至於孔雀蹲在危石上，暗示滿清根基不穩，隨時會垮台。當時這種叛逆的畫可以定下死罪，朱耷冒死為之，可見心裡的孤憤。

朱耷六十二歲時離開青雲譜道院，長住北蘭寺，活到八十高壽。朱耷是位有創造力的天才畫家，他擅長畫山水、竹木、怪石等；勇於打破明代模仿抄襲的畫風，他用簡練的筆墨、豪放的構思，畫出生動的藝術形象，到達他人所不及的高難度。由於特殊的身世和遭遇，朱耷用了許多讓人不解的筆名，如：驢屋、刃庵、傳綮等。六十五歲以後，改用「八大山人」，這四個字以草書寫來，既似「哭之」，又像「笑之」，正代表了朱耷哭笑不得的一生！

吳三桂衝冠一怒

西元一六四四年五月，流寇「闖王」李自成攻陷京師，明朝崇禎帝自殺殉國，李自成自稱「大順皇帝」，明朝政權覆亡，這個噩耗對於鎮守在遼東的吳三桂來說，真像是青天霹靂。山海關外有清兵威脅，內有李自成的軍隊。吳三桂在降寇與順清之間擺盪，難以決定。想到身陷在京師的親人們，尤其是愛妾陳圓圓，更讓他牽腸掛肚。

就在吳三桂進退兩難之際，李自成派來使者勸降，以高官厚祿為誘，並賞賜白銀兩萬兩，吳三桂果真被這眼前利誘給搖動了，他決定和李自成合作。

可是，來自京裡的消息打斷了他的好夢。「啟稟大人，陳夫人她……被李自成的部將搶走了！」吳三桂一聽，不禁怒火中燒，激動的拔劍而起：「大丈夫不能保一女子，將有何面目見人？我與闖賊李自成勢不兩立！」於是，吳三桂下令全軍戴孝，為崇禎皇帝發喪，又派人飛報清廷，願全力共誅李自成。正像詩人吳偉業所描述的詩句：

痛哭六軍皆縞素，

衝冠一怒為紅顏！

吳三桂的衝冠一怒，不僅改變了他的一

生，也影響國家民族的命運。

吳三桂的衝冠之怒，對被擋在關外的清兵來說，真是天賜良機。滿清的九王爺多爾袞膽識過人，野心勃勃的想要前進中原，稱霸天下，他先用計殺了明朝的大將袁崇煥，又招降鄭成功的父親鄭芝龍，可說是大勢底定，只差進關一統江山了。這時，多爾袞已看出吳三桂的意圖，於是，他率軍趕抵山海關外，兩人歃血為盟。

其後，闖王軍隊與吳三桂展開激戰，正當雙方血戰方酣，難分勝負之

際，多爾袞親率騎兵兩萬突襲闖王軍隊，致使李自成全軍潰敗。

這一戰是李自成失敗的開始，也是清軍入關後的第一次大勝，吳三桂從此完全倒向滿清，他拱手讓出了山海關，使清軍得以長驅直入，中原再也沒有任何可與之抗衡的兵力。

當李自成撤出北京，居民百官準備歡迎大明太子登基，復興明朝時，偏偏卻迎來了大清朝的多爾袞，吳三桂成了漢人爭相唾罵的賣國賊，或許自覺汗顏有愧人民，他便會同清軍追趕李自成，第二年渡黃河、下西安，終於殺了李自成。吳三桂八戰皆捷，攻下四十二座城池，替大清穩定了西北，使清軍得以從容南下，可說是戰功顯赫。

滿清封吳三桂為「平西王」，又依約奪回陳圓圓，吳三桂從此錦衣玉食，重獲佳人，但一想到全家三十八口性命喪於戰亂，吳三桂不免也有一絲亡國失親之痛，但他把心一橫，先享受眼前的再說。

北京雖然已是大清朝的天下，可是江南抗清的活動前仆後繼，多少勇士為「反清復明」肝腦塗地，南明的福王、唐王、魯王相繼被殺，鄭成功兵敗廈門，退守台灣繼續抗清，吳三桂富貴當前，對這些無動於衷。不僅如此，西元一六四八年，他又掃平一波反清運動而再建大功。

四年後，南明永曆帝大將李定國入四川，吳三桂奉命剿滅，纏鬥五年終獲全勝，永曆帝逃入緬甸，吳三桂此時對清廷是忠心耿耿，他堅持斬草除根，親率大軍進入緬甸，第二年殺了這位南明的最後一位皇帝。

顯赫的戰功使吳三桂獲得當時無人能及的權力，他坐鎮雲南，兼管軍民兩政，任官、財務也不受朝廷管制。他所推薦的官員號稱「西選」，遍於全國，可謂權傾天下，不可一世。吳三桂或許早已忘了，他曾在山海關前為明朝崇禎帝痛哭發喪！忘了曾發下重誓：對南明不以一矢相加殘害。或許他並沒忘記，只是被大清朝賞賜的榮華富貴迷了心竅。

十一年後，康熙皇帝的一道命令，粉碎了他的繁華夢。康熙皇帝不能容忍吳三桂大權在握的囂張，

下令撤藩，免去吳三桂所有的尊榮。吳三桂老羞成怒，脫下清裝改穿大明朝衣冠，再以明朝臣子自居，還說多年來的忍辱偷生，就是為了此刻反清復明。

不過，天下人早已洞悉吳三桂的伎倆，最後吳三桂以失敗告終。當年賣主求榮，山海關請進清兵，今日終嘗惡果，更讓人同情的是陳圓圓，雖然引起吳三桂「衝冠一怒」而造成明朝的覆亡，但她並沒有得到永恆的愛情，吳三桂降清後志得意滿，身邊寵妾不乏數人而忘了圓圓，陳圓圓抑鬱以終，正應了紅顏薄命這句話。

孝莊太后母子情仇

旭日映照著東北的白山黑水，這裡是女真人的老家。這時，女真族的領袖努爾哈赤統一各部，建立了「後金國」，他的兒子皇太極和多爾袞，都是英雄少年。

科爾沁蒙古貝勒的女兒博爾濟吉特氏，閨名大玉兒，是族人公認的美女，十三歲時被許配給皇太極，西元一六三六年，皇太極即位，改國號為「清」，通稱為「滿清」。大玉兒被封為「莊妃」，她二十六歲時生了兒子，取名福臨，也就是日後的順治皇帝。

福臨七歲時，皇太極突然病逝，大玉兒年輕守寡，想到前途茫茫，孩子還不足以擔當大任，不禁悲從中來！徬徨無助之際，她想到了年輕有為的皇叔父多爾袞。

「福臨年幼，國家初建，你可願叔代父職，教育福臨並安定天下？」大玉兒誠懇的請求。多爾袞跪拜於地：「太后聖明，臣將盡股肱之力，全心為國。」

多爾袞揮軍進入山海關，完成滿清一統江山的壯志，並且先後為順治帝平息內憂外患，穩住了順治皇帝的皇位；因此多爾袞以叔父之尊，和皇太后共同輔佐順治皇帝治國。

入關以後，滿清的國都正式遷到北京。大玉兒成了紫禁城裡的皇太后，多爾袞則是位高權重的「皇叔父攝政王」。政局逐漸穩定後，小皇帝也長大了，他對母親和叔叔合作無間的默契產生懷疑和不滿，加上多爾袞自稱「皇叔父攝政王」，讓順治隱約感覺叔叔似乎要取代父親，而年輕寡居的母親也極有可能愛上叔叔，這讓小皇帝心生不安，影響了母子間的融洽。

多爾袞年長皇太后兩歲，與皇太后堪稱是年貌相當，但在漢人的禮教制度下，若以國母之尊改嫁小叔，足為後世笑柄。所以許多漢人就故意以此嘲諷。關於這段傳說，因為沒有確切的史實根據而備受爭議，但在稗官野史中倒是對此多所著墨，穿鑿附會。

不過，多爾袞的猝逝對大玉兒來說，或許又是一次情感上的挫折，但更令她傷感的，竟是順治皇帝為了一個妃子的過世，而興起出家的念頭。「孩子，你身為一國之君，豈可為一個女子而萬念俱灰？」在大玉兒的規勸下，順治並沒有出家，但精神卻一蹶不振，半年後就去世了，留下八

歲的兒子玄燁。

回想當年把希望寄託在兒子身上，想不到兒子以二十四歲之齡早逝。現在，大玉兒雖被尊為「太皇太后」，但是眼前卻還有更艱鉅的任務等著她，那就是穩定孫子玄燁——康熙皇帝的政權。

自從多爾袞死後，朝中元老鰲拜便大權在握，現在又受命輔政，讓大玉兒萬分不安，但她不動聲色，先拉攏另一個年長的輔政大臣索尼，安排他的孫女成為康熙皇帝的皇后，再培植索尼成為康熙的心腹，以便日後除掉鰲拜。

康熙八歲喪父、十歲喪母，大玉兒以太皇太后之尊，對康熙疼愛有加，見他小小年紀卻肩負著治國重任，心中不免又是一番感慨！想當初，多爾袞也曾輔佐年幼的順治皇帝，可是多爾袞死後，順治先是尊封多爾袞為「義皇帝」，後來受人挑撥，又撤銷了多爾袞的榮銜，甚至還沒收多爾袞的家產。

大玉兒不願和自己的兒子發生爭執，只好按捺住起伏的心情而

隱忍一切。如今，宮廷政爭又起，大玉兒身處紫禁城數十載，看盡人生潮起潮落，真是令人不勝唏噓！

好在孫兒玄燁在祖母的全力培植下已是年少有為、胸懷大志的君主，他暗中訓練了一支名為「布庫」的少年武術隊，在宮裡練習角力遊戲，實則為擒拿鰲拜做準備。

康熙八年，鰲拜一如往常的進宮奏事，康熙見時機成熟，出其不意的命武術隊抓住鰲拜，除去心頭之患。年僅十六的康熙穩住了政權，又敉平吳三桂等叛臣的「三藩之亂」，大玉兒非常欣慰，此時她已白髮蒼蒼，卻仍然神采奕奕，因為她終於看到大清朝的希望。

接著，康熙皇帝又派兵攻取台灣，消滅了鄭氏反清勢力，將台灣收歸版圖，完成了大清王朝領土的統一，時為西元一六八四年。

康熙二十六年，大玉兒病重，康熙皇帝衣不解帶三十五晝夜，伏在榻前為祖母侍奉湯藥，甚至親至「天壇」向上天祈求，願意減己之壽以為祖母增壽延年，儘管孝心感人，但祖母終究離開人世，康熙皇帝悲傷不已，尊稱她為「孝莊文皇后」。多爾袞則在乾隆時代被昭雪平反，復還封號。所有恩怨，都隨波消逝在時間的長河裡！

和珅貪污號第一

號稱北京「十剎海明珠」的恭王府，原本是清代和珅的私人宅邸，乾隆皇帝駕崩不到一個月，接位的嘉慶皇帝便撤掉和珅的官職，並以貪瀆等二十條大罪賜令他自盡。這座世界最大的四合院被沒收，直到咸豐皇帝即位，才成為恭親王奕訢的王府。

和珅府裡雕梁畫棟、富麗堂皇，庭園建築清幽秀麗，到處可見皇家林園的縮影，屋簷下「卍」字和「蝙蝠」形裝飾，總共有九千九百九十九個，這些圖像代表萬福，象徵和珅全家福壽雙全、貴氣逼人，幾乎不輸皇宮的氣派。

和珅二十幾歲就做了軍機大臣，十年後成為文華殿大學士兼吏、戶、兵部尚書，兒子娶了乾隆皇帝的掌上明珠，和珅又成為皇帝的親家，榮華富貴更是享用不盡。

關於和珅如何成為乾隆皇帝的寵臣，民間流傳各種不同的版本，大多數的說法是：西元一七五〇年出生的和珅，出身滿洲正紅旗，長得斯文秀麗，和雍正皇帝的一個貴妃很像。乾隆皇帝還沒即位之前，和這個貴妃交情匪淺，結果使她遭受質疑而自盡。乾隆皇帝對此一直耿耿於懷，多年後，當他看到和珅時，還以為是貴妃投胎轉世，只是身分由女兒身變做是男子之軀。巧合的是，和珅臉上的胎記，竟然都和貴妃一模一樣，和珅因此深受皇帝恩寵，得以在官場上呼風喚雨二十年。

其實，諸多流傳的說法皆不可考，和珅之所以受寵，是因為他聰慧機伶，能言善道，並懂得察言觀色，揣摩上意。每當皇帝有了想法，往往是話還沒說出口，和珅就已經明白，並且將事情辦得漂亮俐落。而且，和珅的記憶力絕佳，大臣們的奏章上疏，他只要匆匆過目一眼，就能提綱挈領的找出重點，皇帝詢問時，只見和珅對答如流，說得清楚明白，從此皇帝對他就更倚重了。因此，位高權重的和珅不只是皇帝跟前的大紅人，他也成了人人巴結懼怕的對象，不論大小官員，都要向他呈上金銀珠寶，甚至連番邦朝貢珍品，也都少不了他。所以，和珅府裡的珍寶無數，甚至連宮裡也比不上。

乾隆皇帝當了六十年的皇帝，傳位於子嘉慶皇帝，自己又做了三年的太上皇，這段期間和珅依然故我，嘉慶皇帝還是拿他無可奈何，直到太上皇駕崩，和珅失了依靠，立刻被皇帝賜死抄家。

根據抄家清單的記載，和珅擁有田地八十萬畝、當鋪七十五座、銀號四十二座、古玩店十三座、花園共一百零六座，還有大量的珠寶、衣飾及器皿，而光是貂皮就有一千五百件，全部

家產折合現金約是八億兩白銀，相當於當時國家十年的總收入。

和珅死後家產全數充公，使得吃緊的政府財政突然輕鬆起來，民間便流傳著「和珅跌倒，嘉慶吃飽」的俗諺，和珅貪污真可說是破了金氏紀錄呢！

林則徐「六三」禁煙

林則徐是福州一個望族的後代，但是，由於家道中落，林則徐出生時，林家的經濟已成困窘之態，父親僅以私塾教席的微薄收入，維持著一家十二口的生活。

儘管財力有限，但林則徐的家庭卻是十分和睦，在嚴父慈母的教誨下，身為長子的林則徐，自幼便有一番出色的表現。

有一年除夕夜，父親實在籌不到錢準備豐盛的年夜飯，林母便端出一大盤素炒豆腐，讓大家可以在圍爐的感覺中，享受一頓溫馨的年夜飯。許多年後，當林則徐為官發達了，他仍不忘父母親這段胼手胝足的日子。每年除夕夜，林家的大廚一定為主人奉上一盤素炒豆腐，用來教育林家子孫，勿忘先人「貧賤不移」的情操。

林則徐十四歲時成為秀才。二十歲參加福建鄉試，考中舉人。到了二十七歲（嘉慶十六年，西元一八一一年），林則徐才在會試中考中進士，選為庶吉士，結業後授翰林院編修。

林則徐受到嘉慶皇帝的賞識，在浙江興修水利，造福農民無數；道光皇帝繼任後，他又升為江蘇按察使，公正審理當地的訴訟案件，而贏得「林青天」的雅號。但林則徐並不以此自滿，他為官清廉，愛民如子，水患期間，他慷慨解囊，並為勸募賑災款項四處奔走，讓農民能夠修復家園，安心耕作。

後來，他因為父喪而回鄉，又轉赴浙江，即使在守喪期間，林則徐仍不忘興修水利、造福鄉里，所以各地的人民每聽說林則徐將調任來此，都興奮的表示：「林公來，我生矣！」

此時的中國正面臨著前所未有的衝擊，西方的帝國主義，虎視眈眈的想要侵略中國，特別是維多利亞女王時代的大英帝國，竟以傾銷鴉片的方式，大量賺取中國的銀兩。從初期西元一八〇〇年，每年輸入中國四千五百箱鴉片，到了西元一八三八年，暴增到每年輸入中國四萬箱鴉片，全國吸食鴉片的人口，高達兩百萬人以上，連軍隊的士兵都染上毒癮，他們隨身帶著兩桿槍，一桿當武器，可是生鏽骯髒；另一桿是煙槍，卻是油亮發光！

林則徐可說是先知先覺的第一人，他沉痛的指出：「數十年之後，中原幾無可以禦敵之兵，且無可以充餉之銀。」

對於林則徐的忠勤任事，道光皇帝大為感動，一連八天，皇帝逐日和他商討禁煙大計，

並命他為欽差大臣，到廣州查禁鴉片。但是自大的道光皇帝，甚至搞不清楚英國距離中國究竟有多遠？和我國有沒有陸地相連？因此，當林則徐雷厲風行的查禁鴉片時，反而成為皇帝搖擺不定政策下的犧牲者。

「傳令下去，外商立即交出所有的鴉片，並具結保證，以後再帶鴉片前來販售，一律處以死刑！」林則徐下達命令。狡詐的英商繳了一千多箱鴉片，以為可以敷衍了事，沒想到林則徐徹底追查，迫使英商又繳出兩萬箱。

林則徐把沒收的鴉片全集中在虎門海灘，從六月三日開始分批銷毀，共花了十三天的時間，這就是「六三禁煙節」的由來。

英國政府不肯善罷甘休，道光二十年，英國大軍來襲，船堅砲利的英軍把「天朝」軍隊打得一敗塗地，道光皇帝聞訊後大怒：「把林則徐撤職查辦，改派大臣與英人和談。」

兩年後，中英簽下「南京條約」，賠款之外還割讓香港。這是中國所簽的第一個不平等條約，開啟了往後無限悲慘的命運。

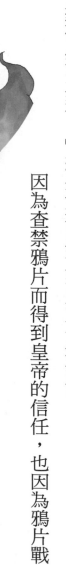

經歷這番變故，林則徐發現中國在軍備方面確實不如洋人，於是他冒死向道光皇帝進諫：「製船必求其堅，造砲必求其利。」結果竟被皇帝怒斥為一派胡言。

因為查禁鴉片而得到皇帝的信任，也因為鴉片戰

爭而獲罪被貶謫新疆，年近六十的林則徐不勝唏噓，感慨自己的命運，也擔憂中國的未來，即使在前往新疆途中，林則徐仍廢寢忘食的工作了六個月，解決開封的黃河決口危機。可是，道光皇帝不認為他是戴罪立功，河道完工之日，聖旨仍命令他續往伊犁，讓林則徐徒嘆奈何！

和林則徐一同為工程賣命的大臣王鼎，心裡憤慨難平，決定親往北京，以死明志，勸諫皇帝收回成命，赦免林則徐，可惜王鼎的「死諫」並不能改變林則徐的命運。

當林則徐抵達伊犁之後，他研究考察當地形勢，發現新疆一帶地廣人稀，氣候乾燥，農耕進行不易，林則徐雖以朝中罪臣身分來此，但他並未因此而喪志，他勘查了天山南北的地理環境，以他過去豐富的治水經驗，在新疆興建灌溉溝渠，開鑿「坎兒井」，安排回民從事開墾，增加了三萬多頃的田畝，使回民的生活大獲改善。後來，當地人便把林則徐所開闢的水井稱為「林公井」。

林則徐在新疆三年後，被道光皇帝調往雲南，他不但解決了當地的回、漢衝突，又肅清匪患，得到皇帝賞戴花翎的榮譽，直到道光去世，咸豐皇帝繼位，都把他當做是剿匪安邦的不二人選，只不過林則徐的健康狀況已經很差了，他在六十六歲時去世，臨終之際只談國事，竟沒有一件私事交代子孫，一片忠心由此可見。

林則徐是滿清末年，少數對西方有所認識的人，他曾收集翻譯洋人對中國的議論，編寫成《華事夷言錄要》；又把俄國的陰謀進逼，撰寫成《俄羅斯國紀要》一書。只可惜他的種種見解，並沒有得到朝野重視，正如他自抒情懷的詩中所言：

元老憂時鬢已霜，
吾衰亦感髮蒼蒼，
餘生豈惜投豺虎，
群策當思制犬羊。

葉名琛不戰不和

葉名琛自幼飽讀詩書，一心嚮往功名，雖然資質不算出眾，但他靠苦讀用功，終於在道光十五年中了進士，可說是光宗耀祖，前途無量。

鴉片戰爭爆發前，他奉派到陝西擔任知府，由於當地未受戰爭影響，所以他對洋人一無所知，加上戰爭很快就因雙方簽約而結束，更讓他低估了洋人的實力。

不久，他奉派為廣東巡撫，又因剿匪有功，被封為兩廣總督，這下不得不和洋人打交道了。

自從鴉片戰爭後，清廷和英國簽約，同意洋人到中國沿海的五個通商口岸經商，分別是上海、寧波、福州、廈門和廣州。廣州城裡有不少英國人來來往往，但受限頗多，例如不准他們坐轎子等等毫無道理的規定，讓他們心裡很不滿，加上英國政府已看出中國的衰敗，正打算以戰爭逼使清廷給予更多優惠。

但是，葉名琛卻看不清現狀，仍然不把洋人放在眼裡。在他心裡，似乎只重視仙館裡供奉的呂洞賓、李太白兩位大仙，他經常虔誠上香，祈求自己官運亨通，財源廣進。

有一天，英國領事巴夏禮前來求見。葉名琛不耐煩的揮揮手拒見。可是，住在中國十五年的巴夏禮可沒這麼好打發，他態度十分強硬。葉名琛看見來通報的屬下驚慌失措，才發覺事態嚴重。原來，有一艘停泊在廣州外海，叫做「亞羅號」的英國船，因為船上藏匿盜匪，官府派人上船捉拿匪徒，因而引起巴夏禮的抗議。

「亞羅船領了我們大英政府的通行證，中國官兵無權在船上抓人，現在你們不僅要釋放被捕的人，你——還必須跟我們道歉！」巴夏禮很不客氣的說。

葉名琛似乎被巴夏禮的氣勢嚇到了，立即下令放人，但巴夏禮不肯善罷甘休：「你們的官兵登上亞羅船，竟然撕毀大英帝國的國旗，實在太蠻橫無禮了，你一定要鄭重道歉！」

「你誤會了，經我查明，亞羅船雖是英國船，但船上並沒有掛英國國旗，更沒有發生撕毀國旗的事，為了表示我的誠意，我可以用書面文字道歉……」葉名琛委婉的

說。

「不必了！我國已經準備開戰，你們等著瞧吧！」巴夏禮囂張的揚長而去。

英國早就想訴諸武力，亞羅船事件只是個藉口；而法王拿破崙三世也以廣西有個法國傳教士被殺為由，向葉名琛提出了賠償、懲兇等苛刻的要求，葉名琛只好向神明請示。好在神明指示，事情很快就會了結，不必多慮，葉名琛竟然就此高枕無憂。

「不好了！大人，英法兩國的軍隊攻進來了。」葉名琛急步再度跑向仙館。不一會兒，他神閒氣定的出來向大家宣布：「神明指示，幾天後便可平安無事，大家放心。」可是英法聯軍勢如破竹，廣州城很快就被英法軍隊攻占了，葉名琛自己也被俘虜。

「大人，事已至此，就和這些洋人談條

件吧！」城裡的士紳們一致表示。但是葉名琛堅持不和談，他自認沒有戰敗，的確，他根本沒有開戰，何來戰敗呢？

清廷打了敗仗，被迫簽下更屈辱的條約，而葉名琛被俘到印度；臨上船時還帶了《呂祖經》，祈求神明庇祐，並自號「海上蘇武」。

有人勸他不如投海自盡，保存名節，他卻固執的表示：「我為何要自殺？英國人無理在先，挑起戰端；我要活著去見英國國王，與他評評理！」

葉名琛到了印度，仍惦念國內戰事，吃完了自己所帶來的糧食，堅持不吃英國人的食物，不久就因絕食而死。

葉名琛究竟是忠臣，還是昏庸愚笨？後人評價不一，有人說他忠貞不屈，也有人罵他迂腐無知。或許「六不政策」——不戰、不和、不守、不降、不走、不死，正是對葉名琛最貼切的形容！

石達開的不歸路

英國軍隊的砲聲隆隆，摧毀了大清朝的聲威；英國使節的盛氣凌人，折損了大清皇帝的尊嚴。「鴉片戰爭」的慘敗，也凸顯出清朝的腐敗無能。而深受滿人壓迫的漢人，便想起義另立王朝，這就是起自於清道光三十年的「太平天國」。

石達開是太平天國的「翼王」。他原是富家子弟，自幼慷慨好武，頗得人望。這時候，洪秀全和表弟馮雲山組織了「拜上帝會」，石達開受到馮雲山「驅逐韃虜、復我中華」一席話的鼓舞，他不但入了教，並積極投入太平軍的反清運動。

不久，洪秀全在廣西貴平縣的金田村起事，建立「太平天國」，自稱為「天王」，並且分封了東王楊秀清、南王馮雲山、西王蕭朝貴、北王韋昌輝，而石達開則受封為翼王，這時他只有二十二歲。

建國後的太平軍士氣如虹，不僅百姓支持，也能有效管理軍隊，使進攻勢如破竹，讓原本疏於訓練的清兵更加不堪一擊。於是，洪秀全攻占南京，改稱為「天京」，開始在這裡過起驕奢淫逸的日子。

開創如此局面，天國君臣個個欣喜若狂，天王洪秀全也開始大修宮室，選立嬪妃，大臣們爭權奪利，過著紙醉金迷的日子，卻無人關心留意，清朝已在城外的雨花台，建立起江南大營，威脅著天京的安全；而曾國藩所訓練的「湘軍」也已初具規模，對太平天國極為不利。

石達開無法安於享樂，於是他自請率軍西征，三年中與曾國藩激戰於兩湖、江西等地，雖然曾國藩的戰況並不順利，但他有朝廷的全力支援，而石達開卻是孤軍奮戰，所以湘軍仍舊威脅著太平天國。

西元一八五六年，石達開回師天京，與城內太平軍合力進攻清軍，一舉消滅了江南大營，他又率軍重回河北前線，正準備一鼓作氣，再消滅湘軍，沒想到此時突然從天京傳來噩耗。

太平天國定都天京後，當初的開國五王，南王、西王陸續戰死，翼王經年征戰在外，北王昏庸無能，而天王洪秀全卻沉迷享樂，完全不理政務，東王楊秀清便大權獨攬，雖然已經被加封為「九千歲」，但他野心勃勃，便自導自演了一齣

「天父下凡」的鬧劇。

原來，楊秀清不甘長期被洪秀全掌控，他自稱和洪秀全一樣，都是上帝的兒子。所以，先是裝神弄鬼的搞出個上帝下凡的鬧劇，接著又藉上帝之口，下令將他封為萬歲，以提升地位。洪秀全不堪遭此愚弄，立刻密召北王和翼王回京。

石達開火速趕回天京，卻遲了一步，因為北王韋昌輝不僅殺了楊秀清的全家，還把東王的部屬兩萬多人一起殺光，東王府已成一片瓦礫，天京城內積屍遍地，血流成渠，慘不忍睹。

石達開痛心的走進殺氣騰騰的北王府，只見北王韋昌輝趾高氣昂的端坐堂中。

石達開生氣的問北王：「天王說只誅首惡，你為何要濫殺無辜？」北王順口便答：「全是亂黨，多殺幾個又何妨？」

「你手段凶殘，傷了弟兄們的心，此後還有誰敢為天國效力？走！去找天王評評理。」

石達開前腳剛走，北王就下令追殺，石達開倉皇出城，自己逃過劫難，但父母妻兒卻無一倖免。洪秀全只好殺了北王，召石達開回京輔政。

石達開重回天京，睹物思情，難掩心中悲痛，他想要有所作為，卻受制於洪秀全，心灰意冷之餘，決定飄然遠去。

石達開孤獨的來到寶慶城外，陷入進退兩難的處境，他本想秘密聯絡曾國藩，和湘軍一起推翻滿清。可是曾國藩雖是漢人，卻已經得到滿清的重用，根本不想涉身反清的險惡。於是，他殺了石達開派來的使者，讓石達開不知所措！

石達開眼看清軍在城外重建軍營，包夾太平天國，百般懊惱之餘，還是決定遙奉太平天國旗號，繼續踏上這條不歸路。

石達開率領弟兄繼續和清軍纏鬥，他一路攻江西，入福建，雖然清軍擋不住他，可是他毫無根基，也無心建立長久的基業。

石達開望著清軍迎風招展的旗幟，再看看自己所率領的一批子弟兵，大家期盼的眼神、衣衫襤褸的窘迫，石達開不禁濕了眼眶。最後石達開決定回到廣西老家，當年的雄心壯志早已磨滅，只求能安靜度日。可是，這時廣西巡撫劉長佑率兵肅清廣西，石達開被迫帶著僅餘的部眾進入四川而身陷絕地。

窮途末路的石達開，想起當年的意氣飛揚，不禁悲從中來，他提筆寫信給四川總督駱秉章：

「大丈夫不能開疆報國，奚愛一生？死若可安全軍，何惜一死！」石達開緩步走向清軍營寨。三十三歲的石達開被殺於成都。

關於石達開，史家對他的褒貶不一，而最後接受他投案獻死的駱秉章，所言或許最為公道：「石某在偽朝諸王中夙稱能戰，有開明仁義之名。偽朝內訌，潔身遠去，及至末路窮途，猶能獻一死以安部屬，不愧慷慨磊落之士。如能報效國家，不難建功立業，以一念之差，身敗名裂，惜哉！」

清文宗無聲勝有聲

道光皇帝已經六十八歲了，他一直把四皇子奕詝當作是繼承帝位的人選。可是，如今他不免懷疑，這個決定是不是錯了？當了三十年的皇帝，他深深感受到大清朝的氣勢已經不比從前。其實，道光皇帝也想做個好皇帝，他勤儉治國，但卻無法挽救內憂外患的危機，他多麼渴望把重擔交給兒子，可是，四皇子不喜歡讀書，性情衝動又好遊樂，如何能擔當大任呢？「難道要小六來做皇帝嗎？」道光皇帝真的猶豫了。

六皇子奕訢是一位人人稱讚的英才。從小聰明伶俐，好學上進，處世果斷，可說是智勇雙全。但一想到奕詝的生母，也就是去世多年的皇后，道光皇帝又遲疑了。「唉！想當初她臨終之際，奕詝年僅十歲。我親口答應她，要讓奕詝將來繼承皇位，現在怎麼能改換成奕訢呢？朕身為一國之君，豈能出爾反爾？」個性軟弱的道光皇帝，煩惱了好一陣子，還是拿不出主意，決定要給兩位皇子來場測試。

皇帝的指示傳到兩位皇子耳中，他們立刻找來個人的師傅，請教該如何應付這次召見。

奕訢的老師是篤定而有信心的。「咱們不必緊張，萬歲爺一定是問一些如何治理國家的問題。您平日飽讀詩書，這下可派上用場了，只要把所學有條不紊的說出來，萬歲爺一定大表讚賞，您這太子之尊也就唾手可得了！」

四皇子奕詝可就不同了，他一想到要應付父王的面試，立刻緊張得手足無措。「老師，您快替我想想辦法呀！」四皇子的老師是個聰明機警的人，他衡量一下兩位皇子的條件，沉著的說：「阿哥！我說話您可不要生氣。要是談論國家大事，您是比不上六阿哥的。」「這麼說，我是一點兒希望都沒有了！」四皇子跌坐在椅子上，顯得無精打采。「話也不能這麼說，我倒有個主意。」「什麼主意？快說！」四皇子又燃起一線希望。「那就是請您不要說話。」「什麼？難道要我拒絕回答父王的問題？那麼我不就輸定了嗎？」奕詝又急躁起來。「您聽我說，您千萬不要跟六阿哥比學問，談論治國之道，你絕不是他的對手，所以什麼都不說，只裝出一副傷心難過的樣子，那就夠了！」「為什麼？」奕詝不解的問。

「道理很簡單，皇上問到要你治理國家，自

然是他老人家歸天之後的事，您能不悲傷嗎？豈可因為只想到當皇帝治理國家，而忘了失親之痛呢？所以，越傷心便越能顯出你的孝心，說不定萬歲爺受了感動，情況就變得對您有利了。」奕詝終於明白老師的妙計，便胸有成竹的等著父王召見。

第二天，道光首先召見六皇子奕訢。

「假如有一天你當了皇帝，你要如何治國？」聽到皇帝詢問，奕訢從容不迫的回答，滔滔不絕的說出理想和抱負。

「嗯！很好。」皇帝滿意的點頭稱讚，六皇子欣喜的回去等待佳音。

輪到四皇子奕詝了。「孩子，說說你將來會如何治國吧！」道光皇帝慈祥的對奕詝說。

「父皇，您為什麼這麼問呢？」四皇子一臉不解的表情。「傻孩子，我快七十歲了，已經到了風燭殘年，你要隨時做好準備，繼承大清的皇位呀！」「不！」四皇子突然跪在皇帝膝前。「我不要做皇帝，我要永遠侍奉您，陪伴您，做個孝順的兒子。」奕詝越哭越傷心。

「我年幼失母，幸賴六阿哥的母親照顧我長大。父皇，現在您怎麼捨得丟下我不管呢？」

「可是，我不可能永遠活在世上啊！」道光皇帝的眼眶也濕了。「那就讓我追隨你一起上天吧！我們和母后可以在天堂重逢了。」四皇子嗚咽說著。

道光皇帝感動極了，他扶起滿臉淚痕的兒子，心裡想著：「一個孝順的孩子將來一定是個仁慈的君主，至於國家大事，就算他不懂，只要能多選幾個能幹的大臣就行了。」於是，四皇子奕詝成為大清朝的儲君，他終於如願以償。

西元一八五〇年，道光皇帝死了，奕詝繼承王位，年僅二十。他就是缺乏治績的咸豐皇帝。

「哈哈！我終於當皇帝了。」咸豐皇帝回味著登基大典的熱鬧和歡欣，嘴角不禁泛起笑容。可是，幾個盡忠職守的大臣，卻在這個時候捧了一疊奏章，送到皇帝面前。

「皇上，這些是江南送來的緊急報告，請您……」

「下去！真掃興。」皇帝不耐煩的揮揮手，趕走了大臣們，自己頹然的跌坐在椅子上。想起國家大事，咸豐皇帝就像是被澆了一盆冷水，所有的興致全沒了。白蓮教、拜上帝會到處做亂，攪得天下不安，還有洋人挾著船堅砲利之威，逼迫朝廷向他們屈服，滿清王朝就如同是風雨中飄蕩的孤舟，在驚濤駭浪中不知何去何從。

「哎！怎麼辦呢？」皇帝六神無主的自言自語。這時候，他忽然想起師傅曾經說過的話：「六阿哥聰明能幹，的確是個人才，將來如果您當了皇帝，可以把國家大事交給他處理，他一定會盡心盡力的。而且他的生母就是您的養母，你倆如同親兄弟一樣，您還有什麼不放心的呢？」

咸豐皇帝年幼失母，全賴太妃悉心照顧，在他心裡，太妃就如同自己的親生母親一般，而太妃的兒子六阿哥奕訢，也就如同自己的親手足。

於是，咸豐皇帝將六阿哥封為「恭親王」，代替皇帝處理國家大事。恭親王負責又能幹，把國家大事處理得井井有條，所以，咸豐皇帝又可以安心過他的太平日子了。

可是，不久之後太妃病了，皇帝和恭親王急得不得了，找了最好的醫生來為太妃診治，仍然不見起色，太妃一天天的衰弱下去。

有一天，皇帝來到太妃宮中，探望太妃的病情，他悄悄的走近床邊，望著太妃憔悴

的容顏，想起過去的撫育之恩，心裡難過得說不出話來。

這個時候，太妃突然醒了，她握著皇帝的手，眼光飄向遠方，幽幽的說：「孩子，你來了！」

「是的，皇額娘，您好點了嗎？」

「哎！我不成了！」太妃嘆了口氣又說：「我好後悔啊！」

「您後悔什麼？」咸豐皇帝心裡納悶著。

「我好後悔當年沒勸你父親，把你立為太子，如今老四做了皇帝，才讓你受這麼多委屈。畢竟，你才是我的親生兒子啊！」太妃的手鬆開了，又沉沉的睡去。

皇帝癡癡的站在床邊，他知道病重的太妃，把他誤認為是恭親王奕訢，才會說出那些話。可是。這些話讓皇帝傷心失望，不僅破滅了他對太妃的親情，也折損了他和恭親王多年的手足之情，從

此以後，他便疏遠了恭親王。

皇帝變得更頹廢、更懶得過問國家大事了。這時候，「拜上帝會」的洪秀全攻占南京，建立「太平天國」；廣東省的百姓，又因為對洋人的積怨已深，終於暴發衝突，正好給了洋人一個攻打中國的藉口。西元一八六〇年，英國法聯軍攻破北京城，燒殺搶掠之後，又燒毀具有「萬園之園」美譽的圓明園。皇帝只好帶著大臣嬪妃們，逃到北方的避暑山莊，把恭親王留在北京處理善後。

咸豐皇帝既憤怒又害怕，終於一病不起，次年病逝，年僅三十一歲。臨終之時，他交付了八位大臣，輔佐六歲的皇子載淳繼承皇位，他就是同治皇帝。

小皇帝的母親慈禧太后是個野心勃勃的人，她知道自己的兒子當了皇帝，正是奪取權力的大好機會。不過，首先要除掉那八個大臣才行。

「對了！可以先和恭親王合作，把這八個傢伙解決了，將來我再對付恭親王一個，那就容易多了。」二十八歲的慈禧太后，心裡已經有了計謀。

「可是，恭親王遠在北京，要怎麼跟他聯絡呢？如果貿然派出使者，反而會引起別人的猜疑，這倒是個難題，我得好好想想。」慈禧在心中盤算著。

這一天，宮內傳出太后陣陣的怒罵聲，所有的宮女和太監，都緊張的站在宮外。只見太后身邊最親信的太監小安子，被打得一拐一拐的走出來，另外一個太監高聲報告：「安德海違抗太后旨意，現在立刻遣送回北京，交由總管嚴加管束。」一輛馬車迅速的帶著小安子離開避暑山莊。

安德海順利的回到北京，將慈禧太后的計畫告訴恭親王，妥善的安排了陷阱，等到八位大臣隨著咸豐皇帝的靈柩回到北京，立刻遭到逮捕，有的被殺，有的永遠被關在大牢。

慈禧太后利用恭親王，成功奪得政權，往後的四十年，她便成為大清朝的統治者。

慈禧「垂簾」控天下

「皇帝！」端坐堂上的慈禧太后一聲大喝，殿前的光緒皇帝呆立原地，驚得不知所措。原來，今天是皇帝選后的日子，皇宮殿堂裡布置得喜氣洋洋，被徵選入宮的秀女們恭敬的站著，就等著皇帝的欽點。手執玉如意的皇帝本想將信物交給秀女中的一人，冷不防被太后這一叫，瞬間嚇得慌了手腳，一旁的榮壽公主趕忙出來打圓場：「皇上何不照著太后的旨意行事？」榮壽公主是慈禧的義女，最能明白太后的心意。慈禧太后一心要冊立自己弟弟桂祥的女兒為后，光緒皇帝只好把如意交給表姊，她就是隆裕皇后。

這時是光緒十四年（西元一八八八），慈禧太后操縱了皇帝的終身大事，造就一段不幸福的姻緣，但是她志得意滿，因為，皇帝所有的一切，都在她的掌控中。

慈禧太后葉赫那拉氏，閨名蘭兒，在咸豐元年（西元一八五〇）被選入宮為貴人，咸豐六年生了兒子載淳，他是皇帝唯一的子嗣，慈禧母以子貴，立刻被封為懿貴妃，地位僅次於皇后。

「啟奏聖上，英法兩國軍隊聯手來攻，臣等恭請陛下暫時離京以避戰端。」這時是咸豐十年（西元一八六〇），大臣正向皇帝稟奏英法聯軍進攻北京的戰況，皇帝帶著后妃們倉皇出奔熱河避暑山莊，沒想到此行一去無回，咸豐皇帝就在熱河駕崩，留下年幼登基的同治皇帝。

想到兒子即將登上龍椅，自己又升格成了太后，慈禧太后不禁百感交集，憂喜參半。「東宮的慈安太后地位遠勝於我，但她一向不管政事，倒是不必理會；不過，先皇生前交代了八個顧命大臣，叫他們輔佐載淳理政，這才是我的心腹大患！」於是，慈禧太后聯合了同治帝的皇叔恭親王奕訢，在辛酉年發動政變，剷除了以肅順為首的八個前朝老臣，正式掌握政治大權，開始第一次的「垂簾聽政」。

咸豐皇帝之后鈕祜祿氏被尊為慈安

太后，和慈禧太后兩宮並列垂簾。不過，由於慈安太后對政治並無見解，朝政幾乎是由慈禧太后一手操控。

隨著歲月流逝，慈禧太后過慣了大權獨攬、安於逸樂的日子，她幾乎忘了兒子已經長大，到了她該歸政於帝的時刻。此外，兩人意見相左的機會日增，親情不免日益淡薄。到了皇帝大婚之日，因為慈禧中意的人選和皇帝欽點的皇后不同，母子兩人為此反目，衝突愈演愈烈。

夾在中間的皇后左右為難，弄得皇帝是心力交瘁，疲憊不堪，竟然在同治十三年（西元一八七四）病逝，年僅十八。

「哀家真是命苦，喪夫喪子之痛，你們誰能體會啊！」一想到兒子早逝，慈禧太后不禁悲從中來，但她從不檢討，這場悲劇的始作俑者為何？如今皇帝沒留下子嗣，為了這大位承繼的問題，慈禧的權力欲又開始旺盛起來。

經過一番布局，接替皇位的是四歲的載湉，他就是光緒皇帝，慈禧再度垂簾聽政。因為皇帝年幼便於掌控，而且載湉的母親是慈禧的親妹妹，想必一定會唯命是從。

這時的中國面臨前所未有的變局，一連串對外戰爭的失利，一紙紙不平等條約的簽訂，不僅讓清廷「天朝」的顏面盡失，也造成民窮財盡的慘狀。不過，慈禧太后沉溺在權力鬥爭中，對內憂外患的情勢難以用心，她在光緒十年（西元一八八四）削奪了恭親王奕訢的職權，又裁撤自雍正皇帝設立的「軍機處」，她個人大權獨握，卻影響到正在進行的「自強運動」。「中國唯有求新求變，才有可能和列強並駕齊驅；無奈太后從中攔阻，守舊派的勢力大增，改革維新根本難以成事。」奕訢不由得哀嘆連連。

為了祝賀慈禧太后的壽辰，守舊派建議修整「頤和園」以供太后休憩之用。數百萬兩白銀的款項，竟然是挪自「自強」新政中的國防經費，導致海軍在數年之間無法添購新艦。慈禧太后暢遊頤和園盡享富貴榮華，海軍在中日甲午戰爭中卻一再失利，諸多因素中，慈禧太后絕對難辭其咎！

「朕不可為亡國之君！」光緒皇帝聽聞戰場上海陸軍全敗，不平等條約接踵而至，氣得搥胸頓足。於是，他大膽的起用改革派，積極變法維新，時為光緒二十四年（西元一八九八），史稱「戊戌變法」。

「皇帝意圖有所作為，哀家是管不著。不過，皇帝頒布聖旨之前，是不是也該三思呢？」從慈禧不耐煩的語氣中，看得出她對變法改革的厭惡。光緒皇帝嚇得唯唯應諾，支支吾吾的難以回應。

「太后和守舊派的勢力不除，皇帝得不到實權，變法也難成其事。」維新派密商之後，決定仰賴袁世凱的軍隊發動政變，徹底剷除守舊勢力；沒想到工於計謀的袁世凱把情報密報給慈禧。「寧可亡國，不可變法！」慈禧勃然大怒，立即發動政變幽禁了光緒皇帝，自己三度垂簾聽政。

新政被廢、新黨被殺，變法改革只維持了一百零三天，史稱「百日維新」。不久之後，慈禧開始崇信一批自稱能夠神明附體、刀槍不入的「義和團」，他們打著「扶清滅洋」的旗幟四處張狂，正好符合慈禧仇外又懼外的心態。

在慈禧的縱容下，「義和團」開始拆鐵路、毀教堂、殺教士，引來八國聯軍的大禍。「欺凌我國家、侵犯我領土、蹂躪我人民、勒索我財務。……與其苟言圖存，貽羞萬古，不如大張撻伐，一決雌雄！」慈禧太后竟公然對世界宣戰，想要借助神威一雪前恥。不料，她的浩然正氣，只換來八國聯軍燒殺搶掠的暴行，和皇族倉皇出逃的悲哀。

慈禧太后和光緒皇帝多人化裝成尋常百姓，狼狽不堪的逃往西安，途中竟有餐風宿露的窘狀，一向慣於錦衣玉食的太后，不免悲從中來；至於形同禁臠的皇帝，則更是目光呆滯、六神無主。不過，等到停戰的條約一簽，慈禧一行人又風風光光的返回京城，途中不斷的搜刮民脂民膏，光是行李車就多達三千輛。

光緒二十七年（西元一九〇一）的「辛丑條約」，不僅允許各國在北京駐軍，嚴重影響到國防安全，還折損了中國的民族自尊。孫中山領導的革命運動，已經在全國風起雲湧的蔓延。這時候的慈禧太后健康狀況大不如前，她在臨終之際還不忘掌控下一任皇帝，又指定自己妹妹的孫子，年僅三歲的溥儀為帝，他就是中國的末代天子。

光緒三十四年（西元一九〇八），光緒皇帝和慈禧太后先後在兩天內病逝，之間相隔不過二十小時。光緒皇帝得年三十八歲，而慈禧太后則享年

七十四，人生終於畫上句點。

李鴻章宦海沉浮

「我辦了一輩子新政，圖的是富國強兵。不過，說實在的，練兵或海軍都是紙老虎，不被洋人戳破，或許可以敷衍一時；我就像是一個手持棉紙的工匠，對著一間破屋子東糊西補，禁不得一番風雨便又出現幾個大窟窿，難道該由工匠負責嗎？」這是李鴻章晚年的自述，他是清朝的中興名臣，也是推動「自強運動」的重要人物。

李鴻章是安徽合肥人，自幼虛心向學，後來隨父親移居北京，投身在曾國藩的門下，頗受曾國藩的器重。

李鴻章考取進士後，奉命返回原籍訓練「團練」，配合著清軍力抗太平天國。「各位父老兄弟，讓我們奮勇抵抗太平天國的瘋狂統治，大家加把勁兒操練。」李鴻章振臂疾呼。但是，想以一般農民的力量去對抗訓練有素的太平軍，幾乎只能紙上談兵，根本別想在戰場上取勝。李鴻章屢戰屢敗，感嘆自己已和仕途無緣。

不過，隨著太平天國的聲勢下墜，曾國藩所率領的「湘軍」嶄露頭角，李鴻章也受命編組「淮軍」，逐漸成為朝廷的主力軍隊，李鴻章個人擔任江蘇巡撫，正式在政壇展現才華。

「若以中國傳統的方式練兵，恐怕永遠也無進展，洋人雖然把中國打得是落花流水，平心而論，他們的船堅砲利，確實有過人之處。」這正是李鴻章的睿智。他和一般頑固守舊的滿人大臣不同，他觀察入微且洞悉時事，決定不僅要以新法練兵，還要和洋人合作，徹底消滅太平天國。

太平天國在同治三年（西元一八六四）覆亡，都城天京（今南京）大火三日不熄，軍民死傷數以萬計，但是李鴻章因為建立戰功，被封為一等伯爵，還以兩江總督的身分進駐南京。

正值壯年的李鴻章深受朝廷倚重，他不只希望個人鴻圖大展，也期望國家能維新自強，於是便和恭親王奕訢、曾國藩等人，一起推動清末的第一個改革——「自強運動」。

「和洋人辦外交卻不懂洋文，這還有啥名堂可搞！」李鴻章在上海創辦「廣方言館」，訓練通曉外國語文的人才。「沒機器造船艦，打起仗來怎能拚得過洋人！」李鴻章設了「江南製造局」、「金陵機器局」、「天津機器局」和「輪船招商局」，致力於國防工業的發展。「雖然民以食為天，不過，唯有發展工商才能求富求強，局限於農業就太迂腐了。」於是李鴻章開設「開平礦務局」、「天津電報總局」。

又為了在戰場上和洋人一較長短，李鴻章派人到歐洲學習海軍，設立「天津武備學堂」，向德國購買鐵甲船艦、興築旅順軍港、威海衛海軍基地、開闢「唐胥鐵路」，這是中國鐵路建設的開端，又成立了「北洋艦隊」，培養出近代中國最重要的海軍人才。

「這東洋島國日本歷經『明治維新』的改頭換面，聲勢不容小看，還望聖上多加留意彼邦發展。」李鴻章對剛親政的光緒皇帝提出建言。皇帝也覺得李鴻章言之有理；只不過，光緒皇帝名為一國之君，實質上，大權仍掌控在慈禧太后手裡，即使他已經正式親政，還是處處受制於人。而且，慈禧太后結合了一批守舊勢力，一再為難自強新政，恭親王遭到罷黜，新政的推行不順，富國強兵的展望，頓時蒙上陰影。

「唉！我身為漢人，能受到皇上如此恩寵，已經是祖上有德了；無奈造化弄人，想要戮力為國，提振國家的進步，還真是困難重重啊！」李鴻章感慨萬千。

因為，一批趨炎附勢的小人，竟然以慈禧太后過壽為名，建議朝廷大肆整修「頤和園」，供太后休憩玩樂，至於這龐大的經費，則由海軍的建軍經費支出，致使國家無力添購軍備。

不出眾人所料，光緒二十年（西元一八九四）中日發生甲午戰爭，清廷海陸軍全敗，許多人把矛頭指向李鴻章，認為他的「北洋艦隊」未能發揮戰鬥力，七十三歲的李鴻章無力辯駁。因為，眼前還有更艱鉅的任務等著他。

「朝廷命你為欽差大臣，到日本去簽約談和，快領旨謝恩。」一紙聖旨把李鴻章逼上火線，他拖著疲憊的身軀，親自到日本，面對盛氣凌人的伊藤博文。

伊藤博文身為日本首相，露出一副咄咄逼人的嘴臉，要求簽訂內容苛刻的條約。「日本如要朝廷割讓台灣，台民勢必抵死不從，徒增貴國困擾。」「哈！那就武力鎮壓，看他從或不從。」「中日兩國一向友好，實不必如此相逼。」「戰敗就該簽約，閣下不必多言！」李鴻章軟硬兼施的和伊藤博文應對，無奈日方是軟硬不吃；李鴻章想用拖延戰術，以時間換取國際同情，藉機修改條約內容，卻惹惱了日本的激進派，沖著李鴻章開了一槍，子彈傷及左邊臉頰，讓李鴻章身心同受劇創。

萬般不得已之下，李鴻章簽了「馬關條約」，割讓台灣、澎湖，被人譏為「宰相有權能割地」。李鴻章欲哭無淚，乾脆卸職返鄉，當個不問世事的平民百姓。

瞬息萬變的局勢迫使李鴻章不得清閒，光緒二十六年（西元一九〇〇）的「八國聯軍」之役，清廷再度慘敗，又徵調李鴻章為議和代表，和各國公使談判收拾殘局。

已是風燭殘年的李鴻章在各國使館間奔走，不得不厚顏乞和。「太后放任義和團

殺洋人、毀鐵路，信誓旦旦要扶清滅洋，如今闖下聯軍進京的大禍，殺得是血流遍地，卻要我負責談和簽約。唉！看來我這把老骨頭也撐不了多久了。」幾經周旋，「辛丑和約」終於敲定，這是中國有史以來賠款最多的條約，其中喪權辱國的條款備受爭議。李鴻章也已耗盡他僅剩的心力，兩個月後以七十九歲的高齡去世，被朝廷晉封為一等侯爵。

郭嵩燾誤中洋毒

以「天朝」自居的中國，在十九世紀面臨一連串割地賠款的屈辱，激起不少人的覺醒。但有更多自以為是的大臣，仍固守著「天朝為大、唯我獨尊」的保守心態，對求新求變的改革嗤之以鼻，形成一股守舊勢力，阻礙國家的變法圖強。

「先皇在世時，他們的貢使前來求見，不過是個蠻夷之邦，如今怎麼如此厲害呢？」道光皇帝所指的貢使，是在乾隆五十八年（西元一七九三）來華的英國使臣馬加爾尼，當時為了覲見禮儀中的跪拜問題，雙方爭執不下，最後不歡而散；二十多年後，又來了一位使臣阿美士德，清朝把他看成是進貢的番邦使臣，同樣為了禮儀問題把他「逐回」，當然甭想和皇帝討論平等外交、通商細節等等事務了。

當時，清廷仍以「天朝富有四海」自居，根本不屑和洋人做生意，更別說是談外交了。然而，洋人可沒把中國尊為天下的共主，「鴉片戰爭」充分暴露了中國的老大昏庸。不到二十年，英法兩國聯手，兩年內連續發動兩次「英法聯軍」，中國被打得難以招架，連首都北京都淪入敵軍之手，號稱「萬園之園」的圓明園付之一炬，園內無數珍寶被洋人無情焚毀，亭台樓閣化為斷垣殘壁。

郭嵩燾

「我們該學習建造洋人的槍砲、輪船，才能制伏他們。」在曾國藩和李鴻章等人的倡導下，「自強運動」迅速展開。而通曉洋務的郭嵩燾，也成為推動新政的重要人物。

郭嵩燾是湖南人，年少時與曾國藩是同窗，在地方上享有文名。當「鴉片戰爭」爆發時，郭嵩燾二十二歲，目睹洋人強勁的戰鬥力，他氣得摩拳擦掌，卻

也感慨萬千：「如果我能親赴海外，一定要學習西洋文化的精髓，再回來報效國家。」

經過多年歷練，年少輕狂不再，滿腔愛國熱忱依舊。四十多歲的郭嵩燾專注研究西學，累積不少心得，他提出自己的看法：「時代變了，凡事如果不能順應時局，終難有所成就。如今既然要和洋人打交道，就得懂外國語言文字，不可故步自封。」

於是，郭嵩燾和曾國藩等人齊心努力，設立機器局、造船廠，開辦煤礦、鐵路、電報的相關企業，又成立「同文館」，敦聘英籍傳教士教導孩童英語，以培養外交和翻譯人才。

這些「洋務」看在守舊派的眼裡，就像是不倫不類的伎倆；而推動改革的人，更是一群自貶身價、不知輕重的假洋鬼子。

「沒想到頑固的守舊勢力竟是如此強烈！」「是啊！連太后也不支持新政，這該如何是好？」郭嵩燾和李鴻章面面相覷。因為，朝中握有實權的慈禧太后對西洋事務所知有限，她擔心在改革中失去權力，以至於對自強新政多方阻撓。

「現在連洋人都不願在同文館裡擔任講座了，說實在的，要他們教那些毫無數理基礎的人，簡直是太困難了。」郭嵩燾發現了問題的癥結所在，便提出另外的看法：「應該直接把學生派到國外，讓他們打好根基，學成返鄉再報效國家。」

於是，同治十一年（西元一八七二）派出了一百二十名十來歲的幼童赴美，這就是中國的第一批小留學生。

當時歐美各國都希望清廷能派駐大使，增進雙邊的往來。可是，國人把出使國外視為奇恥大辱，根本不願走馬上任，只有郭嵩燾願意把握這個機會，既可以拓展中國的外交，又可以學習西方之長。

光緒二年（西元一八七六），郭嵩燾抵達倫敦，成為第一任駐英大使，後來又兼使法國。

郭嵩燾認真的考察英、法等國，發現英國的政教制度修明，文化內涵深厚，的確值得國人仿效，他將心得撰寫成《使西紀程》一書，以期日後有機會提供朝廷參考；在與英國人來往時，郭嵩燾以高尚爾雅、不卑不亢的態度，贏得洋人的推崇和尊敬，對於改善中、英、法的外交關係，郭嵩燾功不可沒。

可是，郭嵩燾的所為卻不見容於當時的社會。國內守舊派對他猛烈抨擊，說他是中了洋毒，心向英、法，甚至可能背叛朝廷。

郭嵩燾聽聞後平靜的表示：「我但求凡事盡力，無愧於心；不求嘉獎，只盼國家能富能強。」

令人氣餒的是，朝廷竟聽信那些荒唐的批評，決定將郭嵩燾召回，斷絕他在英國的外交發展；更令郭嵩燾難過的是，他的著作《使西紀程》竟被當作是妖書邪說，不但遭受朝廷的申斥，還被焚毀不得出版。

「國人如此心胸狹窄、眼光短淺，不能虛心學習他人之長，又如何能補己之短啊！」郭嵩燾老淚縱橫，不得不奉命在光緒五年（西元一八七九）返回中國。

被英國人稱讚「見識宏遠、遇事用心、進退合宜、不愧國使」的郭嵩燾，在英、法風風光光的辦外交，卻得偷偷摸摸的返鄉，因為鄉親早就把他當成是崇洋媚外的假洋鬼子，根本不願接納他，朝廷也不再委以重任，郭嵩燾落寞的度過晚年，於光緒十七年（西元一八九一）病逝。抱憾以終的郭嵩燾，正是時代悲劇的犧牲者。

中國第一個留學生容閎

美國著名的耶魯大學，培育出不少優秀的人才，清末的容閎，便是於西元一八〇五年，以優異的成績考進耶魯大學，四年後成為第一個畢業於美國大學的中國留學生。

容閎生於西元一八二八年，從小就發憤苦讀，希望以後能有所作為。當他從耶魯大學畢業後，放棄繼續留在美國讀書發展的機會，懷抱滿腔熱忱回到中國。此時的滿清，接連被英、法等強國打敗，而簽下許多不平等條約，於是朝野間掀起一股改革熱潮，這就是「自強運動」，又稱「洋務運動」。

「德律風」、「密斯」、「伯里壐天德」，以及「賽因斯」，這些是什麼？原來，這些是清朝在推動「自強新政」期間，教導學生們學英文的方法，「德律風」是電話（telephone），「密斯」是小姐（miss），「伯里壐天德」是總統（president），「賽因斯」是科學（science），這種拼讀練習的方式，真是不可思議！

其他還有用三字經讀誦的方式，被認為可以加強記憶。例如教導世界地理的書中有寫著：「地球上，判東西，分五洲。東半球，亞細亞，歐羅巴，三阿洲，非利加；西半球，亞美利，分南北，合五洲。五洲中，分五洋，東太平，西大西，印度洋，地居中，外洋冰，有南北。」這套中西合併的教學方式，究竟能產生多少效果呢？

自從鴉片戰爭和兩次英法聯軍接連失敗後，清廷決定學習洋人的技術，進行改革，希望在戰場上能無往不利，達到富國強兵的效果。但是這種虛有其表、缺乏整體規畫的改革，根本無法達到預期的效果，甚至連朝廷裡的主事者，對這種新政也不太了解。後來執掌大權的慈禧太后更不惜犧牲新政，以鞏固自己的地位權勢。

朝廷裡的政爭不斷，「自強運動」的主政大臣李鴻章，倒是十分器重容閎，他想聽聽容閎的看法，而容閎也是竭盡所能的創辦機器局、造船廠，並親自到美國選購機器，希望能提升中國的工業能力，迎頭趕上歐美先進國家。

洋務運動果然沒有獲得所有朝臣的支持，頑固保守的舊派大臣，不想求新求變，他們根本瞧不起容閎：「哼！這個傢伙連公文也看不懂，更別說是寫奏摺了。」對於守舊派的譏諷，容閎不予理會，他十九歲就赴美留學，中文造詣當然比不上那批咬文嚼字的老臣，他甚至還建議朝廷，挑選資質聰慧的幼童赴美求學，既可學習洋人的治國方法，又可以充實各方面的新知。

就在西元一八七一年，容閎奉命率領一批十二到十四歲的學童一百二十人，前往美國留學，這就是中國最早的一批小留學生。可惜，當守舊派大臣赴美察看小留學生的情況時，看到孩童們把長辮子藏起來，還和洋人踢足球、打棒球，行為逐漸西化，便狂妄的大肆抨擊：「跟一群洋鬼子玩遊戲，簡直是丟我們大清朝的面子；而且踢球這種

雕蟲小技，需要大老遠的跑到美國來學嗎？」「大人，這只是一種運動，和民族尊嚴扯不上關係。」容閎耐著性子解釋。

「放肆！在你的監管下，這些孩子連辮子都敢藏起來，簡直就是數典忘祖，我一定要奏明聖上，嚴加治罪！」守舊派大臣一番加油添醋的描繪，果然在西元一八八一年，朝廷真的下令撤回這批留學生，讓容閎大失所望。後來，滿清政府在甲午戰爭中敗給日本，證明朝廷努力了將近三十年的「自強運動」完全失敗。於是，容閎轉而支持孫中山等人，還負責以英文書寫宣言，向國外介紹革命救國的理念，後來清廷對容閎發下緝捕令，逼得他不得不流亡美國。

西元一九一一年武昌起義成功，孫中山在次年就任中華民國總統時，容閎還發了賀電給他，深信中國可以開創一番新局面，可惜他還來不及看到政局穩定，便在一九一二年病逝了。

詹天佑開鐵路先驅

西元一九〇九年的北京南口鎮，鞭炮齊鳴鑼鼓喧天，原來今天是為了慶祝「京張鐵路」通車，一時之間，這座小鎮成了中外注目的焦點，因為這裡是「京張鐵路」的起點，而這條鐵路正是第一條完全由中國人自行設計建造的鐵路。

張燈結綵的南口車站，湧入幾千名記者和中外人士，此時，通車儀式正開始，一眼望去，頂戴花翎的滿清官員，和身穿西服的洋人相映成趣。

英國工程師金達代表致賀詞：「京張鐵路沿途地形險峻多變，工程的進行極為困難，過去我們認為中國人絕對無法完成，可是事實證明，我們太低估中國人的能力了！這條鐵路不僅完成了，而且還提早完工。經過鑑定，鐵路全線可說是挑不出一點毛病。現在，我們要對設計、建造這條鐵路的總工程師詹天佑先生，致上最高的敬意！」

詹天佑微微的一鞠躬，抬起頭來，正好看到一列火車緩緩駛過，縷縷黑煙隨風而逝，詹天佑回想起當時洋人輕蔑的態度：「中國人想要自己建造鐵路，簡直是作夢！」詹天佑百感交集，不由得濕了眼眶。

西元一八六一年，詹天佑出生於廣東省南海縣，他自幼對四書五經這些古籍毫無興趣，卻喜歡研究機器，尤其是西洋的新奇玩意兒，他總要追根究柢的弄明白。這時朝廷正在推行自強新政，有人建議應派小留學生出國學習，於是十二歲的詹天佑考取了幼童出洋班，便赴美「取經」。

詹天佑努力用功，以優異的成績畢業於紐海文中學，又考進耶魯大學土木工程系，專學鐵路工程，他以第一名的成績得到學士學位。本來可以繼續留美深造，但保守派的大臣覺得，這些小留學生把髮辮盤在帽子裡，和洋人打棒球、踢足球的行為，是讓祖宗蒙羞，所以建議朝廷撤回全部的留學生。

詹天佑滿懷希望的回國，打算獻身於鐵路建設，可是清廷卻派他去學開輪船。詹天佑並不氣餒，他專心學習，並在「中法戰爭」馬尾海戰中建立戰功，深受讚揚。

之後，他又被派到廣東博學館和水師學堂當外文教員，直到西元一八八八年，才回到他的本行，擔任中國鐵路公司的工程師，參與鐵路的建造，而其中最困難的，則是灤河大橋的工程。

灤河大橋是津唐鐵路上的主要工程，這條鐵路全線由外國人設計監造，可是他們無法突破搭建灤河大橋的瓶頸。這時，詹天佑先考察了河岸地質，多方評估後，他決定改變橋址，以中國傳統的技術，搭配機器打樁而成功，這不僅使詹天佑名氣大增，更增加他對修建鐵路的信心。

此時，列強假藉修建鐵路為名，對中國進行侵略。西元一九〇五年，清廷任命詹天佑為京張鐵路的監造總工程師。

修築京張鐵路得穿越長城內外的高山峻嶺，尤其是南口這一段，要翻過八達嶺的懸崖峭壁，工程最是艱困，外國人不相信中國人能做到，連中國人自己也沒信心，許多人譏笑詹天佑不自量力，膽大妄為。但詹天佑以堅定的態度面對，他事必躬親，帶領助手開始探勘。

北風呼嘯、風雪漫天，詹天佑騎著毛驢在懸崖峭壁間跋涉，心裡只有一個信念：我們中國人一定要讓洋人刮目相看，絕不能落入受制於人的圈套！對於助手勘測過的路段，他都一一詳細複驗，詹天佑總是語重心長的表示：「你知道全世界有多少眼睛在盯著看嗎？我們只許成功，不能失敗！」

艱苦的隧道工程開始了，詹天佑把辦公室搬到工地，並對天盟誓：「隧道不通，就不回北京。」當時並沒有開山機等設備，全靠人力挖掘，所以進度緩慢，但詹天佑因地制宜，在中間開鑿豎井，再向兩端掘進，而由他親自掌控爆破等危險性較高的部分，終於在限期內完成了居庸關、八達嶺、石佛寺、五桂頭等四個隧道工程。

為了克服險峻的地形，詹天佑自創了「折返線」的辦法，從青龍橋起，沿著山腰，以

「人」字型的路線降低坡度，更增加了車行的安全。詹天佑以四年的時間完工，達到他自定「花錢少、完工快、品質好」的目標。經過估算，這條鐵路的整體花費，僅僅是外國人預估的七分之二，連專家都不得不佩服，更因此排除列強插手中國交通建設的陰謀。

名聲享譽國內外的詹天佑，並沒有因此而自滿，他準備一展長才，以報效國家。可惜，卻受限於局勢不安的大環境，最後抑鬱以終。

譚嗣同壯志未酬

譚嗣同是湖南瀏陽人，父親譚繼洵是地方官員，譚嗣同自幼隨父親遊遍黃河兩岸及大江南北，使他眼界開闊，也看到百姓們飢寒交迫的生活，激發他救國獻身的決心。

譚嗣同讀過很多有關哲學、歷史、政治和自然科學方面的書，了解歐美文明的進步，因此感受到，唯有維新變法，中國才能救亡圖存。

當譚嗣同三十三歲時，曾協助河南巡撫設立「時務學堂」，並籌辦內河航運、開礦、修鐵路等等新政，又成立了「南學會」，成為維新運動的領袖之一。第二年八月，譚嗣同到了北京城，結識康有為、梁啟超等維新派人士。梁啟超對他十分欣賞，稱讚譚嗣同是：「才識明達，魄力絕倫。」此後，譚嗣同名聲響亮，在維新派大臣的引薦下，光緒皇帝召見他，命他與楊銳、林旭、劉光第四人共同推行新政。

這時中國剛經歷甲午戰爭的慘敗，朝廷出現激烈的黨爭，主張革新的光緒皇帝，與慈禧太后、保守派大臣水火不容。慈禧太后表面上在頤和園頤養天年，讓光緒帝親政，可是她絲毫不肯放下手中大權。

光緒二十四年六月十一日，光緒皇帝下詔變法的第四天，慈禧太后逼著皇帝連下三道命令。第一道是罷斥皇帝最信任的師傅翁同龢，第二道是所有新任命的二品以上官吏，必須面見太后謝恩。第三道是派太后的親信榮祿擔任最重要的直隸總督。

這三道命令一下，各地守舊派大小官員喜出望外，他們看出慈禧太后仍大權在握，立刻就不把皇帝放在眼裡了。皇帝被逼得無可奈何，也下了三道詔書，罷斥一批守舊派大臣，並任命譚嗣同等人進入軍機處。

此舉擺明是讓慈禧太后難堪，譚嗣同這些「維新黨」就如同飛蛾般投入這場烈焰中。

夜深了，獨坐養心殿案前的光緒皇帝，想起早上在頤和園覲見太后的情景。太后用陰沉冷酷的表情及憤怒的語氣，威脅著他說：「你要行新法，我不管，但不准任用那些維新小人！皇上，你該認真想想，你的皇位到底還想不想要？」

「太后是不是要廢了我？」想到這兒，光緒皇帝頓時心慌意亂，自己無權無兵，難道要束手待斃？於是，他提筆寫下：「朕位將不保，眾卿速謀善策……」的密詔，然後交給林旭帶出宮廷。

維新派大臣們看了密詔後泣不成聲，只有譚嗣同說：「要保皇上，必須先殺榮祿。」「可是榮祿大權在握！」旁人不免搖頭。

譚嗣同繼續說：「這不難，皇上昨天召見袁世凱，他頗有效忠之心，今晚我就去見他！」

月黑風高的深夜，譚嗣同一身便服來到袁世凱的行館。「寒夜客來茶當酒，請坐！」「袁大人不須客套，我只想請教袁大人一句話，您對皇上如何？」

「聖上是百世一見的英主，我自當效死不渝。」「既然如此，袁大人請看！」譚嗣同雙手取出皇帝的密詔，袁世凱看完後沉吟不語。「袁大人如果另有所圖，就請取下譚某人頭，送給太后，也算是大功一件！」袁世凱搖手說道：「您誤會了，袁某只是在想，這密詔上寥寥幾句，卻不知該如何做起？」

「只要殺了榮祿，包圍頤和園。事成之後，你就是第一功臣。」

袁世凱沉默了一會兒，輕聲回答：「這是件大事，不能說做就做，你千萬不可聲張，等我備好軍火和人手，再伺機行事。」

送走了譚嗣同，袁世凱陷入沉思，他是個機智多變的人，只關心自己的利害得失。雖然向

皇帝表示效忠，可是衡量大勢，太后仍是大權在握，何況榮祿已經調動軍隊，阻斷進京的通道，自己就算想要帶兵護駕也不可能了。想到這裡，袁世凱心裡已經有了盤算。

守舊勢力的反撲，讓勢單力薄的維新運動僅持續百餘日便宣告終止，光緒皇帝被幽禁在瀛台，慈禧太后臨朝訓政，保守派大臣都恢復原職。除了「京師大學堂」，所有新政全部停辦。曾經主張維新的人每天提心吊膽，只有譚嗣同例外，他婉拒了梁啟超邀他避入日本大使館的提議，平靜的待在瀏陽會館，四天後被捕入獄。

被捕的前幾天，譚嗣同模仿父親的筆跡，寫了好幾封反對維新變法的家書。後來朝廷依據這些信件，使他的父母家人免於牽連獲罪。在光緒二十四年九月，歲次戊戌，譚嗣同在菜市口被害，同時被殺害的還有劉光第、楊銳、楊深秀、林旭、康廣仁（康有為之弟），史稱「戊戌六君子」。

張謇賣字興業

西元一九〇五年，清光緒三十一年，江蘇的「南通博物苑」終於落成開幕了。張謇和兒子望著廳前高掛的匾額，散落滿地的爆竹，語重心長的說：「我沒有出過洋，可也聽留過洋的人說，英吉利、法蘭西等國都有很大的博物館，陳列包羅萬象的古今文物，參觀過的人不僅增加對國家的了解，還散發出強烈的愛國心。這正是洋人強盛的原因之一；反觀咱們中國，有幾個知道中華文化的博大精深？當年在京時，我幾次上書皇上，請辦博物館而未蒙俯允。如今回到家鄉，只有盡一己之力，願以有生之年，能做好這件事！」

張謇從小就有與眾不同的想法，他生於清咸豐年間的江蘇海門，在南通長大，天資聰慧好學，十六歲考中秀才，二十三歲在南京浙江提督府裡做過文書，朝鮮事變時還隨軍到過朝鮮，這些經歷讓他增長了見識，也認識不少名人。光緒十三年，參加順天府鄉試高中舉人第，其後參加會試卻一再落第，直到光緒二十年，終於高中狀元，讓他百感交集。

張謇獨坐沉思，喜悅中有一絲惆悵，不禁自問：「狀元！又能為大清國貢獻些什麼？」此時的中國已是千瘡百孔，從鴉片戰爭到英法聯軍，受盡列強的欺凌。

可是，朝廷裡政爭不斷，以致中日甲午戰爭失敗，北洋艦隊全軍覆滅，喪權辱國的一紙

「馬關條約」，讓台灣、澎湖淪為日本的殖民地。

戰敗簽約的消息傳到江南，正在家鄉守父喪的張謇大為震驚：「為什麼中國總是戰不過洋人？因為洋槍洋砲是工商業社會的產物，歐美各國早已經工業化，他們有法律、資金、技術；反觀中國，還是不折不扣的農業社會，不僅落後迂腐，歷代皇帝為了統治，還要重農抑商，把商人視為四民之末！放眼全國，都是千千萬萬只求溫飽的小農小商，既沒有資金，又沒技術，國家失去整體發展的力量，拿什麼跟洋人比？」張謇認為只有發展工商業，才能強國富民。於是，他決定放棄仕途，在家鄉興辦有益國計民生的手工業，名之為「實業」。

張謇考察上海、南通、南京等地，他驚訝的發現：「洋人用低價買進中國的棉花，製成洋布後傾銷到國內市場，獲得豐厚利潤；國人自製的土布卻乏人問津，導致大批工人失業，白白讓洋人賺走了銀兩。」所以，張謇決定就從紡織業開始。不過，為了資金不足的問題，張謇費盡心力到處求人，才組成一個六人的董事會，定廠名為「大生紗廠」，接著要買機器，這時候，他想起在上海洋行做買辦的姪子張少甫。

沒想到，一談之下，張謇竟被姪子潑了一盆冷水：「叔叔，您最好打消這個念頭，開工廠不是小事，需要大筆資金，洋人設有法律保障私人財產，所以人們肯把錢存入銀行，老闆先向銀行貸款，等賺了錢再分期償還。國內沒此一說，您到哪兒去貸款？至於買機器，我聽說上海碼頭有一批紡織機，是過去張之洞大人買的，雖然放置一年多，但是情況還不錯，如果能折價買進，不是省錢又省時嗎？叔叔何不前去拜見兩江總督，憑著您是狀元的身分，我想應該沒有問題的！」

張謇詳細的陳述實業計畫，兩江總督爽快的一口答應，將機器降價出售，張謇大喜過望。但詳談才發現，這整套設備至少要五十萬兩銀子，張謇哪有這筆錢呢？幾經商量，決定機器先以五十萬兩做官股，再由張謇集資五十萬兩為商股，做為籌辦工廠的其他開銷。

有了機器，建廠全面展開，籌款的事十萬火急，偏偏此時有幾個董事退出，責任完全落在張謇一人身上。張謇找遍了多年在官場中的人脈和親戚朋友，結果仍是困難重重。

「唉，中國人有了錢，先想到的就是買土地，或存在錢莊銀號裡生利息，要不就是購買黃金、白銀保值。」張謇處處碰壁，感慨不已。

事實上，大家一聽到辦工廠這種新鮮事，不但不肯拿出銀子，還酸溜溜的說：「堂堂狀元放著現成的官不當，去辦什麼實業？真是自討苦吃！」張謇想盡辦法，甚至還到寺院道

觀、慈善機構去募款。

有一次，他到上海籌款沒著落，連回程的路費都沒了，只好寫一些書法字畫，請人拿到街上去賣，「狀元賣字」的事一時傳遍了上海。

當廠房建成就要開工之際，張謇能運用的流動資金仍然不足，連發放薪資都不夠，只好招收工資便宜的農村婦女和兒童當工人。開工那天，張謇眼看著一簍簍的棉花，在隆隆的機器聲中，變成了細緻又結實的棉紗，想起創業的艱難，不禁百感交集。

大生紗廠的棉紗由於物美價廉，很快就打開銷路，開工後第一年就賺了十二萬兩銀子，第二年又賺了十五萬兩。張謇把這些盈餘投入擴大生產，幾年下來，他

陸續創辦了：通海墾牧公司、廣生榨油公司、大興麵粉公司及資生鐵冶廠等相關事業，為了便利運輸，他還創辦了輪船公司，促進地方繁榮。

民國建立以後，張謇先後擔任農林、工商總長兼全國水利局長。後因不滿袁世凱恢復帝制而辭職返鄉。張謇一生事業有成，他還興辦許多教育文化事業，例如：師範學校、盲啞學校、圖書館、氣象台、劇場、醫院及公園。這種積極回饋社會的精神，在當時可謂開風氣之先，是十分難得的。張謇於七十四歲病故，是我國近代最成功的實業家。

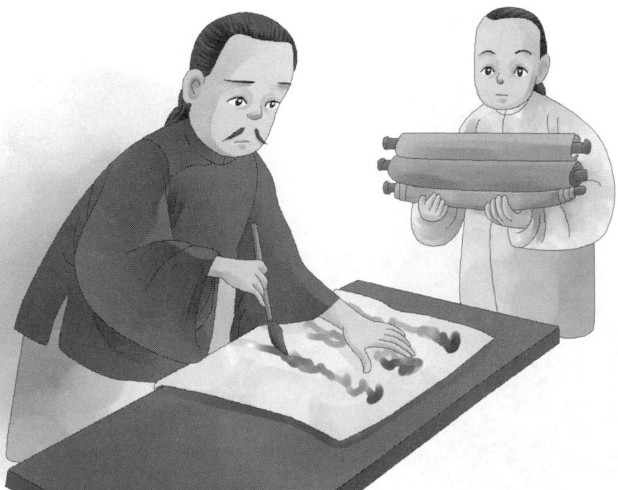

溥儀三次登基又退位

西元一九〇八年，光緒皇帝和慈禧太后在兩天之內相繼病逝，三歲的溥儀奉慈禧遺詔即皇帝位，年號宣統。

這時，清朝的統治地位已經愈來愈不保了，孫中山所領導的革命黨聲勢大增，終於在西元一九一一年十月十日的武昌起義中，推翻滿清，緊接著各省紛紛宣告獨立。清廷眼見大勢已去，迷迷糊糊當了三年皇帝的溥儀，只好宣布退位，但可以繼續留在紫禁城裡長住。

「為什麼不能出宮？外面的世界那麼大，朕要出去看看！」隨著年齡漸長，溥儀不甘心長久受困在紫禁城的小天地。

「出了宮，就不是我們大清的天下了。更何況，外面的局勢太亂，皇上還是待在宮裡比較安全。」宮裡的人緊張的規勸溥儀。其實，溥儀真的只能在紫禁城裡享受帝王生活，因為新政府已經成立了，國家大事都是由總統和政務官來處理，根本沒有他插手的份兒。

民國初年政局混亂，北京政府被一些擁有兵權的軍閥控制。民國六年（西元一九一七）一個名叫張勳的軍閥發動政變，聯合前清大臣，擁護溥儀重新登上皇位。年紀輕輕的溥儀，天真的以為自己可以藉助張勳的力量，重新恢復大清帝國，眼見街頭巷尾又飄起象徵滿清帝國的「黃龍旗」，十二歲的溥儀可真是得意洋洋。

可是，全國人民早就厭煩了專制的滿清。於是，在一片討伐張勳的呼聲中，溥儀的皇帝寶座坐不到兩個星期，他只好二度宣布退位。

打從幼年進宮，溥儀就一直住在紫禁城，過著養尊處優的日子，還喜氣洋洋的迎娶了婉容皇后和貴妃文綉，直到民國十三年，軍閥馮玉祥派兵強行將溥儀等人驅趕出宮，他才真正體會到該為未來做一番規劃了。可是，滿清政權是不可能再恢復了，他這位末代「真龍天子」究竟該何去何從呢？

這時候，日本正野心勃勃的想要侵略中國，日軍在民國二十年攻占了東北三省，史稱「九一八事變」。接著又於次年成立「滿洲國」，風風光光的為溥儀舉行登基大典。溥儀高興極了，實指望藉助日本人恢復大清，沒想到卻只能做個傀儡皇帝，聽從日本人使喚，讓他受盡委屈。「朕身為皇帝，每天只能受制於人，甚至連性命都操控在日本人手裡，這種日子有何意義！」溥儀拍桌子大發雷霆，旁人嚇得打哆嗦，都覺得無可奈何！溥儀擔心遭到日本人的暗算，每天忙著

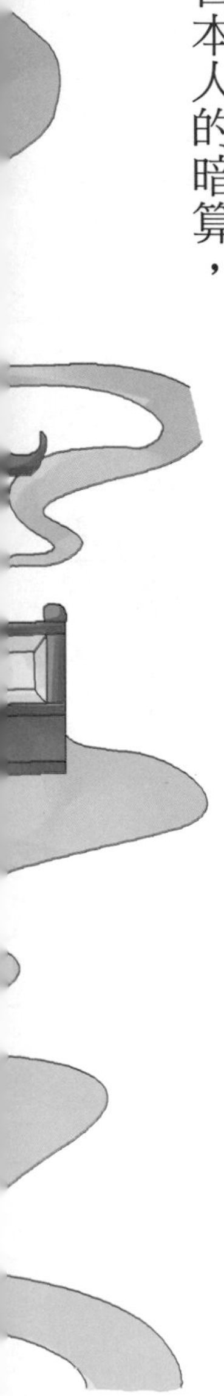

算卦占卜，生怕性命不保。這種屈辱和惶恐，直到民國三十四年日本戰敗投降才結束，本以為可以脫離日本人的魔掌，過幾年自由自在的日子，沒想到東北三省卻落入蘇聯的手中，跟在他身邊的文綉早已棄他離去，至於皇后婉容，因為染上吸食鴉片的惡習，最後竟不知流落何方。溥儀在兵荒馬亂中成為蘇聯的俘虜，被送到蘇聯的集中營，身分早已從尊貴的皇帝，被貶為卑微的戰俘。

五年後，溥儀被遣送回中國，這時候的中國已經是共產黨當政，他們可不像當年的國民政府會善待皇室遺族，仁慈的給溥儀禮遇優待。溥儀變成一個普通公民，回到他幼年成長的地方——北京城。

曾經貴為皇帝，也曾棲身牢獄的溥儀，終於可以過著平淡的日子，後來在西元一九六七年過世，享年六十二歲。

孫中山革命救國

西元一八九四年（清光緒二十年）的某一天，美國檀香山一個華僑何寬的家裡，二十幾個中國人正在傾聽一個名叫孫文的人，慷慨激昂的發表談話。「如今海陸軍全敗，朝廷幾十年的經營毀於一旦。更令人氣憤的，是北洋艦隊官兵冒死奮戰，但高階將領卻胡亂指揮，最後是一敗塗地。這樣的政府，怎能讓人信得過！中國的未來又將何去何從？」

這時正值秋高氣爽，但在座的人個個面色凝重，額頭滲出汗珠，孫文又說：「眼前只好向日本割地求和，但中國還有多少地可以割？多少銀兩可以賠？滿清的腐敗到了極點，只有革命奮起，才能救中國！」

「我們願意同為革命效力，一起追隨孫先生的領導。」一座中有人振臂疾呼，大家立刻給予掌聲響應。

於是，中國第一個革命團體成立了，這就是「興中會」。孫文被推為會長，他就是建立中華民國的國父——孫中山。

孫中山是廣東省香山縣（即今之中山縣）人，名文，號逸仙，旅居日本時化名中山樵，於是稱為孫中山。他在西元一八六六年十一月十二日出生，十三歲時隨母親到檀香山探訪哥哥孫眉。他先在哥哥的店裡幫忙，後來進入學校讀書。這一段異鄉生活不僅豐富孫中山的知識，更開拓他的眼界。此後，他便以美國的偉人華盛頓、林肯為典範，督促自己不斷努力。

孫中山在十八歲時返國，進入香港西醫書院就讀，西元一八九二年以優異的成績畢業，然後在澳門、廣州一帶行醫。但他眼見列強步步進逼，中國國勢日危，不禁悲憤交集，乃立志以救國救民為終身事業。「行醫只能救人，卻無法濟世！」孫中山心裡興起報效國家的壯志。

西元一八九四年，孫中山寫了一封長達八千多字的〈上李鴻章書〉，建議朝廷仿效西方制度以強化國家，例如「興辦學校，培養人才」、「興修水利，發展農業」、「開礦山，修鐵路，建立現代化工業」。他和同志陸皓東遠從廣州來到天津，託人求見李鴻章；結果，萬言書石沉大海，其中

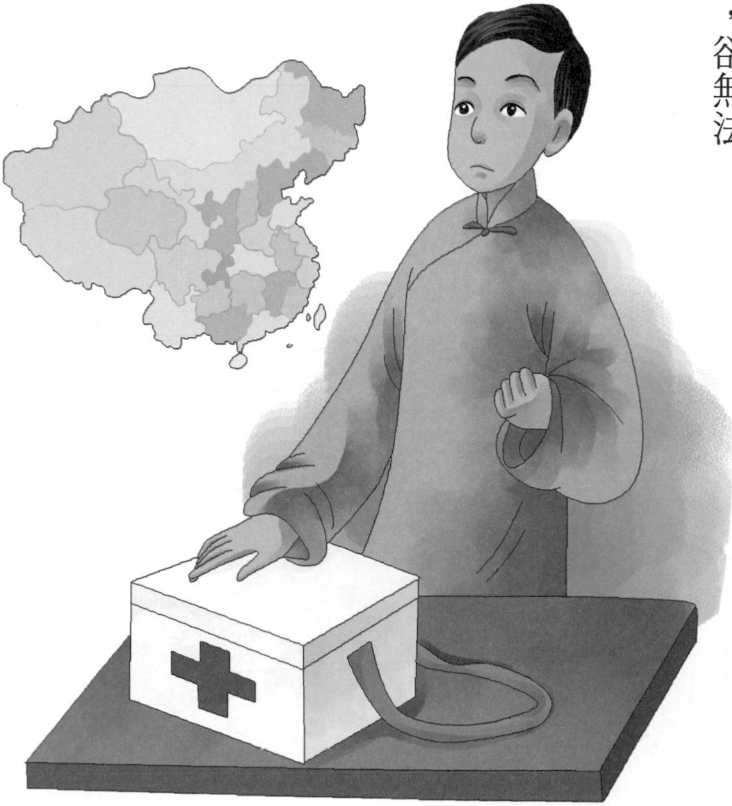

的建議也宛如煙霧般四散無蹤。

孫中山終於明白，要用改革的方式救中國是行不通的，唯有推翻滿清，才能帶給國家新的展望。因此，他在檀香山成立「興中會」，但此時中國正經歷另一場苦戰，那就是中日甲午戰爭。

甲午戰爭慘敗，清廷派出李鴻章赴日求和，幾經周旋，才與日本簽訂「馬關條約」。條約中給了日本巨額賠款，並且割讓台灣、澎湖。這種喪權辱國的求和讓人憤慨不已。於是，孫中山決定在廣州起義，這是革命事業中的第一次起義，可惜失敗了，也折損不少菁英。孫中山被迫逃往日本，再轉英、美，繼續在海外從事革命活動。雖然又經歷了「倫敦蒙難」的驚險，但孫中山仍以救國救民為目標，絲毫不以自身利益為考量。

這時候，國內的情況日益惡化，慈禧太后幽禁了主張改革的光緒皇帝，殺了許多維新派的官員。於是守舊派的勢力大起，大夥兒無知的信任一批荒謬迷信的「拳民」，他們以「扶清滅洋」為口號，高喊「天靈靈、地靈靈、有請祖師來顯靈……」，這批號稱神明附體的「義和團」，開始盲目的拆教堂、毀鐵路、殺洋人，終於釀成「八國聯軍」的大禍。

「八國聯軍」殺進北京，慈禧太后帶著光緒皇帝狼狽西逃，不久，中國被迫簽下「辛丑條約」，高額的賠款使得民窮財盡，而列強瓜分中國的危機，更是迫在眉睫。孫中山認為，必須聯合各個革命團體，才能成就大事。便擴大組織在東京成立「同盟會」，並以「驅逐韃虜、恢復中華、創立民國，平均地權」為號召，在《民報》的發刊詞中，第一次提出「三民主義」的主張。

西元一九一一年十月十日，孫中山所號召的第十一次革命：「武昌起義」終於成功，並以「中華民國」為國號，得到各省的響應，一九一二年就是中華民國的元年，各省代表在南京成立了臨時政府，推舉孫中山為臨時大總統。

為了革命奔走半生的孫中山，這時可說是百感交集，中華民國雖已建立，但推翻滿清的任務未了，因為宣統皇帝並沒有正式退位，還得靠手握重兵的袁世凱前去周旋；野心勃勃的袁世凱可不是個等閒之

輩，他提出嚴苛的交換條件，就是要代替孫中山成為臨時大總統。

為了促使全國統一，孫中山決定將大總統的位子讓給袁世凱。許多人替他抱不平，但是孫中山平靜的表示：「能成為共和國的一介平民，余願足矣！」

袁世凱可不像孫中山所想的那麼簡單，他的目標不只是當總統，他還要當皇帝。所以，他做出一連串違法亂紀的行為，以滿足個人的私欲，就在民國五年，他以「洪憲帝制」當了八十多天的皇帝，最後在眾叛親離的反對中羞憤而死，留下一群擁兵自重的軍閥。

民國初建，軍閥之間相互征戰幾無寧日，國內又陷入一片混亂，甚至連孫中山自己，也成為軍閥利用的棋子。民國十一年陳炯明叛變，砲轟總統府，孫中山倉皇逃離廣州，來到上海。孫中山左思右想，覺得必須進行整體改革。第二年他重返廣州，改組國民黨，訓練幹

部，宣布「聯俄容共」，並在民國十三年成立「黃埔軍校」，培養一支真正的革命武力，積極準備北伐。

這時候，北京政局發生變化，軍閥馮玉祥推翻了直系曹錕的政府，並且通電全國，主張召開和平會議。孫中山受邀北上，主持統一大計。但是，他的健康狀況已經很糟了，為了國家，孫中山還是抱病前往北京，不幸肝疾發作，而在民國十四年三月十二日與世長辭。

孫中山畢生為國事奔走，終於推翻專制腐敗的滿清政府，建立中華民國。他擔任過大總統、總理、大元帥、非常大總統。民國二十九年被國民政府明令尊稱為「國父」，得到國人永遠的尊崇，而他憂國憂民的情懷，謙和誠懇的慈悲，更是所有政治人物的典範。

袁世凱總統皇帝

袁世凱字慰亭，出生在動盪不安的清末，他是河南項城人，家世背景顯赫，因為，袁世凱的父親在地方上督辦團練，幫朝廷剿滅「捻匪」立了戰功，叔叔又是李鴻章「淮軍」裡的一員猛將。所以，袁世凱從小就博覽兵書，但他對於四書、五經這些古籍卻不太熱中。

這時的滿清王朝由慈禧太后一手掌握大權，地方上盛行腐敗的捐官制度。以袁世凱讀書不求甚解的態度，甭想高中科舉得到官職。不過，靠著家族的餘蔭，他在光緒七年（西元一八八〇）經人推薦，任職於吳長慶軍中，第二年被派到朝鮮應戰，逐步嶄露頭角。

十多年後中日爆發「甲午戰爭」，導因於朝鮮問題，袁世凱便受到朝廷倚重。戰爭結束後中國慘敗，皇帝下令改革軍制，袁世凱受命到天津附近的小站練兵，正式步入政壇。

這時候的袁世凱意氣飛揚，的確發揮他在軍事方面的長才，訓練出軍紀嚴明、軍容壯大的新建陸軍，頗受朝廷重臣李鴻章和榮祿的賞識，甚至連急於變法維新的光緒皇帝，都把袁世凱視為不可多得的人才。

「太后和守舊派一心為難皇帝，這該如何是好？」維新派人士念茲在茲，認為只有先動手發動政變，剷除慈禧太后的勢力，才能讓光緒皇帝放手一搏，不再受制於人。只不過，發動政變需要軍隊相挺，到哪兒去覓得合適人選呢？

「袁世凱胸懷大志，思維不同於頑固迂腐的守舊派，他又是咱們漢人血統，如今手握重兵，正是最佳人選。」維新派的譚嗣同向皇帝大力推薦，皇帝也親自嘉勉袁世凱，讓袁世凱感激涕零：「臣願肝腦塗地以報聖上隆恩。」

不過，袁世凱私下衡量局勢，守舊派的勢力畢竟遠遠超過維新派。「堂堂皇帝不過是個傀儡，大權仍舊握在太后手中，一旦政變失敗，我簡直是死無葬身之地；但如果轉而投效太后，日後的榮華富貴可就難以限量了！」袁世凱的心中有了主意。

得到袁世凱的第一手情報，慈禧太后以迅雷不及掩耳的速度展開行動，重新臨朝聽政，幽禁了光緒皇帝，新政一切罷黜，維新派多人被殺，史稱「戊戌政變」。

袁世凱平步青雲，立刻升為山東巡撫。這時候，山東境內出現一批自稱是神明附體、刀槍不入的「義和團」，打著「扶清滅洋」的口號四處囂張，袁世凱立刻嚴加取締。

「義和團」在山東境內難以存活，便轉往一旁的直隸省發展，竟然得到慈禧太后的倚重，眾人口裡喊著：「天靈靈、地靈靈，奉請祖師來顯靈，一請唐僧豬八戒，二請……。」「義和團」公然做出拆鐵路、毀教堂、殺洋人的不法行徑，釀成八國聯軍的大禍。

「洋人其實頗重信約，只要我們保證所轄境內沒有義和團傷及洋人性命，他們就不至於兵臨城下，騷擾到百姓的安全。」袁世凱和一批頗具見識的地方官，和洋人簽訂互保條款，的確使不少地方免於戰禍，因而備受稱譽。此外，他在山東設置大學堂、督辦商務總局、整頓金融捐稅，贏得朝野對他的讚譽，李鴻章病逝後，袁世凱就接任最重要的職務：直隸總督兼北洋大臣。

慈禧太后和光緒皇帝在光緒三十四年（西元一九〇八）先後病逝，三歲的溥儀即位，由父親載灃任攝政王，載灃自知實力不如袁世凱，明顯的露出誅殺意圖，機警的袁世凱立刻稱病回鄉，暫時避開政壇明哲保身。

袁世凱雖處於隱居狀態，但他心繫大局發展，隨時準備伺機而起，和朝中大臣一直保持聯繫。三年後，孫中山所領導的辛亥革命成功，清廷迫於情勢，只好再度重用袁世凱，要他去和孫中山談判。

「只要皇帝肯下詔退位，國家能完成一統，你這調停之功，國民政府自當重謝。」孫中山坦然的表示。「那行！只要我勸得皇帝退位，你這總統一職便由我來做。」袁世凱利慾薰心，提出交換條件。

西元一九一二年，溥儀宣布退位，中華民國正式建立，袁世凱取代孫中山，成了第二任臨時大總統。之後他又脅迫國會改選，將他選為正式大總統，然後乾脆解散國會，來個肆無

忌憚的專權獨大。

「總統任期由五年延為十年，並且是無限制連任。」袁世凱一聲令下，讓孫中山和國民黨員傻了眼。「這和皇帝有何不同？我們拋頭顱、灑熱血，辛苦建立的中華民國豈不是蕩然無存？」於是孫中山發起「二次革命」，但勢力遠不及袁世凱而告失敗。

袁世凱逐步往他的帝制美夢前進，他向外國銀行借款多達六十次，還同意日本的「二十一條要求」，以犧牲國家利益，換取日本支持他的稱帝，史稱「五九國恥」。

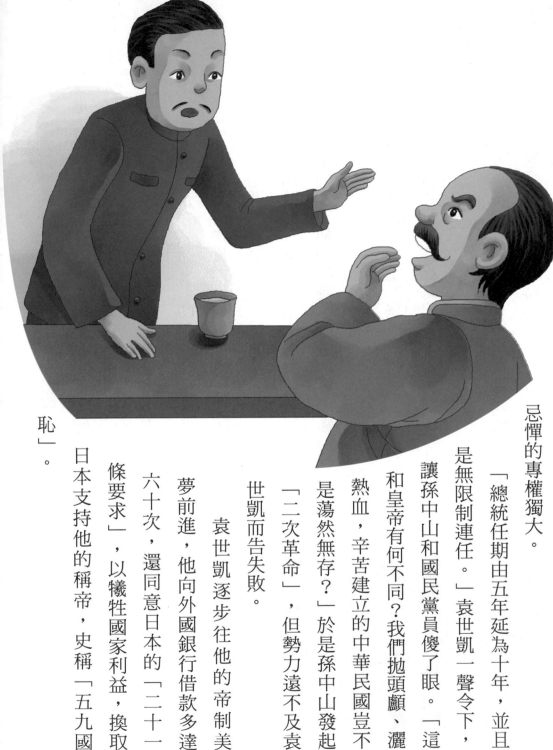

有了大筆資金，袁世凱更可以積極籌劃，他唆使部下用錢買通群眾，成立了八十多個請願團，到處高呼：「袁世凱萬歲！擁護袁世凱稱帝！」

民國五年（西元一九一六），袁世凱真的舉行封禪祭祀，廢除了中華民國，而自稱中華帝國皇帝，並且改元「洪憲」，此即「洪憲帝制」。

「胡鬧！民主共和國講究的是民權，重視的是法制，怎麼會跑出皇帝！」雲南的蔡鍔、唐繼堯等人組織了「護國軍」，通電全國反對帝制，並且宣布雲南獨立，這時西南各省也紛紛響應，對袁世凱彷彿是當頭棒喝。

袁世凱想要壓制反對聲浪，卻面臨眾叛親離的壓力，逼得他只得取消帝制，威風凜凜的皇帝癮只過了八十多天，三個月後一命嗚呼，徒留笑罵於世間。

東北硬漢張大帥

時近盛夏，天氣日趨炎熱，但在東北的瀋陽，清新的空氣中，仍飄散著些許寒意。民國十七年六月四日，「張大帥」張作霖的專用火車，行駛到瀋陽附近的皇姑屯，轟然一聲巨響，日本人在鐵軌上安置的炸彈爆炸了，張作霖當場被炸死。「張大帥」起起落落的人生終於畫上句點。

人稱「少帥」的張學良，火速趕來處理善後，回想起父親這一生，張學良潸然淚下：「我父親絕對沒有賣國，所以慘遭日本人的毒手。」

張學良悲憤填膺，恨透了日本人的所作所為。半年後，他歸順了中央政府，加入蔣中正領導的北伐行列，至此，長久處於分裂狀態的中國終於完成統一。

張作霖出生於西元一八七五年，時值滿清末年，中國受盡列強欺凌。一八九四年中日甲午戰爭爆發，當時張作霖是清軍營裡的一名基層士兵，在戰火中親眼目睹日本的船堅砲利，相較於中國軍備的落後，奮勇作戰的張作霖，也只能無奈的仰天長嘆：「沒有武力，哪來勝算！」

迂腐顢頇的滿清王朝注定要走上滅亡。當時中國各地兵荒馬亂，張作霖雖有驍勇善戰的本領，運籌帷幄的機警，卻也是有志難伸，最後淪為馬賊，和一群綠林大盜混在一起，幹起打家劫舍的勾當。

「英雄不怕出身低，此乃非常時期，大丈夫當有所為，有所不為。」張作霖豪語一出，同道的兄弟無不鼓掌叫好。

張作霖直到年近三十，才猛然警覺，總不能一輩子靠著行搶度日，於是正式投身騎兵營，還擔任營長的職位。

孫中山推翻滿清建立民國，政權卻被袁世凱把持，張作霖受命為二十七師師長，袁世凱稱帝失敗以至身死，張作霖又被北京政府任命為奉天督軍兼省長，這時候，野心勃勃的日本前來拉攏，東北三省既然是「張大帥」的掌控範圍，視東三省為囊中物的日本人，當然有所企圖，立刻找上張作霖。

「大帥，日本人得罪不起，小不忍則亂大謀，您要三思。」一幕僚深知大帥的個性，是不善矯揉造作的硬漢作風，罵起日本人來更是毫無保留，便提醒大帥要言行謹慎。

「嘿嘿！改天我要給他們點顏色瞧瞧！」張作霖竟然冷笑起來。

在一次盛大的宴會後，張作霖假借著三分酒意，送客的時候，和每一個日本賓客握手道別，順口說道：「巴嘎呀嚕！巴嘎呀嚕！我的日文發音很標準吧！哈……」

日本人苦著一張臉，仍得裝笑稱是，他們以為大帥喝醉了，誤把道別用語「莎喲娜啦」，說成是「巴嘎呀嚕」，因為「巴嘎呀嚕」是一句很粗魯的髒話呀！其實，張作霖腦筋清醒得很，他是故意借酒裝瘋，整整日本人，他罵得開心極了。

這時候的張作霖聲勢大增，不僅在直奉戰爭中大敗奉系軍閥吳佩孚，他還宣布東三省獨立自治，「張大帥」成為中國北方最強勢的軍閥，民國十六年他自稱「陸海空大元帥」，勢力遍及整個黃河以北的中國。而日本為了奪占中國的土地，可說是無所不用其極，他們百般討好張作霖，就是希望他當日本的傀儡，一切受日本擺布，這樣一來，東三省的土

地，日本人自可手到擒來。

張作霖表面上和日本人虛與委蛇，私底下對日本人的種種索求，他是有所保留的。而日本人的手段，也真是花樣百出。有一天，日方代表諂媚的堆著一臉假笑，來向大帥討幅字畫。「久聞大帥書法自成一格，不知可否賞賜一幅墨寶？」

「哦！是嗎？」張作霖暗忖：「我是個沒文化的大老粗，竟來跟我討字畫，這個馬屁拍得真夠肉麻。」

「承蒙您不棄，那我就不客氣了。來人，拿紙筆來！」張作霖豪爽的答應，拿起毛筆，在紙上肆意揮灑起來。

「行了！」張作霖把筆一擱，圍觀的人立刻鼓掌叫好，就算是胡亂塗鴉，沖著是張大帥的親筆，大家也得稱讚一番。

「今天真是榮幸之至，還請大帥在落款處簽名。」日本人笑咪咪的說。

只見張作霖提筆寫道：「張作霖『手黑』。」

一旁的幕僚人員傻了眼，心想：「大帥果真是文化不夠，錯字連連，竟把『手墨』寫成『手黑』，這可笑死人了！」於是鼓足勇氣建議：「大帥，這『黑』字下面要再加個『土』才行，請您再動動筆吧！」

哪知張作霖仰天大笑道：「哈！這『土』是絕不能給日本人的，連一個字也不行。」在場的中國人開懷大笑，只有日本人咧著嘴苦笑，憋著一肚子氣……。

張作霖的強悍作風，逼使日本人對他痛下毒手，卻保留了中國的土地。是非功過，只有留待後人去探討了。

魯迅的《狂人日記》

魯迅本名周樹人，字豫才，西元一八八一年，生於浙江紹興一個望族家庭。祖父出身翰林，在北京當官，飽讀詩書的父親周伯宜卻是觀念開明，沒逼著魯迅進私塾，去背誦那些艱澀難懂的四書、五經，他讓魯迅先讀歷史，然後是《詩經》、《西遊記》和唐詩，減輕了魯迅啟蒙求學時期的苦悶，也為魯迅往後的寫作打下基礎。

幼年時的魯迅活潑機伶，儀表堂堂，得到全家的寵愛，他喜歡和弟弟周作人一起遊戲，編織美麗的童話故事。在幸福溫馨中長大的魯迅，個性善良溫和，對周遭充滿好奇。

可是好景不常，西元一八九三年祖父因科場舞弊案被捕下獄，第二年父親又吐血病倒，周家家道突然中落，當時魯迅只有十三歲。

身為長子的魯迅，不得不擔負起生活的重擔，讀書之外，他經常出入當鋪和藥房，在沉重的經濟壓力下，他體會出人世間的冷暖，也洞悉人性的貪婪和虛偽。隨著年齡的增長，他意識到這種國民性和舊傳統是密不可分的。於是，他在自傳中說道：「從那時起，我就痛恨這個社會！」

到了十七歲那年，家裡的情況更為窘迫，魯迅考取公費的「江南水師學堂」，本想學得

魯迅

一技之長，可是學堂裡烏煙瘴氣的氣息，簡直就是滿清政府顢頇腐敗的縮影。桀驁不馴的魯迅，很快便被記了兩大過和兩小過，他只好轉學到礦路學堂。兩年後考取公費留學日本，算是為自己打開另一片天地。

沒想到從西元一九〇二到一九〇九年之間，魯迅卻在日本度過不愉快的七年。當時中日甲午戰爭剛結束，清廷戰敗簽約，受盡屈辱，日本國內到處充斥著鄙視中國人的風氣。

魯迅走在日本街頭，經常無端遭到辱罵，更令他氣憤的，是中國同胞不爭氣的醜態，不僅不能自我振作，反而對日本人卑躬屈膝，讓日本人更加輕視。

留日期間，魯迅開始嘗試小說寫作，他編譯了歷史小說《斯巴達之魂》，發表在《浙江潮》雜誌

上；又和他的弟弟作人，合譯了《域外小說集》一、二冊，另外，他還加入反清團體「浙學會」，因為他對滿清政權已經是徹底失望了。西元一九〇九年，魯迅擔負起家庭經濟的重任，他離日返國，先後擔任杭州師範學堂及紹興中學堂的教師，終於有了固定的收入。

西元一九一一年，孫中山所領導的武昌起義成功，革命浪潮席捲全國，魯迅為革命熱情所鼓舞，親自帶領學生演說，並且走上街頭宣傳革命，希望為救國事業盡一己之力。可是，才沒過多久他就失望了。「想不到新政府的專制腐敗，和滿清並沒有兩樣！更可惡的是這批軍閥，仗勢著槍桿子出政權，簡直是無法無天。」中華民國成立以後，他應教育總長蔡元培的邀請，到南京臨時政府任職，後來又隨著教育部北遷，來到古都北京。

從西元一九一二年到一九二六年，魯迅便長住北京，這時新文學運動方興未艾，魯迅以鋒利的筆法，赤裸裸的揭開中國人懶惰、怯弱和貪婪的一面。他以病態社會的小人物為題材，寫出《阿Q正傳》、《狂人日記》等書，目的是揭發痛苦，引起社會的注意，再激發眾人的思考，在當時的確引起很大的回響。魯迅以為，中國舊社會是「專制者」和「奴才」的精神複合體，如果要改變這種狀況，必須將所有自欺欺人的假面具撕掉，當大家都能重新振作時，民族性才能改變，國家才有進步的可能。

魯迅的一番見解，不容於當時掌權的北洋軍閥，多次被逼到外國醫院裡去避難，最後只得離開北京，轉往廣州中山大學。

這時候，軍閥控制了整個中國，只有廣州的國民黨依然揮舞著革命大旗，實施「聯俄容共」的政策。一時之間，廣州成了革命聖地，魯迅也懷抱著一股熱情而來，可惜事與願違。他因為反對顧頡剛來校任教，而與傅斯年發生嚴重的衝突；不久，又發生了國民黨的「清黨」事件，魯迅的友人對他好心警告：「蔣介石下達清黨令，要清除附著在國民黨內的共產黨，最近許多共產黨員和親共分子都被捕下獄，你要行事小心，特別謹慎才是。」不過，魯迅似乎不為所動，他仍然堅持道義原則，力主營救被捕的學生，可惜沒人膽敢附和，魯迅形單勢孤，只好轉往上海發展。

一連串的不順，對魯迅是嚴重的打擊，也讓他意識到，光是反傳統、反禮教、反封建還不夠，因為新一代的年輕人更可怕，他無限感慨的在給朋友的信中說道：「今之青年，為了一點小利，竟會做出反噬搆陷，殘害同志的事！」

魯迅認為，對付這些反動派，必須毫不留情的抗爭。所以，他在上海加入了象徵支持共產主義的「左翼作家聯盟」，和共產黨黨員一起向俄國成立的「第三國際」募款，從此他便被視為共產黨的同路人，也成了國民政府的眼中釘。

然而，特立獨行的魯迅，又因為拒絕共產黨的要求，去寫一些辱罵蔣介石的文章，而遭

到左翼人士的強烈批評。不過，他自認為心中自有一把尺，他的文筆絕不可能受到黨派的利用，而成為攻擊政敵的工具，他受盡國、共兩邊的辱罵，卻是執著不悔。一九三八年，魯迅在上海去世，年僅五十六歲。

魯迅是中國第一個用西式新體書寫小說的人，他擅用諷刺的筆法，譴責舊社會的虛偽殘酷，所謂的「禮教」，彷彿是吃人的怪獸。正如他的作品《狂人日記》中所述：「這本古書沒有年代，歪歪斜斜的每一頁上都寫著：『仁義道德』幾個字，我仔細的看了半天，才從字縫裡看出來，整本都寫著兩個字：『喫人！』」綜觀魯迅的一生，多半在孤獨中度過，卻又備受爭議，不論他是「教主兼打手」或是「偉大的旗手」，也許，他自己的詩句：「橫眉冷對千夫指，俯首甘為孺子牛」，最足以形容他這孤寂的一生。

人民藝術家舒慶春（老舍）

西元一九六六年，文化大革命的狂瀾席捲中國，紅衛兵從四面八方湧入北京，毛澤東在天安門前校閱了號稱百萬的革命雄師，提出「造反有理、革命無罪」的偉大號召，鼓勵這些革命小將「破四舊、立四新」，消滅一切反動、保守的頑固分子。偌大的北京城頓時天翻地覆，紅衛兵接管學校，砸爛了政府機關，揪出被污蔑是「牛鬼蛇神」的知識分子。大字報、標語貼滿了大街小巷，鬥爭遊行的隊伍喊得震天響，一片鼎沸中人們似乎全陷入瘋狂。

在北城的一座四合院裡，擁有「人民藝術家」頭銜的名作家舒慶春（筆名老舍），望著一臉困惑的兒子舒乙，幽幽歎口氣說：「孩子！這是一場劫難！比六十多年前的義和團還要嚴重。義和團的胡作非為引來了八國聯軍，把咱們中國弄得差一點兒就亡了國。可是，義和團不過是盲目的排斥洋人事物；如今文化大革命卻是要革自己文化的命，破舊立新？真是笑話！文化是一脈相傳的，把舊的都給革了，還能立什麼新？說穿了，這也不過是毛主席奪權的手段罷了。你等著看吧！這把火已經燒遍九城，很快就會燒到咱們家了。」舒乙詫異的睜大了眼睛，不解的問道：「您不是人民藝術家嗎？有誰敢驚動您呢？」「人民藝術家在鬥爭中又算什麼！我恐怕是自身難保了。」老舍絕望的眼神中流露出不安。

老舍的預言沒錯，到了八月二十三日，一大群革命小將闖進舒家，開始翻箱倒櫃，大肆搜查。不一會兒，他們搬出幾大箱書，得意洋洋的指著老舍說：「早就知道你是反動守舊分子，你看！這就是證據！」這時候，早已預備好的「反動分子舒慶春」木牌，一把塞給老舍，紅衛兵大聲的下令：「高舉牌子，遊街到孔廟！」

孔廟大殿前的空地上，堆滿了四處搜來的書籍，十幾個跟老舍一樣高舉牌子的人蹲在書堆前，一臉的無奈和恐懼。紅小將個個意氣風發，演講的、拍手的、罵人的鬧成一團。「把這些反動派的舊東西送進歷史的灰燼吧！」「燒掉！燒掉！」幾個紅衛兵拿了煤油往書堆上澆，正要點火時，老舍突然推開身旁的紅衛兵衝到前面：「千萬燒不得，這是國家民族的文化呀！你們可以把這些書拿走收藏起來，可是千萬不要毀了它們！這是我們幾千年的文化精華，燒了就再也沒有了！」老舍的哀求、呼喊只換來一陣怒罵：「各位！你們知不知道，這個舒慶春，不只是個頑固的守舊派，他還是私通美國帝國主義的漢奸！你們問問他，有沒有拿過美國人的錢？」老舍的辯解完全無濟於事，眼見火光熊熊，老舍奮不顧身去搶救未燒的書，這下可惹惱了紅小將，頓時拳腳交加，老舍被打得頭破血流。

莫須有的罪狀，滿身的傷痛，老舍既灰心又絕望，他決定不再低頭，他抬起滿布血污的臉，舉起頭上的牌子，猛然向身邊兩個紅小將砸去。「可惡的通敵分子！居然敢打革命小將！」「簡直是現行反革命，打死他。」的確，在文化大革命中，老舍是唯一敢打紅衛兵的人，那是一項足以當場處決的重罪！老舍的身軀立刻被狂熱的紅衛兵吞噬，遍體鱗傷的倒在火堆旁。

蒼茫暮色中，舒乙攙扶著父親，蹣跚離去。第二天，老舍一早就離開家門，面對兒子關切的眼神，他表情木然的無言以對。

老舍茫然的走在胡同裡，不知不覺的走到太平湖邊。他木然的坐在湖邊的露椅上，望著岸邊垂柳，如洗的碧空，讓他回憶起兒時快樂的日子。那時他和母親就住在不遠的觀音庵胡同，庭院裡的老槐樹、夏日樹蔭的蟬鳴、長巷裡的叫賣聲，生活多麼愜意。如今這一切一去不返，他所摯愛的北京城，在野心家的擺布下，已經成為一個野蠻、恐怖的地獄。無情的誣蔑和毒打，讓老舍心灰意冷的一步一步走進冰冷的湖水。這位「人民藝術家」老舍之死，只換得了「反革命分子畏罪自殺」這個結局。

老舍於西元一八九九年生在北京，他的父親是個滿族八旗子弟，在衙門裡作護軍，本來有份富裕的生活，可惜生不逢辰，滿清王朝已是日薄西山，老舍剛過了週歲，他的父親就在八國聯軍進攻北京時陣亡。幾年後，清帝遜位，中華民國成立，老舍和家人生活陷入困境，僅靠母親替人洗衣服、作針線維持生活。這一段親身經歷的窮困日子，留給他深刻的印象，

成年後又耳聞眼見各種不合理的社會現象，激起老舍對惡勢力的憤怒和對平民百姓的關懷，對於啟發他的創作和選材，有著深刻的影響。

老舍二十歲那年，得到一份勸學員的工作，生活稍有改善，他在工作中自修苦讀，終於在西元一九二四年應聘到英國倫敦大學東方學院做華語教員。這是老舍一生的轉捩點，他在英國讀了不少英文小說，開始嘗試寫作，客居異鄉的寂寞，兒時的見聞體會，中西文化的差異，都成了他寫作的題材。老舍的第一部小說《老張的哲學》，以及之後的《趙子曰》、《二馬》陸續發表於《小說月報》，引起廣大讀者的注意，也奠定老舍做為新文學開拓者之一的地位。

自英返國後，老舍先後任教於齊魯大學和山東大學。這時候，日本軍國主義侵華日急，他寫了一生最嚴肅的作品《大明湖》，故事以「五三慘案」為背景，意在喚起國人的抗敵意識。可惜原稿毀於「一·二八事變」的戰火。同時，他又寫了《貓城記》、《離婚》、《駱駝祥子》等長篇小說。中日抗戰軍起，

老舍從濟南流亡到武漢、重慶，國難當頭，更激發他的愛國熱情，他參加了全國文藝抗敵協會，到延安參觀訪問，受到中共領袖的重視。這一次延安之行讓他看到「解放區」軍民團結的現象，留下極佳的印象，從此他把復興國家的期望寄託於共產黨。為了配合抗日的宣傳，老舍創作了大量的曲藝、詩歌、散文和小說，長篇巨著《四世同堂》即是其中之一。

西元一九四九年中共建國之後，老舍創作了《方珍珠》、《茶館》、《龍鬚溝》等，並且以《龍鬚溝》而獲得「人民藝術

家」的稱號。

老舍的作品以長篇小說《駱駝祥子》、《四世同堂》以及話劇《茶館》最為膾炙人口。《駱駝祥子》真實的描繪北京一個人力車伕祥子的悲慘命運，他年輕力壯，立志用勞力買一輛屬於自己的人力車。可是在重重打擊和挫折下，最後完全破滅，他喪失了對生活的期望和信心，終於淪為自甘墮落的社會渣滓。這本書曾數度改編為話劇、電影，始終受到人們的喜愛。《茶館》是一部舞台劇，已經公演過數百場而不衰。如今北京的「老舍茶館」已成旅遊勝地，很多遊客特別到此一遊，緬懷文人的風範。

老舍在絕望中離開人生舞台，在文化大革命這場空前的劫難中犧牲，還有更多的文化菁英飲恨而終，這不僅是個人的悲劇，也是國家整體的重大損失。

胡適的「八不」主義

胡適是近代聞名中外的學者，他出生後不久便跟著父親胡傳來到台灣，因為父親被派任為台東地區的知州，胡適的幼年便在台灣東部度過，直到清光緒二十一年，才返回家鄉安徽。

胡傳返鄉後病逝，五歲的胡適在母親的教導下，進入私塾就讀。

胡適從小就對傳統小說興趣濃厚，在閱讀中培養出對文學的熱愛。十四歲到上海，先後在梅溪學堂、澄衷學堂和中國公學讀書，開始接觸梁啟超、嚴復的作品，啟發了思想和觀念。他也從投稿和文編的工作中，獲得文字訓練的機會，之後參加留美官學生考試，以國文滿分的優異成績獲得錄取。清朝的最後一年，胡適乘船赴美，展開影響他一生的旅程。

胡適來到紐約州，進入康乃爾大學。當時中國留學生多半選擇實用科學，例如鐵路和礦冶工程，將來有助於建設國家。但胡適對這些實在不感興趣，只好選農科，至少農學院是不收費的，胡適希望多少能省點錢匯給母親。

對於一心嚮往文學領域的胡適來說，農學院的課程乏味又艱澀。他沒有農場經驗，又不會洗馬駕車，連老師

都覺得很奇怪：「你什麼都不會，為什麼來學農呢？」

有一天，在「果樹學」的實習課裡，每個同學的桌上擺了三十多個形狀顏色不同的蘋果，學生必須依照課本所教，把它們分門別類。這件事對於美國學生來說十分容易，可是，對胡適而言，卻是困難重重，他忙得滿頭大汗，仍然錯誤百出。

第二年，胡適終於下定決心，離開農學院而轉入文學院。在大學生活裡，胡適又選修了德文和法文，接觸到西方文學。

接著，胡適考進哥倫比亞大學哲學研究所，彙集關於改良中國文學的方式，想找出中國近代文學停滯僵化的原因。

當時倡議文學改良的意見很多，其中胡適發現唯有以「新陳代謝」的方法，才得以解除桎梏，也就是用新式文學來表達新時代的情感。

後來，胡適在給陳獨秀的信中，提出文學改良必須言之有物、不摹仿古人、須講求文法、不做無病呻吟、去除爛調套語、不用典、不講對仗、不避俗字俗語。胡適把這八項主張和大家討論的結果，總結成〈文學改良芻議〉，發表在《新青年》雜誌，正式舉起白話文學的大旗，引發各方的熱烈回響。

民國六年，二十七歲的胡適擔任北京大學

教授。教書、演講、著作、辦雜誌，偶然也評論時局。他和新文學的健將們一起投入白話詩的創作，使白話新詩逐漸成為文學的主流。

民國二十六年，「七七事變」引爆中日戰爭，胡適以非官方的身分遠赴歐美，爭取國際同情和支持。次年出任駐美大使，從此走上政治外交的舞台，是他生命中的另一個高潮。

那時中國內外交困，戰事一再失利，南京、廣州等大城市相繼失守，物資欠缺又士氣低落，在國際上更形孤立。胡適以個人聲望，既遊說美國政府官員，也爭取民間同情，終於使貸款、物資源源而來，穩住了大後方的局勢。

當時《大公報》評說：「胡大使遊遍全美各地，行程三萬五千里，創外國使節的最高紀錄。接受名譽學位之多，超過羅斯福總統，其演說次數之多，更為其他外交人員所不及。」胡適為國奔走，辛勞可見一斑。

日本戰敗後，胡適出任北京大學校長。之後赴美講學研究，胡適在政治及學術界的聲望，始終無人能及。

民國四十七年，他由美返臺擔任中央研究院院長。可是，四年後正當胡適主持院務會議時，心臟病突發去世，享年七十二歲，安葬在台北市南港區的「胡適公園」。

中小學生必須認識的中國歷史人物

2008年12月初版
定價：新臺幣580元
2018年4月初版第五刷

著　　者　曹　若　梅
繪　　圖　洪　國　俊
叢書主編　黃　惠　鈴
編　　輯　王　盈　婷
校　　對　吳　美　滿
封面設計　陳　巧　玲
內文排版　洪　國　俊

出版者　聯經出版事業股份有限公司
地址　新北市汐止區大同路一段369號1樓
編輯部地址　新北市汐止區大同路一段369號1樓
叢書主編電話　(02)86925588轉5312
台北聯經書房　台北市新生南路三段94號
電話　(02)23620308
台中分公司　台中市北區崇德路一段198號
暨門市電話　(04)22312023
郵政劃撥帳戶第0100559-3號
郵撥電話　(02)23620308
印刷者　文聯彩色製版印刷有限公司
總經銷　聯合發行股份有限公司
發行所　新北市新店區寶橋路235巷6弄6號2F
電話　(02)29178022

總編輯　胡　金　倫
總經理　陳　芝　宇
社　長　羅　國　俊
發行人　林　載　爵

行政院新聞局出版事業登記證局版臺業字第0130號

本書如有缺頁，破損，倒裝請寄回台北聯經書房更換。
ISBN 978-957-08-3345-4 (平裝)
聯經網址 http://www.linkingbooks.com.tw
電子信箱 e-mail:linking@udngroup.com

國家圖書館出版品預行編目資料

中小學生必須認識的中國歷史人物／
曹若梅著．洪國俊繪圖．--初版．--臺北市：
聯經，2008年．504面；17×23公分．
ISBN 978-957-08-3345-4（平裝）
[2018年4月初版第五刷]

1.歷史教育 2.歷史故事 3.傳記
4.中小學教育 5.中國

523.34 97019947